Das bietet Ihnen die CD-ROM

Checks und Schritt-für-Schritt-Guides
- Zinsbelastung
- Wohnraum-förderung
- Kaufvertrag für eine Immobilie
- Immobilienerwerb im Ausland

Musterverträge
- Kaufvertrag
- Architektenvertrag
- Bauträgervertrag
- Werkvertrag

Adressen
- Behörden für die Wohnraumförderung
- Weiterführende Internetadressen

Gesetze
- Wohnraumförde-rungsgesetz
- Baugesetzbuch
- Grunderwerbs-steuergesetz

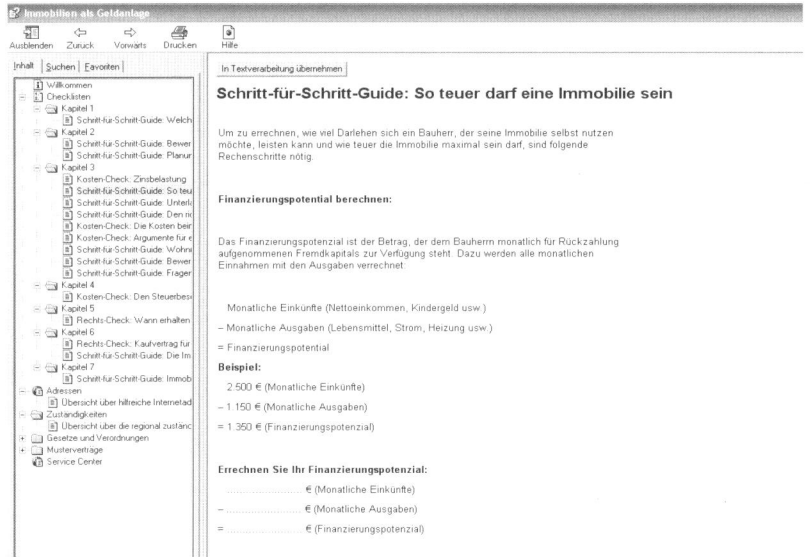

Screenshot der CD-ROM: Nutzen Sie unsere Schritt-für-Schritt-Guides u.a. den zur Berechnung Ihres Finanzierungspotenzials.

Liebe Zuschauerin, lieber Zuschauer,

bei n-tv Immobilien informieren wir Sie regelmäßig über alle wichtigen Themen, die Sie als Bauherr und Immobilienbesitzer interessieren: Von der Finanzierung der eigenen vier Wände bis zu Ihren Rechten als Vermieter möchten wir Ihnen mit gutem Rat und aktuellen Informationen zur Seite stehen – zuverlässig und informativ.

Doch es gibt immer wieder Themen, die nicht im Rahmen einer einzelnen Sendung behandelt werden können. Deshalb möchten wir Ihnen mit diesem Ratgeber zusätzliche Informationen und Tools bieten, die unerlässlich sind für Immobilienbesitzer und solche, die es werden wollen:

Lohnt es sich überhaupt, mein Geld in Immobilien anzulegen? Damit Sie auf der sicheren Seite stehen, finden Sie wichtige Vorüberlegungen zur Geldanlage in Immobilien, sowie zahlreiche Checks zu Zinsbelastungen und zu öffentlichen Fördermitteln. Zusätzlich erfahren Sie, was Sie bei der Vermietung Ihrer Immobilie beachten sollten.

Damit Sie beim Kauf tückische Fallen umgehen und alles richtig machen, helfen Ihnen Schritt-für-Schritt-Guides bei der Umsetzung – von der Finanzierung bis zur Abschreibung. Mit Rechts- und Kosten-Checks erhalten Sie schnell zuverlässige Informationen zum Kaufvertrag, zur Bewertung und zum Erwerb von Immobilien im Ausland. Zahlreiche Musterverträge finden Sie auf der CD-ROM.

Mit diesem Buch und beim Kostensparen wünschen wir Ihnen viel Erfolg!

Ihre Redaktion
n-tv Service Immobilien

Eike Schulze
Anette Stein
Katja Fleschütz

Immobilien als Geldanlage

Bibliographische Information Der Deutschen Bibliothek
Die Deutsche Bibliothek verzeichnet diese Publikation in der
Deutschen Nationalbibliographie; detaillierte bibliographische
Daten sind im Internet über http://dnb.ddb.de abrufbar.

ISBN 978-3-448-08601-0   Bestell-Nr. 01054-0001
© 2008, Rudolf Haufe Verlag GmbH & Co. KG
Niederlassung München
Redaktionsanschrift: Postfach, 82142 Planegg
Hausanschrift: Fraunhoferstraße 5, 82152 Planegg
Telefon: (089) 895 17-0,
Telefax: (089) 895 17-290
www.haufe.de
online@haufe.de
Produktmanagement: Jasmin Jallad

Lektorat und DTP: twinbooks, München
Umschlag: Atelier für Design und Werbung, 80689 München
Druck: Bosch-Druck GmbH, 84030 Ergolding
Zur Herstellung dieses Buches wurde alterungsbeständiges
Papier verwendet.

Inhaltsverzeichnis

Was ist bei der Geldanlage in Immobilien zu beachten?

In letzter Zeit haben unsichere Finanzmärkte und geplante Steuern auf Versicherungen viele Anleger hinsichtlich ihrer Altersvorsorge verunsichert. Dies hat verstärkt dazu geführt, dass die Investition in Immobilien wieder attraktiver wurde und zunehmend in den Mittelpunkt des Interesses rückt.

Immobilien für Selbstnutzer

Wirtschaftliche und persönliche Gründe

Auch für Selbstnutzer ist die Frage, ob sich eine Immobilie lohnt, von Interesse. Zwar spielen bei dem Wunsch nach den eigenen vier Wänden häufig auch andere als nur wirtschaftliche Gründe eine Rolle, doch sollten diese Aspekte nicht völlig außer Acht bleiben und auch das Undenkbare ins Kalkül gezogen werden: der Verkauf der eigenen Immobilie. Natürlich spielen für Selbstnutzer hauptsächlich andere Gründe eine Rolle, die für den Erwerb sprechen. So ist der Wunsch nach ungestörtem Wohnen und freier Gestaltung des Wohnraums Auslöser für viele Kaufentscheidungen. Doch selbstverständlich wollen Selbstnutzer darüber hinaus auch wissen, ob das eigene Haus oder die Eigentumswohnung im Vergleich zur Mietwohnung finanzielle Vorteile mit sich bringt, und wie die Immobilie im Vergleich zu anderen Kapitalanlagestrategien abschneidet.

n-tv TIPP

Achtung Schrottimmobilien!

Wohnungsmarkt und Konjunktur

Gerne preisen Anbieter Steuervorteile an, die ein Erwerb von Wohnungen mit sich bringt, und veräußern damit zum Teil überteuerte Immobilien an ahnungslose Käufer. Viele Verbraucher sind jedoch nie in den Genuss der versprochenen Steuervorteile gekommen und mussten zum Teil sogar noch erhebliche Summen nachschießen, da die Immobilien nur schwer zu vermieten waren. Zahlreiche Klagen auch gegen renommierte Banken oder Bausparkassen waren die Folge. Falls Sie sich für den Erwerb von Eigentumswohnungen zur Vermietung interessieren, sollten Sie immer darauf achten, dass sich das Investment auch ohne Steuervorteile rechnet. Steuervorteile sind lediglich als staatlicher Bonus anzusehen.

Bei einem Vergleich von Mietwohnung und Eigenheim wird deutlich, dass Bauherren oder Wohnungserwerber, die ihre Immobilie selbst nutzen, langfristig gesehen über mehr Vermögen verfügen als Mieter. Während die Immobilie zu Beginn der Finanzierung noch ein teureres Vergnügen ist als die Mietwohnung und Eigennutzer einen höheren Prozentsatz Ihres Einkommens für Wohnkosten ausgeben, kehrt sich mit fortschreitender Tilgung der Kredite das Verhältnis um.

Wertsteigerung der Immobilie

Der Eigenheimbesitzer zahlt anfangs die Raten für das Fremdkapital, das er aufgenommen hat. Für Tilgung und Zins entsteht dabei – je nach Höhe des Kredits – eine recht hohe monatliche Belastung. Bei einem Darlehen von beispielsweise 180.000 €, 1 Prozent Tilgung und 6,5 Prozent Zinsen beträgt die monatliche Rate 1.300 €. Deshalb ist das Wohnen im Eigenheim in den ersten Jahren meist teurer als in der Mietwohnung. Bei einer im Jahr 2002 durchgeführten Vergleichsrechnung ging die Stiftung Warentest von einer Miete von 700 € aus. Mit jeder Rate sinken jedoch die Schulden und wächst das Vermögen des Eigenheimbesitzers. Legt der Mieter in der gleichen Zeit Vermögen in Höhe des Eigenkapitalbetrags sowie regelmäßig den Differenzbetrag zwischen Miete und Monatsrate gewinnbringend an (5 Prozent Rendite), baut er sich in den ersten 15 Jahren ein größeres Vermögen auf als der Eigennutzer. Unter der Prämisse, dass die Miete jährlich um 2 Prozent steigt und die Immobilie andererseits um 1,5 Prozent an Wert gewinnt, wendet sich aber das Blatt, und zum Ende der Kreditlaufzeit hat ihn der Eigennutzer überrundet.

Die Frage, wie Immobilien im Vergleich zu anderen Geldanlageformen abschneiden, war bereits des öfteren Inhalt von Studien. Dass Eigenheime in der Vergangenheit durchaus mit Finanzanlagestrategien konkurrieren konnten, hat das Pestel Institut Hannover in einer langjährigen Untersuchung herausgefunden.

n-tv TIPP

Auch nach der Finanzierung fallen Kosten an

Bedenken Sie beim Erwerb oder Bau einer Immobilie auch immer eines: Die eigenen vier Wände wollen gehegt und gepflegt werden. So können im späteren Verlauf des Besitzes weitere Kosten durch Dachreparaturen, neue Fenster, Anbauten oder Ähnliches hinzukommen. Deshalb fallen nach der Finanzierungsphase noch Aufwendungen an, für die Rücklagen gebildet werden sollten.

Das Institut verglich im Laufe von 17 Jahren dreimal die Anlagestrategien „selbst genutzte Wohnimmobilie", „Lebensversicherung" und „Investmentsparen" für drei verschiedene Haushaltstypen. Angelegt war die Untersuchung auf einen Zeitraum von 25 Jahren. Bei der Betrachtung der Endvermögen lagen dabei zweimal der Immobilienbesitzer und einmal der Lebensversicherungssparer vorn:

Haushaltstyp	Lebens-versiche-rungssparer	DEKA-Fonds-Sparer	Immobilien-sparer
Single-Haushalte	161.332 €	155.010 €	169.865 €
Ehepaar ohne Kinder	302.139 €	279.255 €	292.657 €
Ehepaar mit zwei Kindern	201.200 €	202.978 €	216.388 €

Quelle: Pestel Institut, Hannover 2003

Allerdings muss in diesem Zusammenhang auch berücksichtigt werden, dass inzwischen zum einen die steuerlichen Vergünstigungen für kapitalbildende Lebensversicherungen stark geschrumpft sind und zum anderen auch die Eigenheimförderung des Bundes entfallen ist. Insoweit bietet die Tabelle, die das Nettovermögen der drei Haushaltstypen am Ende des 25-jährigen Betrachtungszeitraums zeigt, nur einen Anhaltspunkt.

Nicht einkalkuliert in die Berechnungen wurde die wahrscheinliche Wertsteigerung des Eigenheims. Ist diese gegeben, erzielt der Besitzer sogar noch höhere Renditen. Im langjährigen Durchschnitt haben Wohnungen und Häuser stets an Wert gewonnen. Doch bedeutet dies für das einzelne Objekt noch keine Garantie, da der Zuwachs vor allem von der Lage der Immobilie abhängt. Je nach Region und abhängig von der Tatsache, ob es in der Stadt oder auf dem Land erbaut wurde, entwickelt sich auch der Wert des Hauses oder der Wohnung. Daneben spielt der Erhaltungszustand der Immobilie eine entscheidende Rolle. Wenn Sie beispielsweise Ihr Haus stets auf der Höhe der Zeit halten, schlägt sich dies auch positiv auf den Marktpreis nieder. Aber verlassen Sie sich nicht blind darauf: Im ungünstigen Fall ist sogar ein großer Wertverlust möglich, was besonders dann zum finanziellen Verhängnis werden kann, wenn die Immobilie verkauft werden soll oder muss.

Doch selbst wenn mit der Immobilie keine Wertsteigerung erzielt wird, ist eine Rendite von 4 Prozent kein so geringer Wert, wie es zunächst erscheint. Denn im Vergleich zu allen anderen Anlageformen ist die eingesparte Miete die einzige Ausschüttung in Deutschland, die steuerfrei ist.

Steuerfreie Ausschüttung

Wenn Sie Ihr Haus oder Ihre Wohnung abbezahlt haben, so kann dies auch als Sicherheit für Kredite – egal ob beruflich oder privat – dienen. Das erleichtert und vergünstigt die Verhandlungen mit dem Kreditinstitut.

Als Fazit bleibt festzuhalten: Während sich die Immobilie als Kapitalanlage vor allem für Finanzierer mit wenig Eigenkapital und überdurchschnittlichem Einkommen lohnt, sind die eigenen vier Wände für Selbstnutzer besonders bei genügend Eigenkapital und durchschnittlichem Einkommen von Vorteil. Dies gilt insbesondere dann, wenn staatliche Zuschüsse den Bau oder Erwerb unterstützen. Das Eigenheim ist eine risikoarme Anlageform, mit der sich eine durchaus solide Rendite erzielen lässt. Voraussetzung allerdings ist, dass es dem Bauherrn oder Erwerber gelingt, eine Immobilie zu finanzieren, bei der die eingesparte Miete zu einer angemessenen Verzinsung des eingesetzten Kapitals führt.

Risikoarme Anlageform

Wann ist eine Immobilie als Geldanlage ungeeignet?

Grundsätzlich lässt sich mit einer Immobilie gutes Geld verdienen. Dennoch ist eine „Investition in Stein" nicht für jeden Anleger geeignet, denn eine Immobilie ist eine mittel- oder langfristige Geldanlage. Zwei Gründe sind dafür ausschlaggebend:

❶ die Dauer des Kauf- und Verkaufsprozesses,
❷ die Spekulationsfrist.

Investition gut überlegen

Der Erwerb einer Immobilie aus Sicht eines Kapitalanlegers will wohlüberlegt sein. Die Auswahl geeigneter Objekte unter Renditegesichtspunkten geschieht meistens nicht von heute auf morgen, da gute Standorte begehrt sind und das Angebot meist überschaubar ist. Insoweit brauchen Sie als Immobilienkapitalanleger auch Geduld. Ein weiteres Problem beim Immobilienerwerb sind die Spekulationsfristen. Für Immobilien beträgt diese seit 1999 10 Prozent. Damit sind Gebäude und Grundstücke für eine kurzfristige Geldanlage praktisch uninteressant geworden. Allerdings hat dies auch wieder einen Vorteil. Da mit Immobilien kein schnelles Geld zu machen ist, ist der Immobiliensektor nur wenig interessant für Spekulanten.

Auch für einen weiteren Anlegertyp scheint der Erwerb von Immobilien ungünstig, insbesondere wenn es sich um ein selbst ge-
nutztes Objekt handelt. Der Kauf von Haus oder Wohnung bedeutet meist eine jahrzehntelange finanzielle Belastung. Dies erfordert Disziplin beim Sparen wie auch bei den Ausgaben. Außerdem
ist man örtlich gebunden. Gehören Sie zu den Geldanlegern, die
sich nicht so lange verpflichten möchten, dürfte eine selbst genutzte Immobilie für Sie eher ungeeignet sein.

Finanzielle Disziplin

Eine besondere Schwierigkeit haben Berufstätige, die häufig ihren
Arbeitsstandort wechseln und vielleicht sogar zeitweise im Ausland leben, bzw. Paare, die an unterschiedlichen Orten arbeiten.
Meist bleibt dann nur die Entscheidung, die eigenen vier Wände
zu kaufen und dann zu vermieten oder lieber so lange zur Miete
zu wohnen, bis sich die berufliche Situation auf einen Ort kon-
zentriert. Beide Varianten haben ihre Vorteile. Wer frühzeitig eine
Immobilie finanziert, ist auch eher damit fertig. Wenn Sie aber erst
warten, bis der Arbeitsort feststeht, an dem dauerhaft gearbeitet
wird, können Sie mit dem langfristig aufgebauten Kapital durch
eine höhere Tilgung die Finanzierungszeit verkürzen.

Wer trotzdem Immobilien als eine sinnvolle Geldanlage ansieht,
der sollte eine Immobilienanlage in Wertpapieren vorziehen, da
diese börsentäglich handelbar sind.

**Der Kauf einer Immobilie erfordert oft langfristig eine umfassende Ein-
schränkung bei den finanziellen Möglichkeiten.**

Die verschiedenen Immobilienanlageformen

Ein Stück vom Kuchen — Wer sich nicht für eine komplette Immobilie begeistert, kann sich trotzdem ein Stück vom Immobilienkuchen abschneiden. Die Nachfrage nach Investments in Immobilien wird immer stärker weshalb ständig neue Finanzinstrumente entwickelt werden, die bessere Renditechancen für Anleger bieten. Die Auswahl ist groß und wird vermutlich noch größer werden. Neue Länder wie beispielsweise China, Indien und weitere Staaten Südostasiens treten als Anlageschwerpunkte für Immobilien in Erscheinung. Wer Geldanlagen in Immobilien spekulativ angeht, kann dort mit guten Renditen rechnen, schwerpunktmäßig bei Anlagen in Gewerbeobjekte.

Gerade in Asien eröffnen sich in den nächsten Jahren im Anlagegeschäft mit Immobilien gute Möglichkeiten.

Folgende Immobilienanlageformen bieten sich dabei dem deutschen Anleger:

Anlageformen
- Immobilienfonds (offen oder geschlossen),
- Immobilienaktien,
- Immobilienzertifikate,
- Reits (noch eingeschränkt),
- Genossenschaftsanteile.

n-tv TIPP

Risiko Immobilienblase

Wie die Ereignisse um die amerikanische Überbewertung von Immobilien im Sommer 2007 gezeigt haben, sind „Geldanlagen in Stein" nicht immer sicher.

In diesem Fall wurden amerikanische Hypotheken zum Teil ohne Sicherheiten vergeben, in der Hoffnung, dass die Immobilienpreise weiter steigen. Dies war nicht der Fall, da viele Schuldner ihre Hypotheken nicht mehr bedienen konnten. So kamen zu viele Objekte gleichzeitig unter den „Hammer", was die Preise drückte. Deshalb sind Sonderanlageformen wie beispielsweise Hypothekenfonds oder Immobilienfonds mit Sonderfinanzierungsformen (ABS/ MBS) nur etwas für gewiefte Anleger.

Immobilienfonds

Immobilienfonds gliedern sich in zwei Anlageformen:

❶ offene Immobilienfonds,
❷ geschlossene Immobilienfonds.

Offene und geschlossene Fonds

Der Unterschied zwischen beiden Fondstypen liegt in der Summe der Anlegergelder. Diese ist beim geschlossenen Immobilienfonds auf eine bestimmte Summe begrenzt, danach ist eine Beteiligung durch Investoren nicht mehr möglich. Beim offenen Immobilienfonds hingegen gibt es keine Begrenzung durch Anlagegelder, sodass während der Laufzeit billig viel neues Kapital eingezahlt werden kann.

Offene Immobilienfonds: Bei offenen Immobilienfonds handelt es sich um ein Sondervermögen, das in mindestens 15 Immobilien investiert und durch eine Kapitalanlagegesellschaft betreut wird. Hauptsächlich investieren offene Fonds in Gewerbeimmobilien, meist sind dies Bürohäuser oder Einzelhandelsimmobilien. Mieterträge und Wertsteigerungen der Objekte fließen in die Wertentwicklung des Fondsvermögens ein. Die offenen Immobilienfonds werden über alle großen Börsenplätze der Welt gehandelt. Wer nun allerdings meint, dass offene Immobilienfonds ausschließlich in Immobilien investieren, der irrt. Es müssen lediglich 51 Prozent des Fondsvermögens dort angelegt sein. Der Rest wird meist in Zinspapieren gehalten. Der Grund: Würden 100 Prozent in Immobilien gehalten werden, so müssten schnell Objekte veräußert werden, damit Anleger ihr Geld erhalten. Die Erträge aus offenen Immobilienfonds sind von der Grunderwerbs- und Körperschaftsteuer befreit. Allerdings werden die Erträge bei der Einkommensteuer berücksichtigt und auch die Kapitalertragsteuer fällt an. Die Ausschüttung auf die Anteilsscheine findet einmal im Jahr statt.

n-tv TIPP

Bei Immobilienfonds auf die Ausrichtung achten

Wollen Sie in offene Immobilienfonds investieren, bieten sich weltweite Fonds an, die auch in die Boomregion Asien investieren. Gerade dort ist der Nachholbedarf an guten Büroräumen am höchsten, was sich positiv auf die Renditen auswirken dürfte.

Thesaurierende Fonds

Jedoch gibt es auch thesaurierende Fonds, die nicht ausschütten und stattdessen die so gewonnenen Geldmittel wieder reinvestieren. Dies kommt dem Anleger dann durch den steigenden Wert der Anteilsscheine wieder zugute.

Offene Immobilienfonds sind keine risikoarme Kapitalanlage. In der Vergangenheit sind sogar schon einige geschlossen oder zeitweise vom Börsenhandel ausgesetzt worden.

Steuerstundungsmodelle

Geschlossene Immobilienfonds: In einen geschlossenen Fonds können Anleger nur während des Platzierungszeitraumes einsteigen. Anders als bei einem geschlossenen Immobilienfonds wird der Anleger als Kommanditist Mitunternehmer an dem Fonds, mit allen Chancen und Risiken. In der Vergangenheit waren viele geschlossene Immobilienfonds reine Steuerstundungsmodelle. Das heißt, durch anfängliche Verlustzuweisungen des Fonds wurde die persönliche Steuer gesenkt und zu späterer Zeit fällig – bei-

spielsweise in der Rentenphase, wenn nicht mehr so viele Steuer-
abgaben zu leisten sind. Mittlerweile hat sich das Bild gewandelt,
und es lassen sich insgesamt gute Nachsteuerrenditen erzielen.
Aufgrund dieser Konstruktion sind geschlossene Fonds grundsätzlich nur etwas für vermögende Anleger, die auch die Steuervorteile nutzen können. Der Vorteil gegenüber offenen Immobilienfonds
liegt darin, dass keine liquiden Reserven für aussteigewillige
Anleger vorgehalten werden müssen, da das Geld immer im Fonds
verbleibt. Daraus entsteht ein wesentlicher Nachteil, denn geschlossene Fonds sind nicht über die Börse zu veräußern, sondern
nur über bestimmte Zweitmarktportale wie beispielsweise
www.fondsmarkt.de. Gerade bei schlechten Fonds, viele Anleger
in Ostdeutschland können ein Lied davon singen, heißt es: mitge-
hangen – mitgefangen. Denn die geschlossenen Fonds unterste-
hen auch nur sehr eingeschränkt einer staatlichen Kontrolle und
es gibt für sie nur die Prospekthaftung.

n-tv TIPP

Nur für Anleger mit Vermögen

Wenn Sie sich für geschlossene Immobilienfonds interessieren, sollten Sie unbedingt vorher Bewertungen renommierter
Analysehäuser einholen. Gibt es über einen Fonds keine Ana-
lyse, so sollten Sie die Finger davon lassen, da Analysten
schlechte gar nicht erst bewerten.

Anders als bei offenen Fonds gibt es nicht nur Anlagemöglichkei-
ten in Gewerbe- und Büroobjekte, sondern auch spezielle geschlossene Wohnimmobilienfonds. Dabei profitiert der Anleger in
erster Linie am Mietzins oder als Wohnprivatisierungsfonds. Bei
dieser Variante werden Objekte erworben und quasi wie beim
Aufteilergeschäft wieder veräußert. Dies geschieht entweder an
die Mieter, an Privatpersonen oder institutionelle Anleger. Der
Fondszeichner wird dabei zum größten Teil an den Veräußerungs-
gewinnen beteiligt. Zum kleinen Teil fließen auch Gewinne aus der
Vermietung bis zum Verkauf dem Anleger zu.

Immobilienaktien

Geringes
Angebot

Immobilienaktien führen in Deutschland noch ein Mauerblümchendasein. Deutlich weniger als 100 Gesellschaften sind bislang notiert. In Deutschland dümpeln diese Aktien meist vor sich hin. Weltweit gesehen gibt es dagegen zahlreiche wichtige Immobilien-Aktiengesellschaften, nicht zuletzt in Asien, die ordentlich Gewinne abwerfen, allerdings auch bei einem erhöhten Risiko. Immobilienaktiengesellschaften besitzen meist Gewerbeimmobilien, die sie auch bewirtschaften. Teilweise werden sogar eigene Immobilien errichtet. Sind Sie an Immobilienaktien interessiert, ist es wichtig, sich mit den Bewertungen, die für eine Anlageentscheidung ausschlaggebend sind, zu beschäftigen. Kennzahlen sind dabei einer der Schlüssel für eine erfolgreiche Aktienanalyse. Einer der wichtigsten Parameter ist das Kurs-Gewinn-Verhältnis (KGV). Dies spiegelt den Aktienkurs im Verhältnis zum Gewinn der Aktie.

Eine besondere Form der Immobilienaktien, die auch in Deutschland angeboten werden, sind die Reits. Im Folgenden werden sie näher besprochen.

Reits

Wer nicht direkt in Häuser oder Grundstücke investieren will, für den gibt es bislang meist nur die Chance, offene oder geschlossene Immobilienfonds, Immobilienaktien und Immobilienzertifikate zu erwerben. In anderen Ländern kommen noch Reits als Anlageform hinzu. In Deutschland werden im Laufe des Jahres 2007/08 Reits eingeführt. Dann steht endlich eine Alternative zu Immobilienfonds und Immobilienaktien für Investoren bereit.

Reit ist eine andere Bezeichnung für Real Estate Investment Trust. Diese Anlageform entstand in den USA. Hier gibt es etwa 180 öffentlich gehandelte Reits mit einem Anlagevolumen von gut 375 Milliarden Dollar. In Deutschland wird für Reits auch die Bezeichnung „G-Reit(s)" oder German-Reits verwendet.

Hoher
Dividendenanteil

Vereinfacht ausgedrückt sind Reits nichts anderes als Aktien von Immobiliengesellschaften. Allerdings gibt es gegenüber herkömmlichen Aktiengesellschaften einen Unterschied: Reits sind steuerlich begünstigt. Diese Immobilienaktiengesellschaften sind von der Körperschaft- und Gewerbesteuer befreit. Die Voraussetzung der steuerlichen Begünstigung ist, dass je nach Land 80 bis 95 Prozent (Deutschland voraussichtlich 90 Prozent) der Erträge in die Dividenden der Anleger fließen. Dies hat für Investoren erhebliche Vorteile, da die Dividendenauszahlungen damit deutlich höher sind als nur bei reinen Immobilienaktiengesellschaften. Eine Besteuerung findet nicht bei der Aktiengesellschaft, sondern beim Anleger statt. Diese müssen die Einkünfte entsprechend ihres persönlichen Steuersatzes abführen. Die Aktien dieser Reit-Aktiengesellschaften werden – in der Regel – an Börsen gehandelt. Aufgrund der Börsennotierungen der Immobilienaktiengesellschaft und des Publizitätszwanges ist eine hohe Transparenz der Werte für Anleger möglich.

Offene Immobilienfonds versus Reits

Reits sind durch die Art der Kapitalanlage eine Mischvariante zwischen Immobilienaktien und Immobilienfonds. Letztere sind auch die großen Konkurrenten, wenn es um die Gunst der Anleger geht. Reits besitzen gegenüber reinen Immobilienfonds jedoch einen interessanten Vorteil: Sie hängen nicht am Tropf der Anlegergelder. Das heißt, bei einem starken Zustrom, wie er beispielsweise nach dem Zusammenbruch der New Economy 2001/02 stattfand, musste das Kapital in stärkerem Maße in Immobilien angelegt werden. Um die Nachfrage befriedigen zu können, wanderten nun auch zunehmend weniger renditeträchtige Objekte in das Portfolio der Fondsmanager.

Hohe Anfälligkeit

Die Folge: Die Wirtschaftlichkeit vieler gerade von Anlegergeldern überschwemmten Fonds knickte ein. Daraufhin verließen Anleger wackelige Immobilienfonds, was die Fondsmanager wiederum zwang, Objekte zu verkaufen. Meist konzentrierten sie sich auf solche, die sie schnell und gut veräußern konnten, und das waren häufig die besten Immobilien. Nur über diesen Weg war eine ausreichende Liquidität herzustellen, um aussteigende Kunden zu befriedigen. Diese Vorgehensweise drückt aber weiter auf die Renditen.

Dieses Problem kennen Reits nicht. Die Anlagequalität ist unabhängig von den Anlegergeldern und der Anzahl der Immobilien, da sich der Investor an den Immobilienaktiengesellschaften, aber nicht an den Objekten beteiligt. Auch in einem weiteren Bereich bringen Reits einen Vorteil: Einerseits profitiert der Anleger von der Wertentwicklung am Aktienmarkt der Immobilien-AGs, andererseits von den Immobilienmärkten, die unabhängig von der Aktienwirtschaftlichkeit sind. Hier erzielen die Immobilienunternehmen Gewinne aus den Zahlungsströmen wie Mieteinnahmen oder Darlehenstilgungen. Wie sich eine Einführung der Reits auf Immobilienfonds auswirkt, bleibt abzuwarten. Jedenfalls werden wohl die Mittelzuflüsse nachlassen und wenigstens teilweise in Reits fließen.

Bevor Sie sich für die Investition in Immobilien entscheiden, überlegen Sie, welche Anlageform am meisten Rendite für Sie verspricht.

Wenn Sie sich weiter über Reits auf dem Laufenden halten möchten, so erhalten Sie nähere Infos auf der Site: *www.reits-in-Deutschland.de*.

Wie man heute schon in Reits investieren kann

Die entscheidende Frage für immobilienorientierte Anleger ist, ob es bereits heute die Möglichkeit gibt, in Reits zu investieren. Inzwischen befinden sich auf dem Markt verschiedene Reitsprodukte, die auch deutsche Anleger erwerben können. Dabei handelt es sich um Immobilienzertifikate und Reitsfonds. Allerdings stecken diese noch in den Kinderschuhen. Zwar werden formell Immobilienzertifikate nicht als Reits bezeichnet, jedoch sind sie es faktisch aufgrund ihrer Anlagestruktur. Diese Zertifikate erwirtschaften ihre Erträge aus Vermietungen, Verpachtung und Objektverkäufen. Immobilienzertifikate orientieren sich meist an Immobilienindizes, beispielsweise den GPI für Deutschland und dem EPRA-Index für Europa.

Immobilienzertifikate

Zertifikate sind noch ein relativ neues Produkt, dessen Entwicklung erst seit dem Jahr 2000 so richtig begann. Zertifikate verbriefen eine Teilhabe an der Kursentwicklung anderer Wertpapiere und Finanzprodukte. Die Grundform der Zertifikate funktioniert dabei ähnlich wie Fonds, denn auch sie beziehen die Wertentwicklung aus den Kursverläufen an den Börsen. Grundsätzlich gibt es Zertifikate auf unterschiedlichen Basiswerten, beispielsweise Indizes oder sogenannte Baskets, wobei verschiedene Aktienwerte gebündelt werden.

Am gebräuchlichsten für Immobilienzertifikate sind Basketzertifikate, bei denen ein Anleger einen Teil eines Anlagekorbes erwirbt. Eine Abwandlung davon sind die sogenannten Reits-Zertifikate, über die sich heute schon deutsche Anleger an der Mischform zwischen Immobilienfonds und Immobilienaktien beteiligen können. Hierbei werden Reits-Indizes gebildet, auf deren Basis Zertifikate emittiert werden. Die Auswahl an Immobilienzertifikaten ist bislang jedoch noch begrenzt.

Basketzertifikate

Der Vorteil der meisten Immobilienzertifikate ist die internationale Ausrichtung, da es in Deutschland nur sehr wenige Immobilienaktiengesellschaften gibt. Der Anleger profitiert von der Kursentwicklung der Unternehmen wie auch von den Dividendenzahlungen, die hier in die Wertentwicklung eingepreist werden.

Immobilienzertifikate sind eine gute Alternative für Investoren, die normalerweise Investmentfonds bevorzugen. Es fallen meist geringere Verwaltungsgebühren an, der Ausgabeaufschlag entfällt sogar ganz. Doch so schön das Ganze ist, es gibt auch einen Haken: Der Anleger ist nicht am Sondervermögen wie bei Immobi-

Geringe Gebühren

lienfonds beteiligt, sodass bei einer Insolvenz normalerweise keine Entschädigung stattfindet.

n-tv TIPP

Verlustrisiko

Wenn Sie sich für Immobilienzertifikate interessieren, sollten Sie sich aufgrund eines gewissen Verlustrisikos an die Zertifikate der großen (Privat-)Banken halten. Eine Geldanlage bei Emissionshäusern oder Wertpapierhandelsbanken gilt häufig als risikoreicher.

Genossenschaftsanteile

Über Genossenschaftsanteile können sich Anleger sowohl an einer Wohnungsbaugenossenschaft als auch an speziellen Baugenossenschaften, die Wohnungen und Eigenheime finanzieren, beteiligen. Baufinanzierungsgenossenschaften sind eine Alternative zur herkömmlichen Baufinanzierung über Banken oder Bausparkassen. Diese Finanzierungsalternative wird Ihnen im Kapitel „So setzen Sie Ihr Vorhaben um" (siehe ab Seite 62) dieses Buches noch ausführlicher dargestellt.

Mehr Rechte und Verantwortung

Mehr als 2.000 Wohnungsbaugenossenschaften verwalten in Deutschland zurzeit mehr als zwei Millionen Wohnungen und haben mehr als drei Millionen Genossen. Allein in Berlin sind mehr als 10 Prozent der Wohnungen in den Händen von Wohnungsgenossenschaften. Diese Wohnungen gehören den Mitgliedern, die sie auch über entsprechende Organe nach den Prinzipien Selbsthilfe, Selbstverwaltung und Selbstverantwortung verwalten. Über diesen Weg haben die Genossen eine größere Verantwortung, als dies bei herkömmlichen Mietern der Fall ist. Allerdings ist dies nicht nur mit deutlich mehr Rechten, sondern auch mit mehr Verantwortung verbunden. Sie haben gegenüber den Mietern zwei entscheidende Vorteile: Zum einen können sie günstiger Wohnungen mieten, zum anderen sind sie an den Gewinnen der Genossenschaft beteiligt.

Baugenossenschaften stellen nicht nur günstig Wohnraum zur Verfügung, sondern eröffnen auch interessante Finanzierungsmodelle.

Die Höhe der Einlage wird durch die Genossenschaft bestimmt. Dies können 50 €, aber auch 50.000 € sein. Neuerdings gibt es Wohnungsgenossenschaften, die über vermögenswirksame Leistungen bespart werden können. Die Einlagen werden normalerweise verzinst. Die Höhe wird durch Gesellschafterbeschluss bestimmt. Gewinne, die ausbezahlt werden, unterliegen der Einkommensteuer, Verluste können nicht geltend gemacht werden.

Einlagenhöhe

n-tv TIPP

Genosse werden

Wenn Sie Interesse haben, zu bauen oder einfach eine billige Mietwohnung zu bekommen, dann sind die Angebote durchaus interessant für Sie. Aber auch wer sein Geld nur in Wohnungen anlegen will, der kann von den guten Zinsen der Genossenschaft profitieren, die ohne Weiteres höher sein können als bei vielen Festgeldangeboten.

✔ SCHRITT-FÜR-SCHRITT-GUIDE

Welche Anlageform ist für mich geeignet?

Vorüberlegungen zur Geldanlage in Immobilien

Formular
auf CD-ROM

Wichtig ist, dass Sie sich zum Thema „Immobilien" genau informieren, um so präzise Ihre Vorstellungen von einem „Investment in Stein" entwickeln zu können. Kalkulieren Sie für die Informationsbeschaffung, deren Ausweitung und die Anlageentscheidung an sich genug Zeit ein, denn beim Erwerb einer Immobilie binden Sie für eine längere Zeit eine Menge Kapital.

Diese Fragen sollten Sie sich stellen:

Welche Art einer Immobilie möchten Sie erwerben?

☐ Einfamilienhaus
☐ Eigentumswohnung
☐ Renditeobjekt
☐ Mietwohnung
☐ Ferienhaus
☐ Grundstück

Bemerkung

....

Falls Sie ein Objekt zur Kapitalanlage kaufen wollen, welche Gründe sind dafür ausschlaggebend?

☐ Altersvorsorge
☐ Erbvorsorge
☐ Steuervorteile
☐ Spekulation
☐ Weitere Gründe

Bemerkung

....

Welche Form der Geldanlage?

Wenn der Hauptzweck Ihrer Immobilie die Kapitalanlage ist, sollten Sie sich bereits anhand von Analysen des Wertpapiermarktes, der Weltwirtschaft und der wichtigsten Aktienindizes wie DAX®, Dow Jones etc. ausreichend damit beschäftigen, um so sicherer beurteilen zu können, dass die Immobilie für Sie die richtige Geldanlage ist.

☐ Kapitalanlagen in Aktien oder Investmentfonds oder andere Wertpapiere

☐ Kapitalanlage in alternative Immobilieninvestments als Fonds, Aktien, Zertifikate und andere Wertpapiere

Bemerkung

....

Falls Sie sich für ein Objekt zur Eigennutzung entscheiden, welche sind für Sie die wichtigsten Gründe?

Gewichten Sie die folgende Liste, natürlich kann sich im Laufe der Zeit die Gewichtung wieder ändern. Sind beispielsweise die Kinder aus dem Haus, ist kaum noch der bisherige Wohnraum nötig.

☐ Familie soll genügend Platz haben
☐ Umsetzung eigener Ideen bei Haus- und Gartengestaltung
☐ Mietfreies Wohnen im Alter
☐ Kombination von Geldanlage und selbstbestimmtem Wohnen
☐ Sicherheitsreserve zur Aufnahme weiterer Kredite
☐ Weitere Gründe

Bemerkung

....

Welche Kriterien zur Infrastruktur muss das von Ihnen ins Auge gefasste Objekt erfüllen?

Entfernung zum Arbeitsplatz .... km
Entfernung zum Kindergarten .... km

Entfernung zur Schule .... km
Entfernung zu Einkaufsmöglichkeiten .... km
Entfernung zu Ärzten und Kliniken .... km
Entfernung zu Freizeitaktivitäten .... km
Entfernung zu Naherholungsgebieten .... km
Entfernung zur Bahn und zu
öffentlichen Verkehrsmitteln .... km

Bemerkung

....

Wo möchten Sie wohnen?

Werden Sie sich darüber klar, welchen Standort Sie bevorzugen, denn dort werden Sie dann auch zumindest einige Jahre Ihres Lebens wohnen.

☐ Stadt   ☐ Land
☐ Altbau   ☐ Neubau
☐ Ruhige Lage   ☐ Lebhafte Gegend
☐ Zentrumsnah   ☐ Stadt-/ Ortsrand
☐ Gewachsene Sozialstruktur   ☐ Neubausiedlung
☐ Junge Familien   ☐ Singles/ Ehepaare/ Senioren

Bemerkung

....

Wie ist die Lage der Immobilie?

Die Lage einer Immobilie ist das Einzige, das Sie nicht ändern können, daher will diese wohlüberlegt und das Kaufgebiet vorher unbedingt besucht sein. Vor einer Entscheidung sollten deshalb die beiden wichtigsten Schritte sein:

☐ Informationsbeschaffung zu neuem Bauland,

☐ Informationsbeschaffung zu Bau- und Kaufpreisen über den örtlichen Kaufpreisspiegel. Diesen bekommen Sie zum Teil als Download bei der Gemeinde oder über große Maklerverbände.

Danach sollten Sie sich überlegen, welche Wohnlage für Sie interessant und vor allem auch finanzierbar ist.

☐ Einfache Wohnlage; niedrige Kaufpreise, meist schwer verkäuflich, in Problemgebieten auch schwer vermietbar
☐ Mittlere Wohnlage: relativ niedrige Kaufpreise bei guter Vermietbarkeit
☐ Gute Wohnlage: günstige Kaufobjekte sind rar, beliebte Wohngegenden mit hoher Vermietbarkeit
☐ Sehr gute Wohnlage: für viele Immobilienkäufer fast schon unerschwinglich, noch gute Vermietbarkeit
☐ Prestigelagen der Metropolen: kaum Angebote für Mietshäuser- oder Wohnungen

Bemerkung

....

Das müssen Sie tun:
Diese Checkliste zeigt Ihnen, wie Sie sich Schritt für-Schritt Ihrer eigenen Immobilie nähern. Sehr wichtig ist es dabei, sich gründlich und sorgfältig zu überlegen, welchen Ansprüchen das Objekt genügen muss. Erst dann können Sie sich mit Ihren ganz konkreten Vorstellungen auf die Suche nach einer Wohnung oder einem Haus machen.

Immobilien als Altersvorsorge – selbst einziehen oder vermieten?

Altersvorsorge ist heutzutage zur Privatangelegenheit geworden. Wer seinen Lebensstandard auch im Alter halten will, muss frühzeitig vorsorgen. Die Investition in eine Immobilie ist dabei aus verschiedensten Gründen nach wie vor eine der beliebtesten Anlageformen.

Dennoch will die Investition überlegt sein. Es spielen nämlich nicht nur Überlegungen zur richtigen Finanzierung, sondern auch die Nutzung eine entscheidende Rolle.

Vor- und Nachteile von „Altersimmobilien"

Die Vorteile, die Immobilienbesitz bietet, liegen auf der Hand:

Vorteile
- Immobilien sind im Verhältnis zu anderen Anlageformen sehr wertbeständig und zudem inflationsgeschützt.
- Mietfreies Wohnen in einem abbezahlten Objekt schafft finanzielle Freiräume.

- Stichwort „2. Rente": Zusätzliche Mieteinnahmen sind möglich, sei es durch eine Einliegerwohnung in der eigenen Immobilie oder eine Zweitwohnung.
- Abbezahlter Immobilienbesitz ist weder mit Steuern noch mit Sozialversicherungsbeiträgen belastet.
- Die eigenen vier Wände haben auch einen hohen emotionalen Wert, sie garantieren Unabhängigkeit und eine erhöhte Lebensqualität („Wohnen nach Wunsch").
- Es steht zu befürchten, dass bei steigenden Mieten und sinkenden Renten eine Lücke entsteht, der nur der Bewohner seiner eigenen Immobilie entgeht.

Allerdings sind mit dem Erwerb einer Immobilie auch Nachteile verbunden, die gerade bei langfristigen Vermögenskonzepten wie der Altersvorsorge gründlich bedacht werden sollten:

- Eine Immobilie ist immobil, also nicht besonders beweglich. Wer baut oder kauft, bindet sein Kapital über Jahrzehnte. Lukrativ wird dieses Unterfangen oft erst nach mehr als 20 Jahren. Andere Sparformen bauen schneller Vermögen auf. Nachteile
- In finanziellen Notfällen ist eine Immobilie oft undankbar, denn ihre Veräußerung erfordert Zeit, die fehlt, und eine Beleihung ist ungeachtet des Werts der Masse nur möglich, wenn die Tilgung gesichert ist – was häufig gerade dann ja nicht gewährleistet ist.
- Immobilienerwerb ist ein komplexes Thema, viele Kostenfallen sind auf den ersten Blick nicht zu erkennen und können leicht die Kalkulation sprengen. So betragen die Kaufnebenkosten etwa 10 Prozent vom Nettoerwerbspreis. Oft beginnen noch, bevor die Immobilie abbezahlt ist, teure Instandhaltungsmaßnahmen, für die Rücklagen gebildet werden müssen.
- Die Vermietung von Immobilien ist mit erheblichen Risiken verbunden wie Leerstandszeiten bei Mieterwechsel, erhöhter Verwaltungsaufwand, Mietausfälle und Sachbeschädigungen durch Mieter.
- Bei Immobilien als Kapitalanlage bleibt meist wenig Raum für andere Anlageformen. Unter dem Aspekt der immer dringender erforderlichen Risikostreuung ist dies nicht optimal.

---

n-tv TIPP

Auf den richtigen Zeitplan achten

Am wichtigsten ist beim Erwerb einer Immobilie als Altersvorsorge, dass diese spätestens zu Rentenbeginn vollständig
abbezahlt sein muss. Mit Rentenbeginn wird sich Ihr Einkommen drastisch verringern. Bis dahin also sollte die Tilgung ebenso wie die Bildung von Renovierungsrücklagen
möglichst abgeschlossen sein. Die unaufschiebbare Reparatur eines Daches kann ohne Weiteres fünfstellige Beträge
erreichen, die finanziert werden müssen.

Die Rendite ermitteln

Definition
Rendite

Die Rendite besagt, ob sich Ihre Investition rentiert und lohnt.
Man versteht unter einer Rendite im engeren Sinne den prozen-
tualen Ertrag eines Investments, gerechnet über den Zeitraum
eines Jahres.

Die Rendite darf nicht mit dem Bruttoergebnis verwechselt werden, also der Frage, ob in der „Schlussbilanz" Ihrer Immobilie
Gewinne oder Verluste ausgewiesen werden, denn hierbei ist
neben Finanzierungszins und Aufwand auch der Wertzuwachs zu
berücksichtigen.

Wie berechnet sich die Rendite einer Immobilie?

Die von individuellen Faktoren wie beispielsweise Mietschwan-
kungen und Steuervorteilen unabhängige Nettorendite einer
Immobilie ergibt sich aus dem Verhältnis zwischen Jahresnetto-
miete (NM) und dem Nettokaufpreis (NK). Die entsprechende
Formel lautet:

Formel
Netto-
rendite

NR (Nettorendite) = (NM x 100) : NK

Berechnung der Nettorendite
Die Immobilie kostet 250.000 € und kann jährlich zu 25.000 €
vermietet werden (Vollvermietung). Daraus ergibt sich folgende
Berechnung der Nettorendite:

(25.000 x 100) : 250.000 = 10%

Die Nettorendite beträgt für diese Immobilie also 10 Prozent.

Häufig wird auch anstelle der Nettorendite ein sogenannter Faktor
oder Vervielfältiger angegeben, der leichter zu berechnen ist.
Unter dem Faktor versteht man das Vielfache der Netto-
Jahresmiete im Verhältnis zum Nettokaufpreis, es wird also auf
die Rückrechnung in Prozente verzichtet. Daher ergibt sich folgendes Verhältnis zwischen Faktor und Rendite:

Faktor	25	20	16,7	14,3	12,5	11,1	10	9,1	8,3
Rendite	4%	5%	6%	7%	8%	9%	10%	11%	12%

Bei Immobilieninvestitionen wird heute häufig von Anfang an ein
Faktor festgelegt, der beim Kauf einer Immobilie maximal gelten
darf. Diese bei Banken und gewerblichen Investoren verbreitete
Vorgehensweise sollten auch Sie berücksichtigen. Sie bietet einen
guten ersten Schutz vor Fehlinvestitionen.

Wodurch wird die Rendite bestimmt?

Die Nettorendite ist das trockene Gerüst, das durch verschiedene   Realrendite
weitere Faktoren modifiziert zur tatsächlichen, der Realrendite
führt. Denn natürlich ist es ein Unterschied, ob die von Ihnen
erworbene Immobilie im Verhältnis zum Marktwert eher ein
„Schnäppchen" war oder ein „Liebhaberkauf".

Standort: Grundstückspreise variieren je nach Standort oft um ein
Vielfaches. Als Faustregel gilt: je besser der Standort, desto nied-
riger die Nettorendite. Das liegt daran, dass in den Toplagen die
Grundstückspreise im Verhältnis zum Gebäude wesentlich höher

sind als an schwächeren Standorten. Doch die Mieten steigen in den allermeisten Fällen nicht im gleichen Verhältnis. Daraus ergibt sich, dass die Mieteinnahmen im Verhältnis zum Anschaffungspreis häufig in schlechteren Lagen besser sind.

Guter Zustand, schlechte Rendite

Bausubstanz: Unter diesem Begriff werden verschiedene Kriterien für den Wert einer Immobilie zusammengefasst. Baujahr, Bauweise und aktueller Zustand der Immobilie bestimmen maßgeblich den Kaufpreis, nicht aber auch automatisch die Höhe der zu erzielenden Mieteinnahmen. Auch hier gilt im Hinblick auf das Verhältnis zwischen Anschaffungskosten und Mieteinnahmen: je besser der Zustand, desto niedriger die Rendite. Was Sie beim Kauf einer Immobilie bezüglich der Bausubstanz wissen müssen, und wie Sie diese Kenntnisse lukrativ umsetzen, erfahren Sie im Kapitel „So setzen Sie Ihr Vorhaben um" (siehe ab Seite 62).

Mieter: Auch hier führt eine durch Mieter gut gepflegte Wohnung in der Regel zu einem höheren Kaufpreis und so zu einer schlechteren Rendite. Natürlich kann ein Haus, das seit Jahren an sorgsame und zuverlässige Mieter vermietet ist, zu einem höheren Preis verkauft werden als ein Objekt, das eine hohe Fluktuation von Mietern und häufige Mietausfälle zu verzeichnen hat.

> **n-tv TIPP**
>
> **Vorsicht bei hohen Renditen!**
>
> Prüfen Sie angesichts hoher Renditen deshalb umso gründlicher Standort, Bausubstanz und Bonität der Mieter bzw. Erzielbarkeit der erwarteten Mieteinnahmen.

Rendite und Risiko

Mit einer hohen Rendite wird vor allem Ihre Risikobereitschaft bezahlt. Wenn Sie also bei einem lukrativen Geschäft kein Risiko sehen, das die ungewöhnliche Gewinnmarge begründet, können Sie sicher sein, etwas übersehen zu haben!

Risikobereitschaft

Wo nun genau für Sie das optimale Verhältnis zwischen Rendite und Risiko liegt, hängt von vielen individuellen Faktoren ab wie

zum Beispiel Ihrem finanziellen Rahmen, Ihrer Gesamtvermögens-
strategie, Ihrer persönlichen Lebensplanung oder Ihrer grundsätzlichen Risikobereitschaft. (Wie viel ist es Ihnen z. B. wert, auch
weiterhin sicher gut schlafen zu können?)

**Wer Rücklagen oder Reserven nicht einkalkuliert, sondern nur einseitig auf
die Rendite blickt, kann schnell eine böse Überraschung erleben.**

Kalkulation

Als langfristige Kapitalanlage locken Immobilien mit Steuervorteilen, steigenden Mieteinnahmen und Wertzuwächsen. Doch so
leicht ist es natürlich nicht. Unabhängig davon, dass Mieten auch
sinken können und Immobilien auch einmal an Wert verlieren, will
ein Haus gewartet und gepflegt werden und darüber hinaus stehen irgendwann auch größere Renovierungen an. Die Finanzierung erfolgt zumeist über ein Darlehen, das heißt Tilgungsraten
und Zinsen sind zu berücksichtigen.

Auch Reserven und Rücklagen, mit denen man unvorgesehene
Mietausfälle oder Leerstandszeiten überbrücken kann, sind dringend ratsam, selbst wenn nichts Unvorhergesehenes wie beispielsweise ein Wasserrohrbruch eintritt. Vor der grundsätzlichen
Entscheidung, ob man eine Immobilie kauft, sollten also Überlegungen zu

Reserven
bilden

33

❶ Finanzierungskosten,
❷ Steuervorteilen,
❸ der eigenen Finanzsituation (Rücklagen)

frühzeitig angestellt werden. Sobald Sie dann eine geeignete Immobilie gefunden haben, kommen weitere Fragen hinzu, mit denen Sie sich gleichfalls gründlich und vor allem ehrlich auseinandersetzen sollten:

❶ Kaufpreis samt Nebenerwerbskosten,
❷ Renovierungs- und Umbaukosten,
❸ erwartete Mietentwicklung,
❹ prognostizierter Wertzuwachs,
❺ laufende Kosten (Versicherungen, Verbrauch ...).

Renditeprognose

Rendite-
schwan-
kungen

Kann sich die Rendite einer Immobilie auch verändern? Die Rendite ist immer gewissen Schwankungen unterworfen. Selbst wenn Sie die Finanzierung mit einem festen Zinssatz abschließen, können andere Faktoren zu erheblichen Verschiebungen der Rendite führen. Ein gewisses Restrisiko bleibt also immer!

PRAXISBEISPIEL

Renovierungsaufwand
Wenn Sie in einigen Jahren eine unvorhergesehene Reparatur für 30.000 € durchführen lassen müssen, wird sich das auf Ihre Rendite ungünstig auswirken. Insbesondere da solcher Aufwand werterhaltend und nicht etwa wertsteigernd ist, also auch kein langfristiger Ausgleich zu erwarten ist. Bei einem Leerstand Ihrer Wohnung(en) haben Sie natürlich finanzielle Einbußen hinzunehmen. Schlimmer noch ist es, wenn Sie einen Mieter haben, der keine Miete zahlt und gegen den Sie gerichtlich vorgehen müssen.

Wie rentabel ist die Immobilie wirklich?

Gerade wenn man eine Immobilie als Altersvorsorge betrachtet, ist die Frage, wie sich die Situation in zehn oder 20 Jahren darstellt, viel interessanter als die Nettorendite. Welches Mietsteigerungspotenzial hat Ihre „Wunschimmobilie" bis zu Ihrem Eintritt ins Rentenalter? Zunächst scheint dies sehr einfach: Wenn Sie die Miete erhöhen, steigt Ihre Rendite. Renovierungsmaßnahmen schmälern sie.

Gesamtrendite

PRAXISBEISPIEL

Mietrendite
Bei einem Immobilienkaufpreis von 150.000 € und einer Miete von 600 € monatlich beträgt die Rendite anfangs 4,8 Prozent pro Jahr. Bei einer Anhebung um 2 Prozent pro Jahr liegt die Mietrendite nach zehn Jahren bei 5,7 Prozent und nach 20 Jahren bei 7 Prozent.

Doch kommt es darauf nach 20 Jahren überhaupt noch an? Welche Bedeutung hat da noch der einst verauslagte Kaufpreis? Viel interessanter ist vielmehr die Frage nach dem Wertzuwachs.

n-tv TIPP

Tappen Sie nicht in die Inflationsfalle

Wenn Sie die Rendite Ihrer zukünftigen Immobilie berechnen, sollten Sie daran denken, dass die Kaufkraft eines Euros in 20 Jahren erheblich gesunken sein wird. Nehmen Sie also bei Ihren Berechnungen stets eine sogenannte Inflationsbereinigung vor, um am Ende eine verlässliche Aussage über Ihre tatsächliche Vermögensbildung treffen zu können.

Steigende Bau- und Grundstückspreise wirken sich günstig auf bestehendes Immobilienvermögen aus. Allerdings macht sich der Wertzuwachs erst auf Ihrem Bankkonto bemerkbar, wenn Sie das Objekt wieder verkaufen, seinen Wert also realisieren. Erst mit der

Wertzuwachs

„Schlussbilanz" können Sie wirklich beurteilen, ob und gegebenenfalls welchen Gewinn (oder vielleicht auch Verlust) Sie mit der
Immobilie im Vergleich zu anderen Anlageformen tatsächlich
erwirtschaftet haben.

Geschätzter Wertzuwachs
Bei einem geschätzten Wertanstieg der Immobilie von 2 Prozent
pro Jahr einerseits müssen Sie andererseits gleichzeitig steigende
Aufwandskosten mitberücksichtigen – etwa 2,5 Prozent pro Jahr.
Kommen hierzu steigende Mieteinnahmen (bzw. bei Eigennutzung
der entsprechende Betrag für gesparte Miete), entwickelt sich die
Immobilie über die Jahre nach Abzug der Kosten inklusive Wertanstieg folgendermaßen: Der Wertanstieg beträgt im ersten Jahr
5,8 Prozent, nach zehn Jahren 6,9 Prozent und nach 30 Jahren
10 Prozent. Nach 30 Jahren ist der Wert von den ursprünglichen
150.000 € auf fast das Doppelte, nämlich 270.000 € angewach-
sen.

Maßgeblich für die Rendite ist natürlich auch die Finanzierung.
Nur die wenigsten Immobilien werden vollständig aus eigener
Tasche bezahlt. Allerdings kostet das geliehene Geld Zinsen.
Die Finanzierungskosten sind im Bruttoergebnis, also dem Betrag,
der Ihnen am Ende der Einnahmen-Ausgaben-Rechnung verbleibt,
zu berücksichtigen. Das Bruttoergebnis kann sich von Jahr zu Jahr
ändern, wobei ein negatives Bruttoergebnis (Verlust) meist steuermindernd wirkt und deshalb oft sogar gewünscht ist.

PRAXISBEISPIEL

Welche Immobilie besitzt das bessere Bruttoergebnis?

Immobilie 1:

Mieteinnahmen:	12.000 €
Aufwand:	3.000 €
Zinsen und Tilgung:	6.000 €
Bruttoergebnis:	3.000 € (Gewinn)

Immobilie 2:

Mieteinnahmen:	12.000 €
Aufwand:	3.000 €
Zinsen und Tilgung:	12.000 €
Bruttoergebnis:	−3.000 € (Verlust)

Dies lässt sich nicht so einfach sagen, denn im zweiten Beispiel ist die Tilgung doppelt so hoch, das heißt die Immobilie ist also in der Hälfte der Zeit abbezahlt. Deshalb spielt die Bruttorendite sehr wohl für Sie persönlich bei Ihrer Vermögensplanung, nicht aber beim Vergleich einzelner Immobilien eine Rolle.

n-tv TIPP

Vorsicht Aufwandsfalle

Prüfen Sie gründlich, mit welchem Aufwand Sie zu rechnen haben. Darunter fallen nämlich nicht nur die „großen" Renovierungen wie etwa neue Fenster oder eine moderne Heizung, sondern auch viele regelmäßige und unregelmäßige kleine Beträge, die sich allerdings summieren, wie beispielsweise Kosten für Wasser, Strom, Müll, Hausmeister, Verwaltung, Fahrten, Inserate bei Mietwechsel, Versicherungen oder Reparaturen. Viele dieser Kosten können nicht oder nicht vollständig auf den Mieter umgelegt werden.

Welche Immobilie passt zu mir?

So groß das Angebot auf dem Markt ist, so schwierig ist auch die Entscheidung. Neben den für die Rendite wichtigen Faktoren wie etwa Lage oder Bausubstanz ist vorab zu klären, welche Immobilie Ihren persönlichen Erwartungen und Bedürfnissen am besten entspricht, was wiederum maßgeblich davon abhängt, ob Sie diese Immobilie gleich oder zu einem späteren Zeitpunkt einmal selbst nutzen wollen, ob Sie lieber vermieten und ob Sie die Immobilie dauerhaft oder nur für einen bestimmten Zeitraum halten wollen.

Die richtige Auswahl

Bau oder Kauf

Neu oder gebraucht

Diese Entscheidung lässt sich nicht auf ein simples „neu oder gebraucht" reduzieren, obwohl damit bereits viel gesagt ist. Beim Bau erhalten Sie eine maßgeschneiderte Immobilie, auf deren Qualität Sie aktiv Einfluss nehmen können. Beim Kauf einer gebrauchten, also bereits bewohnten Immobilie, dagegen steht der Preis von vornherein fest, Sie können also insofern einfacher kalkulieren.

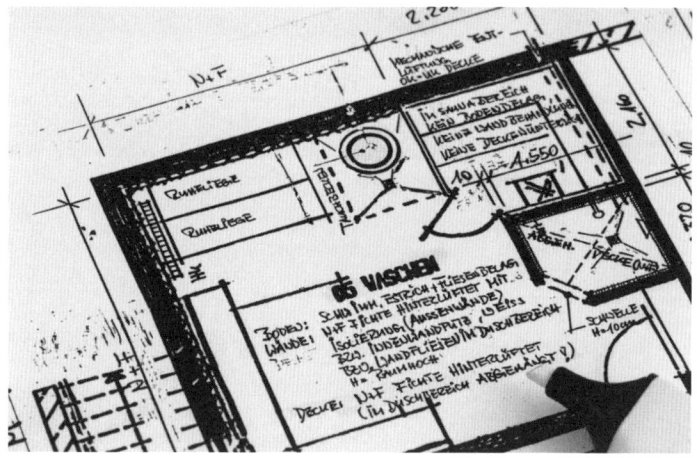

Beim Bau einer Immobilie können Sie diese genau nach Ihren Vorstellungen entwerfen und errichten lassen.

Auch beim Kauf einer Neubauimmobilie sind Sie vor Unwägbarkeiten nicht geschützt. Bestehen Sie von Anfang an auf detaillierten Baubeschreibungen und holen Sie auch hierzu unabhängigen Fachrat ein. Die oft verwirrenden Bezeichnungen von „Baustandards" mit DIN und ISO sind ohne das entsprechende Hintergrundwissen nicht so ohne Weiteres zu entschlüsseln – und längst nicht jeder „Standard" ist auch für Ihre Immobilie sinnvoll und geeignet.

Bis hierher ging es um die Grundsatzentscheidung, auf welchem Weg Sie zu Ihrer Immobilie kommen können. Was auf der jeweiligen Strecke zu beachten und bedenken ist, das erfahren Sie im Kapitel „So setzen Sie Ihr Vorhaben um" (siehe ab Seite 62).

n-tv TIPP

Renovierungsbedarf genau prüfen

Prüfen Sie gründlich, welche Renovierungs- und Sanierungs-
arbeiten mittelfristig anfallen. Dabei sind gerade solche Dinge wichtig, die ein Laie auf den ersten Blick nicht erkennt. Ist
der Keller trocken, entsprechen Isolation und Heizung den
gesetzlichen Bestimmungen, sind die Elektrik und die Sani-
täranlagen noch in Ordnung?
Ziehen Sie hier am besten einen Fachmann (etwa einen Architekten oder erfahrenen Handwerker) zurate, damit Sie die auf
Sie zukommenden Kosten realistisch einschätzen können.

Die richtige Immobilienart

Wenn Sie in eine Immobilie investieren wollen, statt sich mittelbar
etwa über einen Fonds zu engagieren, sollten Sie sich grundsätzlich Gedanken über die richtige Art Ihrer Immobilie machen.

Einfamilienhaus: Einfamilienhäuser sind ebenso wie Doppel-
haushälften oder Reihenhäuser in der Vorstellung von Vielen die
verlockendste Anlageform. Entsprechend gering ist meist auch die
Rendite. Das Haus im Grünen ist häufig deutlich teurer als eine
gleich große Eigentumswohnung, und das nicht nur, weil mehr
Geld ins Grundstück fließt. Allerdings sind Grundstücke in der
Regel deutlich werthaltiger, was im Falle eines späteren Verkaufs
klare Vorteile bringt. Maßgeblich ist hier vor allem die Lage.

Häufig teuer und wenig Rendite

Mehrfamilienhaus: Wer es sich leisten kann, zieht natürlich auch
den Erwerb eines Mehrfamilienhauses in Erwägung. Gerade bei
großen Mehrfamilienhäusern ist die Rendite oft deutlich höher als
bei einzelnen Eigentumswohnungen oder Einfamilienhäusern.
Doch auch hier ist Vorsicht geboten. Ein einziger Problemmieter
kann unter Umständen die gesamte Immobilie belasten (Stichwort: Mietminderungen, erhöhte Fluktuation der Mieter) und auch
die Wahrscheinlichkeit von Leerständen ist bei mehreren Wohnungen höher.

Vorsicht vor Problem-mietern

Eigentümerstruktur prüfen

Wohnung: Für die meisten Anleger ist die Wohnung im Teileigentum an einer Wohnungseigentumsgemeinschaft die sinnvollste Form, da diese am vergleichsweise einfachsten zu realisieren ist. Doch aufgepasst! Bei keiner anderen Immobilie ist der Unterschied zwischen Eigennutzung und reiner Kapitalanlage (Fremdnutzung) größer. Denn während ein reiner Kapitalanleger in der Regel vorrangig auf möglichst hohe Renditen aus ist, ist dem Eigenheimbewohner vor allem am Wertzuwachs der Immobilie selbst gelegen. Spätestens, wenn Renovierungen anstehen, ist hier Ärger vorprogrammiert. Der Eigennutzer wird zumeist zu einer hochwertigen Maßnahme tendieren, während Vermieter überwiegend die kostengünstigste Lösung vorziehen. Prüfen Sie also hier gründlich die Eigentümerstruktur und die Qualität der Zusammenarbeit zwischen Hausverwaltung und Eigentümergemeinschaft. Dies ist mindestens so wichtig wie eine gute Lage des Objekts!

Hohes Renditepotenzial mit Risiko

Gewerbeimmobilie: Büroräume und andere gewerbliche Immobilien haben grundsätzlich ein erheblich höheres Renditepotenzial. Doch das hat seinen Grund, denn auch das Risiko ist ungleich größer. Der gewerbliche Mietmarkt ist wesentlich dynamischer. Er ist von mehr und schwerer abzuschätzenden Faktoren abhängig als der private Wohnungsmarkt und stärkeren Schwankungen unterworfen. Ob in Zeiten zunehmend dünnerer Personaldecken, Home-Offices und älter werdenden Bürgern auf dem Gewerbeimmobilienmarkt trotz des beschworenen Wirtschaftsaufschwungs noch die Zuwächse vergangener Jahre zu erwarten sind, bleibt abzuwarten. In Anbetracht der mit dieser Entwicklung verbundenen Unwägbarkeiten ist deshalb eine Gewerbeimmobilie als Altersvorsorge nur bedingt ratsam.

Selbst einziehen oder vermieten?

Wenn Sie Ihre Altersvorsorge auf einer Immobilie aufbauen möchten, stehen Ihnen dabei grundsätzlich drei verschiedene Anlageformen zur Verfügung:

Fremd- oder Eigennutzung

❶ Erwerb als Eigenheim oder Eigentumswohnung zur Eigennutzung,

❷ Erwerb als Renditeobjekt zur Vermietung,
❸ mittelbarer Erwerb als Teilhaber in Immobilienfonds.

Die meisten Menschen träumen vom Eigenheim und tendieren daher auch bei der Altersvorsorge dazu, möglichst bald die eigene Immobilie zu beziehen, deren Raten dann anstelle von Miete bezahlt werden, um spätestens mit Erreichen des Rentenalters „kostenlos" wohnen zu können. Doch auch wenn Sie jetzt nicht kaufen können oder wollen, weil Sie beispielsweise beruflich mobil bleiben müssen, kann der Kauf eines zu vermietenden Renditeobjekts eine attraktive Option sein. Es besteht immer die Möglichkeit, diese Immobilie später selbst zu beziehen oder sie zu verkaufen und vom Erlös den eigenen „Altersruhesitz" zu erwerben.

Die Frage, ob Sie selbst einziehen wollen oder ob Sie die Immobilie primär als Kapitalanlage sehen, ist maßgeblich für die Wahl des geeigneten Objekts. Unabhängig von Ihren persönlichen Anforderungen und Wünschen an Ihr „Zuhause" ist eine nüchterne und vorsichtige Bewertung unerlässlich. Auf jeden Fall sollten Sie verschiedene Entwicklungsszenarien durchspielen. Was passiert im Falle von Arbeitslosigkeit oder anhaltender Krankheit? Was soll sein, wenn Sie sich von Ihrem Lebenspartner trennen?

Nüchtern bewerten

n-tv TIPP

Flexible Immobilien

Immobilieneigentum ist aus verschiedensten Gründen eine gute Kapitalanlage. Dies gilt für Ihr Häuschen im Grünen ebenso wie für die Eigentumswohnung. Als Nachteil wird häufig angesehen, dass Immobilien als unflexibel gelten und das Kapital auf Jahre binden. Allerdings besteht die Möglichkeit, dass Sie Ihr in Immobilien gebundenes Kapital bei der Vermögensplanung auch in anderer, weniger geläufiger Form nutzen. So gibt es beispielsweise steuerlich interessante Sonderformen, eine Immobilie zu belasten oder die, wenn auch etwas kompliziertere, Möglichkeit der Verrentung, der Erbpacht oder des Nießbrauchs. Lassen Sie sich gerade im Rahmen der Entwicklung eines Gesamtvermögenskonzepts hier umfassend von einem versierten Rechtsanwalt beraten.

Das Mietobjekt

Wenn Sie mit Ihrer Immobilienanlage Geld, aber keinen Ärger bekommen wollen, müssen Sie sich an ein paar Regeln halten. Um die wirtschaftliche Qualität eines Mietarrangements zu beurteilen, brauchen Sie wieder die Bruttorendite, von der schon die Rede war.

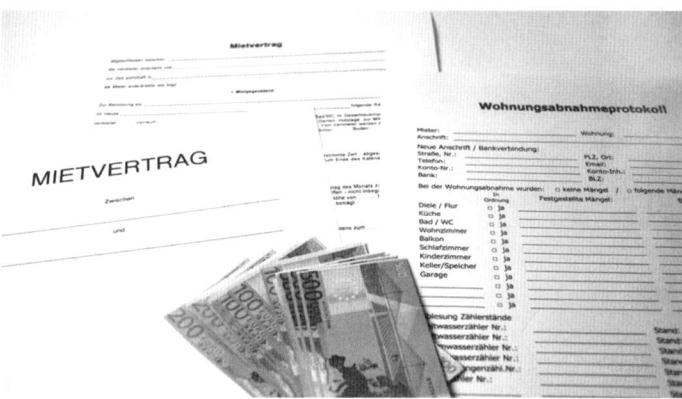

Wenn Sie Ihre Immobilie nicht selbst beziehen, können Sie sie als Rendite-objekt nutzen.

Erfolgreiche Immobilie

Eine zur Vermietung geeignete Immobilie sollte eine Nettorendite von mindestens 4 Prozent vor Steuern ausweisen und über eine positive Wertsteigerungsprognose verfügen. Um dies zu errei-chen, spielen Qualität und Lage des Objekts eine große Rolle. Außerdem muss man sich für einen Verkauf auch Zeit lassen kön-nen.

PRAXISBEISPIEL

Kauf einer Wohnung ohne Kredit
Kaufpreis: 275.000 €, davon entfallen 60.000 € auf den Grund.
Kaufnebenkosten: 25.000 € (Grunderwerbsteuer, Notar- und Grundbuchkosten, Maklergebühren).
Nettomiete monatlich: 1.000 € (jährlich 12.000 €)
Nicht umlagefähige Nebenkosten: 1.100 € p.a.

Steuerliche Abschreibung: 2% aus 275.000 €, also 5.500 €
Bruttorendite: 12.000 x 100 : 300.000 = 4%
Nettorendite: (12.000 – 1.000 (Kosten)) x 100 : 300.000 = 3,6%

Fazit: Diese Mietimmobilie ist nicht rentabel. Daraus lässt sich erkennen, dass es maßgeblich für ein erfolgreiches Immobilieninvestment ist, dass einerseits höhere Mieten auf Dauer gewährleistet werden können und andererseits der Kaufpreis dennoch realistisch niedrig liegt.

Der Kaufpreis pro m^2 ist bei einem Mehrparteienhaus meist günstiger als eine oder mehrere Teileigentumswohnungen. Auch im Verhältnis zu einem vermieteten Einfamilienhaus bietet es Vorteile:

- günstigere Anschaffung,
- weniger Risiko durch Miettotalausfall,
- Werterhaltungsmaßnahmen sind leichter durchzuführen.

Vorteil Mehrparteienhaus

Kaufpreis: Ob der verlangte Preis für eine Eigentumswohnung angemessen ist, kann ein Laie kaum aus dem Stegreif beurteilen. Es lohnt sich deshalb, 20 bis 30 Objekte zu besichtigen, bevor Sie sich entscheiden. Nur so entwicklen Sie ein Gespür für die aktuelle Marktsituation. Als Faustregel für den Kaufpreis kann die erzielte Kaltmiete pro Jahr dienen. Je nach Lage und Zustand der Wohnung gilt das 13- bis 20-Fache dieses Betrags als angemessen. Letzteres entspricht einer Verzinsung des reinen Kaufpreises von 5 Prozent – allerdings ohne die Nebenkosten zu berücksichtigen. Außerdem müssen Sie bedenken, dass die laufenden Ausgaben Ihre Rendite reduzieren. Denn der Vermieter muss für die Instandhaltung nicht nur der Wohnung, sondern anteilig des ganzen Hauses und für das Gehalt des Hausverwalters aufkommen.

Miethöhe: Die Höhe der Miete wird von der Nachfrage bestimmt. *Wohntrends* Die kann sich aus Wohnungsmangel wie beispielsweise in München oder aus Qualität, schöner Lage oder edler Ausstattung ergeben. Auch Wohnungen unterliegen Geschmacksveränderungen. Früher waren viele kleine Zimmer besser als wenige große, Teppiche gefragter als Parkett und bunte Bäder schöner als weiße. Solche Trendwenden müssen Sie als Vermieter über die Jahre mittragen und Werterhaltungsrenovierungen entsprechend durchführen, auch dann wenn der Boden oder das Bad in einem guten Zustand sind. Das bedeutet aber, dass Sie entsprechende Rücklagen aus den Mieteinnahmen bilden müssen. Vorsichtige Anleger ziehen von der Miete zusätzlich noch 2 Prozent für das Mietausfallrisiko etwa aufgrund von Renovierungsmaßnahmen ab.

| n-tv TIPP |

Verwaltungsabrechnungen zeigen lassen

Lassen Sie sich vor dem Kauf einer Teileigentumsimmobilie die Verwaltungsabrechnung bzw. vor dem Kauf eines Hauses die Gesamtaufstellung zeigen, aus der die Verwaltungs- und Instandhaltungskosten der vergangenen Jahre hervorgehen.

Mietentwicklung: Welche Auswirkungen der demografische Wandel auf die zukünftige Wohnungsnachfrage haben wird, bleibt spekulativ. Doch erste Zeichen gibt es bereits:

Mietent-
wicklung
- längere Lebenserwartung,
- hohe Zuwanderung,
- mehr Single-Haushalte,
- steigender Platzbedarf (mehr m^2 pro Person).

Für Vermieter bedeutet diese Entwicklung, dass Wohnungen vielerorts in den kommenden Jahren knapper werden und die Mieten somit steigen könnten. Allerdings wird das nicht überall und prinzipiell der Fall sein. Wahrscheinlich werden besonders die wirtschaftlich starken Regionen mit hohem Arbeitsplatzangebot Zuwanderungen erleben. Aus strukturschwachen Gebieten hingegen wandern die Menschen eher ab. Achten Sie aber neben der unmittelbaren Lage der Immobilie auch auf mittelbare Faktoren wie Schulen und Geschäfte sowie die Anbindung an die öffentlichen Verkehrsmittel. Für vermeintliche Schnäppchen gilt: Das falsche Objekt am falschen Ort könnte spätestens in ein paar Jahrzehnten aufgrund von Leerstand ein Fall für die Abrissbirne werden.

Festzuhalten bleibt, Mietwohnungen sind nicht für jedermann die passende Anlageform, denn es ist schwierig, das Eigentum aus der Ferne zu betreuen. Vor allem sollte man sich dort, wo man kauft, gut auskennen. Selbst wenn die Stadt stimmt, kann die Wohnung in der falschen Straße liegen und damit schwer zu vermieten sein. Neben der Lage entscheiden aber auch Qualität sowie Größe, und Wohnsilos werden mit abnehmender Bevölkerungszahl immer weniger gefragt sein. Eine charmante Architektur, eine gute Ausstattung und ein ansprechender Grundriss hingegen bleiben attraktiv. Zudem nimmt der Trend zur Single-Wohnung zu; schon heute lebt in den Großstädten in jedem zweiten Haushalt nur eine Person.

Hieraus allerdings einen Trend hin zu kleinen Appartements abzuleiten, davor warnen die Experten. Zwar steigen einerseits die Ansprüche, andererseits sollte die Wohnung wiederum nicht zu groß sein, denn jenseits der 80 m^2 sinken die Quadratmeterpreise aufgrund mangelnder Nachfrage. Als beste Geldanlage empfehlen Experten eine mittelgroße Dreizimmerwohnung.

Steigende Ansprüche

---

n-tv TIPP

Gut Ding will Weile haben

Anders als bei allen anderen Geldanlagen greift beim Erwerb von Immobilien schon zu Beginn das Finanzamt zu und verlangt 3,5 Prozent Grunderwerbsteuer auf den Kaufpreis. Alles in allem kostet Sie eine Wohnung zusätzlich rund 10 Prozent an Nebenkosten. Erst wenn der Wert Ihrer Immobilie um mehr als diese Marge gestiegen ist, beginnt sich ein Wiederverkauf zu lohnen. Zudem beträgt die Spekulationsfrist für Immobilien zehn Jahre. Wer seine Wohnung vorher verkauft, muss den Gewinn versteuern. Danach allerdings bleibt der Fiskus (gegenwärtig) außen vor.

Vermietung innerhalb der Familie

Lassen sich hier wirklich zwei Fliegen mit einer Klappe schlagen? Wenn die Kinder größer werden und womöglich zur Ausbildung fortziehen müssen oder wollen, trifft das die unterhaltspflichtigen

Vermietung an Angehörige

Eltern oft schwer. Die Miete der eigenen Wohnung wird deshalb nicht günstiger, weil ein Jugendzimmer leer steht und eine zweite Wohnung zu finanzieren teuer ist. Da liegt der Gedanke nahe, lieber gleich eine geeignete „Studentenbude" zu kaufen. So wird der Unterhaltspflicht gegenüber dem Sprössling genügt und zugleich etwas für die private Altersvorsorge getan, denn auch bei einer Vermietung an nahe Angehörige können alle (Steuer-)Vorteile genutzt werden, sofern die entsprechenden Kriterien erfüllt werden.

Als Faustregel gilt dabei: Ein Außenstehender darf dem Mietverhältnis nicht das zugrunde liegende Verwandtschaftsverhältnis ansehen können. Das bedeutet, es bedarf eines ordentlichen Mietvertrags und entsprechender Mietzahlungen, die nicht wesentlich unter der ortsüblichen Miete liegen dürfen. Gleiches gilt für die Betriebskostenregelung. Dabei müssen diese Zahlungen vom Mieter aus dessen Einnahmen bestritten werden, weil sonst das Finanzamt wegen Gestaltungsmissbrauchs sein Veto erhebt. Dabei ist es unerheblich, welcher Art diese Einnahmen sind, also ob Ihr Kind neben dem Studium arbeitet oder BAföG bezieht oder von Ihnen Barunterhalt überwiesen bekommt. In der Praxis läuft das dann so ab, dass Sie Ihrem Studenten regelmäßig Geld überweisen und dieser von diesem Geld dann seine Lebenshaltungskosten bestreitet, Lebensmittel, Telefon und eben auch Miete, die auf das Konto des Vermieters überwiesen werden.

Verwandtenverträge Besonderes Augenmerk legt das Finanzamt bei Verwandtenverträgen auf die Höhe der vereinbarten Miete. Der Maßstab ist die ortsübliche Vergleichsmiete. Das heißt, wenn die Wohnung in München liegt, gelten eben auch Münchener Preise. In welcher Höhe sich diese bewegen, kann dem aktuellen Mietspiegel entnommen werden. Dabei muss die Miete mindestens 50 Prozent (begründete Ausnahmefälle) bzw., wer auf Nummer sicher gehen will, 75 Prozent der ortsüblichen Marktmiete betragen.

Nähere Einzelheiten zu diesem Thema erfahren Sie im Kapitel „Steuern sparen – Fallstricke des Steuerrechts vermeiden" (siehe ab Seite 148).

Das eigene Haus können Sie ganz nach Ihren Wünschen und Bedürfnissen gestalten. So ist es nicht nur eine ideale Vorsorge für das Alter, sondern auch ein wertvolles Stück Lebensqualität.

Das Eigenheim

Eine Variante der Altersvorsorge stellt das eigene Haus dar. Durchschnittlich 600 € kann ein Rentner jeden Monat mehr in der Kasse haben, wenn er in seinen vier Wänden wohnt. Für das Eigenheim sprechen neben kalkulatorischen Gründen vor allem auch emotionale Motive. Das eigene Zuhause soll sich eben nicht nur lohnen, sondern auch Freude machen. Die eigenen vier Wände können Sie ganz nach individuellen Vorstellungen gestalten. Ein eigenes Haus gibt aber auch psychologische Sicherheit, weil es jedem älteren Menschen schwerfällt, noch einmal umzuziehen. Wer Herr im Haus ist, muss sich nicht über den Krach anderer, jüngerer Nebenmieter ärgern. Und den Garten hat man stets für sich allein. Das alles ist ein wertvolles Stück Lebensqualität. So verständlich dies auch ist, sollten aber trotzdem sowohl bei der Wahl der Immobilie selbst als auch hinsichtlich Ihrer Finanzierung ausschließlich sachliche Argumente die Grundlage Ihrer Entscheidung sein.

Die eigenen vier Wände

Anders als bei Renditeimmobilien ist bei einem Eigenheim als Altersvorsorge der Gewinn nicht das Wichtigste. Denn als Selbstnutzer wollen Sie vermutlich in einer guten Gegend leben, dort ist der Kaufpreis aber meist höher und die theoretische Rendite daher niedriger. Der Hauptgrund ist vielmehr ein anderer: Wollen Sie die Immobilie im Rentenalter verkaufen, weil Sie in eine kleinere Wohnung wechseln oder an einem anderen Ort leben wollen, dann ist die gute Lage für den Verkaufspreis ausschlaggebend. Im schlimmsten Fall kommt man im Alter nicht an das Geld, weil sich die Immobilie in einer schlechten Lage ungeachtet ihrer Mietrendite nicht verkaufen lässt!

n-tv TIPP

Risiko bei Trennung und Scheidung

Denken Sie daran, dass der Wert von Häusern oder Wohnungen auch fallen kann und bei einer Trennung oder Scheidung in der Regel ein Verkauf erforderlich ist, weil ein Partner allein die Belastung meist nicht tragen kann.

Bedürfnisse im Alter

Je älter Sie beim Kauf bereits sind, desto eher sollten Sie darauf achten, dass Ihr Heim auch auf die Bedürfnisse älterer Menschen zugeschnitten ist: Wer mit 40 seine Einkäufe noch unter Fitnessaspekten bereitwillig in den vierten Stock trägt, findet das mit 70 Jahren sehr wahrscheinlich weniger anregend. Sprechen Sie deshalb vor Ihrer Kaufentscheidung mit älteren Menschen in Ihrem Bekanntenkreis über die veränderten Wohnansprüche im Alter.

Die weitverbreitete Ansicht, die meisten alten Menschen würden heutzutage in Heimen leben, ist falsch. Das tun gerade einmal 5 Prozent. Die meisten Senioren leben in Privathaushalten und verbringen dort den Großteil ihrer Zeit, im Durchschnitt etwa 21 Stunden. Eine auf die Wohnansprüche im Alter ausgerichtete Immobilie ist also eine wichtige Investition in Ihre Zukunft.

Altersexperten fordern deshalb bei der Bauplanung schon seit Längerem zum Umdenken auf. Viele moderne Objekte sind nach wie vor ausgesprochen seniorenunfreundlich. Hierzu zählen besonders folgende Probleme:

❶ Die Lichtphase im Treppenhaus ist zu kurz.
❷ Die Türen sind zu schmal.

❸ Das Bad ist klein und verwinkelt.
❹ Die Treppen sind zu steil.
❺ Die Küchen sind ohne Arbeitsplätze zum Sitzen ausgestattet.

Wer beim Planen und Bauen nicht nur an die erste Lebenshälfte denkt, merkt schnell, dass sich bestimmte Bedürfnisse in verschiedenen Lebensabschnitten wiederholen. Das Ergebnis kann dann ein Transgenerationen-Haus sein, das ohne größere Umbauten Bewohnern verschiedener Altersstufen gerecht wird. Übrigens sind nicht nur alte Menschen froh, wenn sie in der Küche bequem im Sitzen arbeiten können. Auch junge Leute, die im Job viel stehen, wissen diesen Wohnkomfort zu schätzen. **Transgenerationen-Haus**

Sinnvoll planen, Kosten vermeiden: Gerade wenn Sie sich für den Bau eines Hauses entscheiden, sollten Sie von Anfang an ein Transgenerationen-Haus konzipieren.

Viele Immobilienbesitzer beschäftigt natürlich auch die Frage, was mit dem Eigenheim bei Arbeitslosigkeit passiert. Erfreulicherweise relativ wenig. Anders als bei den meisten anderen Anlageformen wird selbst bei „Hartz IV" der Hauseigentümer vergleichsweise milde behandelt. Erst ab 130 m^2 Wohnfläche des Eigenheims (120 bei einer Eigentumswohnung) prüft die Arbeitsagentur, ob die Wohnfläche noch angemessen ist. Bei einer unangemessen großen Wohnung wird man auch nicht automatisch enteignet, sondern nur angehalten, diese Wohnung zu vermieten und in eine billigere Wohnung umzuziehen. **Arbeitslosigkeit**

Die gemischt genutzte Immobilie

Nicht selten bewohnen Selbstständige zugleich die Immobilie, in der sie ihr Geschäft haben. Mit dem Rückzug aus dem Erwerbsleben stellt sich nun die Frage, ob man die Immobilie zusammen mit dem Geschäft im Zuge der betrieblichen Nachfolge übergibt und sich mit dem Erlös ein neues Haus kauft oder ob man die Gewerbeimmobilie vermietet und die Einnahmen seiner Rente zuschlägt. Beide Modelle haben Charme, was im Einzelnen nun die attraktivere Lösung ist, kann aber pauschal nicht beantwortet werden. Hier spielen viele weitere Faktoren eine Rolle wie beispielsweise, ob das Geschäft an seinen Standort gebunden ist oder eine Beratungstätigkeit des Altinhabers vereinbart wurde.

Misch-
immobilien

Solche Mischimmobilien können aber auch für andere Anleger interessant sein. Die Kombination aus Gewerbe- und Wohnraumvermietung

* hilft, Schwankungen des Mietmarkts auszugleichen,
* bietet interessante Gestaltungsmöglichkeiten hinsichtlich der Attraktivität der Immobilie für Mieter (z. B. durch das „passende Geschäft"),
* ermöglicht verschiedene Kombinationen bei Fördergeldern und Abschreibemöglichkeiten.

Die in diesem Fall gebräuchlichste Variante ist ein Mehrparteienhaus, das der Eigentümer auch selbst (als Partei) bewohnt. Ob dies nun ein Mehrfamilienhaus mit mehreren gleichwertigen Wohnungen ist oder ob es sich um eine Einliegerwohnung handelt – Möglichkeiten gibt es hier viele. Gerade die Kombination mit einer Einliegerwohnung ist in vielerlei Hinsicht vorteilhaft:

Einlieger-
wohnung

* Für Einliegerwohnungen gelten viele Mieterschutzklauseln nur eingeschränkt, sodass sich hier der Vermieter in einer günstigeren Position befindet.
* Einliegerwohnungen können zunächst als Kinderzimmer und Jugendappartements genutzt und später, wenn die Kinder ausziehen, anderweitig vermietet werden.
* Im Alter kann eine Einliegerwohnung auch von Pflegepersonal genutzt werden.
* Eine Einliegerwohnung bietet zusätzliche Mieteinnahmen zum „mietfreien" Wohnen.

Erst vermieten, dann bewohnen?

Auch wer beispielsweise aus beruflichen Gründen heute seinen Standort noch nicht festlegen kann oder dort, wo er arbeitet, nicht seinen Lebensabend verbringen möchte, hat verschiedene Möglichkeiten, mit einer Immobilie seine Altersvorsorge zu gestalten:

❶ die Immobilie zunächst vermieten und dann später selbst einziehen,

❷ eine Renditeimmobilie kaufen, vermieten und später verkaufen, um vom Veräußerungserlös das eigene Traumobjekt zu erwerben,

❸ ein Mehrparteienhaus kaufen und jeweils die der jeweiligen Finanz- und Wohnsituation günstigste Wohnung selbst bewohnen, während der Rest vermietet wird.

Investition in Seniorenimmobilien

Der demografische Wandel führt dazu, dass es in Deutschland immer mehr Senioren geben wird, die immer nachhaltiger auch den Immobilienmarkt beeinflussen. Der Bedarf an sogenannten Seniorenimmobilien steigt daher ständig.

Der Bundesverband Freier Immobilien- und Wohnungsunternehmen hat im Juli 2007 eine Studie präsentiert, nach der nur etwa 1 Prozent des Gesamtwohnungsbestandes seniorengerechte Immobilien darstellen. Der Bedarf, so die Studie, liege allerdings bei 3 Prozent, was etwa 1,2 Millionen Wohnungen entspricht. Besonders gefragt sind dabei solche Objekte, bei denen selbstständiges Wohnen bei hoher Lebens- und Wohnqualität mit optionalen Dienstleistungen kombiniert werden kann. *Senioren-immobilien*

Auch bei Seniorenimmobilien gibt es bessere und schlechtere Anlageobjekte. Neben den allgemeinen Kriterien für eine Immobilienanlage (Lage, Substanz, Ausstattung) sind in diesem Segment vor allem ausgereifte Betriebskonzepte von größter Wichtigkeit. *Wirtschaft-lichkeit*

n-tv TIPP

Auf Wirtschaftlichkeit achten

Lassen Sie sich vom Betreiber die Konzepte für Kostenrechnung, Personalplanung, Finanzierung und Marketing vorlegen. Prüfen Sie, ob das Angebot der Nachfrage am Markt gerecht wird.

Wohnformen für das Alter

Typisch für Seniorenimmobilien ist die Kombination aus Eigenständigkeit und Sicherheit. Um diesen zentralen Wünschen der

Zielgruppe zu entsprechen, werden allerdings sehr unterschiedliche Wege eingeschlagen.

Größtmögliche Selbstständigkeit

Betreutes Wohnen: Dieses relativ moderne Wohnkonzept schafft ein zusätzliches Angebot, das zwischen der familiären Unterstützung in der angestammten Privatwohnung und der stationären Heimpflege angesiedelt ist. Es garantiert größtmögliche Selbstständigkeit bei gleichzeitig hoch professioneller Absicherung im Krankheitsfall.

Altersgerechte Vollbetreuung

Altenheime: Darunter versteht man Wohneinrichtungen für die Pflege und Betreuung älterer Menschen. Ein Altenheim bietet die Grundlage für eine umfassende und altersgerechte Vollbetreuung.

Pflegeheim

Altenpflege: Je nach benötigter Pflegestufe wird hier innerhalb der verschiedenen Wohneinrichtungen zwischen Pflegeheim, Altenpflegeheim und Krankenpflege unterschieden.

Für die Kapitalanlage am interessantesten sind sowohl für Eigennutzer als auch als Renditeobjekt Wohnkonzepte, die unter den Begriffen „Betreutes Wohnen" oder auch „Service-Wohnen" auf dem Markt sind.

Als Grundgedanke steckt dahinter, dass jeder in seinen „eigenen vier Wänden" lebt (unabhängig davon, ob als Wohneigentümer oder Mieter) und den Alltag mehr oder weniger allein organisiert. Durch die Gestaltung und Ausstattung der Wohnung, die mögliche Bewegungseinschränkungen älterer Menschen berücksichtigt, wird das eigenständige Wohnen gefördert. Als Ergänzung werden professionelle Serviceleistungen (bis hin zur Pflege) angeboten, die man nach Bedarf abrufen kann und auch nur bei Inanspruchnahme bezahlen muss. Für die Bewohner führt dies zu einer Reduzierung des verpflichtenden Kostenpakets und mehr Wahlfreiheit, ohne auf Sicherheit verzichten zu müssen. Dazu schließen die Bewohner zumeist neben einem Kauf- oder Mietvertrag für die Wohnung einen ergänzenden Betreuungs- bzw. Servicevertrag ab.

Formen beim „Betreuten Wohnen"

Je nach Zielgruppe und örtlicher Bedarfssituation werden auf dem Markt verschiedene Varianten der Kombination von Wohn- und Dienstleistungsangeboten angeboten.

Bei Wohnkonzepten mit integrierten Serviceangeboten werden altengerechte Wohnungen mit einem vertraglich fixierten Dienstleistungsangebot kombiniert, das Entlastung und Sicherheit im Alter garantiert. Die im Einzelnen zu berücksichtigenden Ausstattungsmerkmale solcher barrierefreien Wohnungen sind in der DIN 18025, 2. Teil definiert. Dabei gibt es zwei Formen der Umsetzung: Bei Objekten mit integriertem Service-Stützpunkt stehen die Serviceleistungen direkt vor Ort zur Verfügung. Bei Objekten mit einem integrierten Servicebüro werden im Bedarfsfall die Leistungen über ein Büro vor Ort lediglich vermittelt.

Integriertes Service-angebot

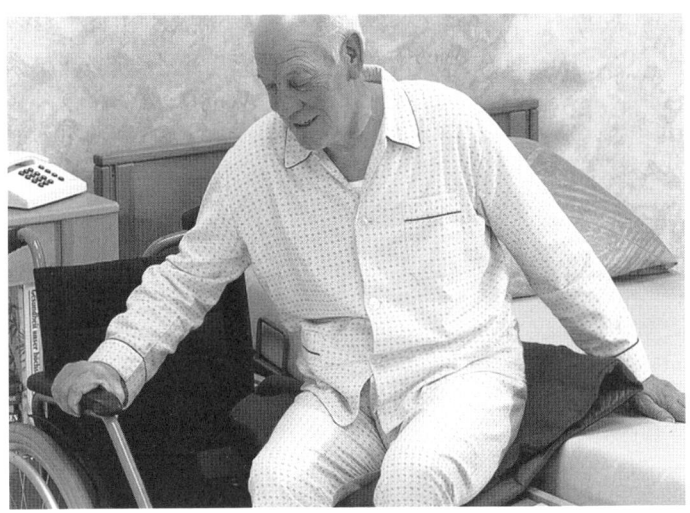

Solange Sie noch mobil sind, können Sie in Ihrem häuslichen Umfeld leben und lediglich die Serviceangebote für Senioren in der näheren Umgebung in Anspruch nehmen.

Beim Wohnkonzept mit Pflegeheim steht die Pflegesicherheit im Vordergrund. So ist eine altengerechte Wohnanlage räumlich oder auch organisatorisch an ein Pflegeheim angebunden. Die Service-

Pflege-sicherheit

leistungen für das „Betreute Wohnen" werden durch das Partner-Pflegeheim angeboten und erbracht.

Hotelverbund Die altengerechte Wohnanlage beim Wohnkonzept im Hotelverbund ist räumlich und/oder organisatorisch an ein Hotel angebunden, das die Serviceleistungen anbietet und erbringt. Für dieses Konzept sprechen das breit gefächerte Angebot hauswirtschaftlicher Unterstützungsleistungen und die Möglichkeit, die Hotelinfrastruktur (Schwimmbad, Sportanlagen, Restaurant u .Ä.) mitzunutzen.

Die für wohlhabendere Senioren konzipierten Residenzen und Wohnstifte bieten überwiegend neben einer integrierten Pflegestation ein umfassendes Servicepaket, weitere Wahlleistungen sowie ein großes Angebot an Gemeinschaftseinrichtungen und -flächen (wie Schwimmbad, Sauna, Restaurant, Sportanlagen). Ein Kultur- und Freizeitprogramm rundet das Angebot ab.

Die Marktentwicklung

Der Markt für Seniorenwohnungen ist einer der letzten Wachstumsmärkte der Immobilienbranche. Größe und Ausstattung solcher Projekte sowie Art und Umfang der konkreten Serviceleistungen werden immer vielfältiger. Neben den großen, anspruchsvoll ausgestatteten Seniorenresidenzen, die auch überregionale Interessenten finden, erfreuen sich verstärkt kleinere, lokal ausgerichtete Wohnanlagen wachsender Nachfrage, die mit der gewohnten Umgebung und dem Aspekt der Heimatverbundenheit werben.

Verstärkter Wettbewerb Neubauprojekte sind auf einfach ausgestattete, preisgünstige Wohnanlagen für Durchschnittsverdiener und auf Wohnanlagen mit überdurchschnittlichem Komfort für solventere Kunden ausgerichtet. In beiden Marktsegmenten ist es zu einem verstärkten Wettbewerbsdruck gekommen. Der wirtschaftliche Erfolg solcher Wohnkonzepte hängt also stark davon ab, inwieweit die Bedürfnisse des Markts wirtschaftlich rentabel umgesetzt werden können.

Gefragt sind zentral gelegene Wohnungen mit guter nachbarschaftlicher und infrastruktureller Anbindung, was aktuell auf dem Markt eher selten angeboten wird. Bei solchen Objekten können relativ hohe Preise erzielt werden.

```
n-tv TIPP
```

Vorsicht: schwarze Schafe!

Die rückläufigen Entwicklungen am Wohnungsmarkt und im Bürosektor locken immer mehr Trittbrettfahrer an, die bei Seniorenimmobilien die Serviceansprüche der Kunden nicht erfüllen können. Das passiert beispielsweise, wenn schwer zu vermarktende Standard-Wohnanlagen oder sogar Büro- und Gewerbeflächen kurzerhand zu Service-Wohnprojekten „umgestrickt" werden oder das Pflegekonzept sich nicht oder nicht wirtschaftlich umsetzen lässt.

Investoren, die ihre Planungen auf fehlerhafte Markteinschätzungen und nicht realisierbare Mieten gestützt haben, sind zu Anpassungsreaktionen gezwungen. Entsprechend passt sich der Preistrend für Wohnungen und Serviceleistungen dem Niveau des normalen Wohnungsmarktes an.

In Seniorenimmobilien investieren?

Das hängt zunächst einmal davon ab, warum Sie sich überhaupt für eine solche Anlageform interessieren. Dabei bewegt sich der Markt fort von reinen Renditeanlagen hin zu Konzepten, bei denen die Immobilien mittel- oder langfristig vom Eigentümer selbst genutzt werden sollen.

Kapitalanleger wollen ein solches Objekt fremd vermieten und sind daher primär an der Rendite ihrer Investition interessiert. Vorsorger erwerben für sich oder ihre Eltern bzw. Angehörige ein entsprechendes Objekt, um es in Zukunft einmal zu nutzen und Sofortnutzer wollen – oder müssen – sofort einziehen bzw. deren Eltern oder Angehörige.

Unterschiedliche Nutzung

Erst eine präzise Kalkulation und die Beteiligung an Objekten, die ein überzeugendes Standort-, Architektur- und Dienstleistungskonzept bieten und bei denen die Interessen zwischen den Nutzern und den Investoren übereinstimmen, geben die sowohl für Kapitalanleger als auch für Eigennutzer erforderliche Sicherheit. Wenn sich ein Wohnkonzept nicht rechnet, wird es auf Dauer auch nicht erfolgreich sein – und die Folgen wie Einsparmaßnahmen oder ein Konkurs betreffen natürlich auch die Bewohner, die sich auf Leistungen verlassen haben, die dann nicht mehr erhältlich sind.

Preis-
gestaltung
Der Preis einer betreuten Seniorenimmobilie hängt von allgemeinen Faktoren wie Größe und Lage der Wohnung, Ausstattung und anderen bereits besprochenen Kriterien ab. Darüber hinaus sind die Kosten und der Umfang des Angebots an Serviceleistungen von erheblicher Bedeutung. Angesichts der Vielfalt der angebotenen Konzepte sind Durchschnittspreise nur sehr begrenzt aussagefähig.

Insgesamt schwanken die monatlichen Nettokaltmieten zwischen 6 und 50 €/m². Allerdings liegen 75 Prozent der Mieten unter 12 €/m². Hinzu kommt die Grundpauschale für die Serviceleistungen. Pro Person müssen hier zwischen 8 und 1.000 € monatlich veranschlagt werden, wobei der Großteil deutlich unter 200 € pro Monat liegt. Für Eigentumswohnungen in solchen Anlagen werden zwischen 1.000 und 5.000 €/m² bezahlt.

n-tv TIPP

Nicht abzocken lassen!

Die Kauf- und Mietpreise in betreuten Wohnanlagen sollten generell denen normaler Wohnungen entsprechen, da die Serviceleistungen dazugekauft werden müssen. Ein Aufschlag bis maximal 5 Prozent ist akzeptabel, wenn Barrierefreiheit nach DIN 18025 garantiert wird. 10 bis 25 Prozent Aufschlag können durch die Ausstattung (Gemeinschaftsflächen, Schwimmbad, Bibliothek) gerechtfertigt sein. Völlig überzogene Preise ergeben sich oft aus Miet- und Betreuungspauschalen der beschriebenen Undurchsichtigkeit des Marktes und des Fehlens passender Vergleichsobjekte.

Höhere
Verzinsung
Experten behaupten, dass die Rendite von Sozialimmobilien grundsätzlich nicht hinter Investments in andere Immobilien oder festverzinsliche Wertpapiere zurücksteht bzw. dass mit den meisten Seniorenimmobilien im Vergleich zu Anleihen sogar eine höhere Verzinsung zu erzielen ist.

Bedarfsgerechte Angebote

Vorsorgeinvestoren sollten darauf achten, dass der Kauferwerb Vorsorge mit einem sogenannten Anwartschaftsrecht gekoppelt wird. Solange kein Eigenbedarf besteht (für sich bzw. für die Eltern) soll die Wohnung rentabel vermietet werden. Will man selbst einziehen, kommt das Anwartschaftsrecht zum Tragen.

n-tv TIPP

Anwartschaft und Miete?

Um Probleme zu vermeiden, die sich aus dem Anwartschaftsrecht einerseits und dem Interesse des Mieters ergeben, achten Sie schon beim Kauf auf eine sinnvolle Regelung für den Bedarfsfall: Oft kann der Eigentümer die nächste frei werdende Wohnung zur Miete übernehmen, und der Betreffende kann später umziehen. Eine andere Möglichkeit ist der Umzug des Mieters in eine vergleichbare Wohnung.

Diese Form der Vorsorge für das Wohnen im Alter hat für potenzielle Interessenten den positiven Effekt, dass in der Phase hoher Einkommen steuerliche Vorteile aus der Vermietung geltend gemacht werden können. Gleichzeitig kann durch das Anwartschaftsrecht die eigene Wohnsituation für das Alter abgesichert werden. Kinder, die für die Eltern eine Wohnung zur Sofortnutzung kaufen, nutzen die Eigentumswohnung als Kapitalanlage, die ihnen steuerliche Vorteile bringt.

Anwart-
schaftsrecht

PRAXISBEISPIEL

Eltern als Mieter
Ein Arzt erwirbt eine Wohnung in einer betreuten Seniorenanlage und vermietet sie günstig für 6.000 € im Jahr an seine Mutter. Sofern er mindestens 50 Prozent (besser 75 Prozent) der Marktmiete vereinnahmt, kann der Arzt dem Finanzamt alle Kosten der Wohnung in Rechnung stellen – und damit Steuern sparen.

Achten Sie aber unbedingt darauf, dass im Grundbuch festgelegt wurde, dass das Haus Senioren bzw. dem Zweck der Wohnanlage vorbehalten bleibt. Die Flächen können nämlich sonst im Bedarfsfall, etwa bei Leerstand, auch anderweitig vermarktet werden, etwa als Studentenappartments.

Kapital-
anlage

Reine Kapitalanleger sind mehr an einer hohen Rendite als an der Eigennutzung interessiert. Ein Anwartschaftsrecht ist für diese Zielgruppe eher ein „Bonus". In diesem Fall ist es wichtig, besonders die für die Kalkulation maßgeblichen Faktoren vertraglich abzusichern:

* Festpreisgarantie,
* Fertigstellungsgarantie (Fixtermin),
* Pachtgarantie,
* Servicegarantie.

Hilfreich ist auch eine Vertragserfüllungsbürgschaft des Betreibers.

Wenn individuelle Faktoren wie Ortstreue keine Rolle spielen, ist eine genaue Standort- und Konkurrenzanalyse noch wichtiger. Sie zeigt nicht nur auf, ob vorhandene oder in der Planung befindliche Projekte im Einzugsbereich eine Überversorgung in diesem Marktsegment erkennen lassen, sondern sie bewertet den Standort mit Blick auf die qualitativen Anforderungen potenzieller Nutzer und gibt spezifische Hinweise und Empfehlungen zur nachfragegerechten Konzeptionsentwicklung der geplanten Seniorenimmobilie.

✓ SCHRITT-FÜR-SCHRITT-GUIDE

Bewertung einer Immobilie

Diese Checkliste kann keinen Gutachter ersetzen ...

... aber sie hilft Ihnen vielleicht, ein Gespür für das zu entwickeln, auf was es neben dem berühmten ersten Eindruck (der auch wichtig ist!) noch ankommt.

Formular
auf CD-ROM

Achten Sie auf folgende Punkte:

Flächenberechnung

Grundflächen	..................m^2
Nutzflächen	..................m^2
Loggien/ Balkon/ Terrasse (1/ 2); maximal 5% Gesamtfläche	..................m^2
3% Abzug für Flächenverlust durch Putz	..................m^2
Flächen nach örtlichem Aufmaß	..................m^2

Gutachten

Bausubstanzgutachten (TÜV)	☐ ja	☐ nein
Wärmeschutznachweis (DIN)	☐ ja	☐ nein
Schallschutzgutachten (DIN)	☐ ja	☐ nein
Holzschutzgutachten (DIN)	☐ ja	☐ nein

Zustand Leitungsnetz

Note 1–6

Gas	....
Wasser	....
Abwasser	....
Warmwasser	....

Zustand Heizung

Note 1–6

Heizungsanlage ....
Steigestränge ....
Heizkörper ....

Zustand Elektroanschlüsse

Note 1–6

Hausanschluss ....
Steigeleitungen ....
Dachgeschoss/Neubauteile/Anbauten ....
Antennen-/Satelliten-/Kabelanschluss ....
Türöffner/Video-/Sprechanlage ....

Zustand Dach

Note 1–6

Dacheindeckung ....
Wärmedämmung ....
Zinkbleche ....

Zustand Fenster

Note 1–6

Wohnräume ....
Küche/Bad ....
Treppenhaus/Flur ....

Zustand Bäder

Note 1–6

Fließen, Fugen, Silikondichtungen ....
Böden ....
Sanitäreinrichtungen ....
Armaturen ....
Anschlüsse ....

Zustand Küche

Note 1–6

Fließen, Fugen, Silikondichtungen ....
Einbauten ....
Geräte ....
Armaturen ....
Anschlüsse ....

Zustand Außenanlagen

Note 1-6

Kfz-Stellplätze/ Garagen ....
Wege ....
Eingangsbereich ....
Grünanlagen ....
Vegetation ....
Sichtschutz ....
Freisitzplätze ....
Kinderspielgerät ....
Gartenhaus ....
Mülltonnen ....

Das müssen Sie tun:
Diese Übersicht zeigt Ihnen, wie Sie bei einer Besichtigung
Schritt für Schritt die Immobilie in Augenschein nehmen und
auf Schwachstellen abklopfen können. Sehr wichtig ist es
dabei, sich ausreichend Zeit zu nehmen und bereits beim
kleinsten Zweifel sofort einen Gutachter hinzuzuziehen.

So setzen Sie Ihr Vorhaben um

Nachdem Sie sich nun für den Kauf oder Bau einer Immobilie entschieden haben und auch wissen, wie Sie diese Immobilie künftig nutzen wollen, gilt es das hierfür passende Objekt zu finden und dieses zu finanzieren.

Investieren Sie Zeit! Laut Statistik tätigt man ein- bis zweimal im Leben eine derartige Investition. Entsprechend vorbereitet sollten Sie also dieses Projekt angehen. Informieren Sie sich, prüfen Sie in alle Richtungen und spielen Sie alle Eventualitäten durch – auch und vor allem jene, mit denen man sich nicht so gern beschäftigt wie etwa Arbeitslosigkeit und Krankheit.

Der Kauf einer Immobilie

Je nachdem, ob Sie sich für den Kauf oder den Bau einer Immobilie entschieden haben, ist der Weg zum Ziel etwas anders. Am Kauf kommen natürlich auch die meisten Hausbauer nicht vorbei, es sei denn, man besitzt schon einen Baugrund. Rechtlich gesehen besteht zwischen dem Kauf eines Grundstücks und eines Hauses kein Unterschied. Vielmehr gilt das Gebäude als Grundstücksbestandteil. Auch eine Eigentumswohnung wird – etwas vereinfacht – als Teileigentum an einer Grundstückseinheit behandelt.

Eine Immobilie muss unter mehreren, sehr verschiedenen Kriterien bestehen. Ein geeignetes Kaufobjekt soll ja Herz und Hirn gleichermaßen ansprechen – und zwar heute ebenso wie in einigen Jahrzehnten. Auf der Suche nach dem „Traumhaus" sollten Sie deshalb allgemeine wie individuelle Merkmale berücksichtigen. Je nachdem in welcher Form die Immobilie Ihr Vermögen sichern soll, müssen verschiedene Rentabilitätskriterien erfüllt sein. Wie gut Ihnen ein Objekt auch unter anderen Gesichtspunkten gefällt, diese Mindestanforderungen sind die Grundvoraussetzungen für eine erfolgreiche Investition.

Das passende Objekt

Marktbeobachtung

Für eine Investition dieser Größenordnung ist eine umfassende Information unerlässlich. Dies verschärft sich zudem durch die Unübersichtlichkeit des Immobilienmarktes, der sehr anfällig für Schwankungen in Gesellschaft, Politik und Wirtschaft ist und beharrlich eigenen Gesetzen folgt.

Zunächst einmal geht es darum, ein Gespür für das Umfeld zu entwickeln, in dem Sie Ihr Vermögen anlegen wollen. Investieren Sie dazu Zeit, denn Sie entwickeln sich nicht zum Immobilienexperten, wenn Sie ausschließlich den Anzeigenteil der Zeitungen lesen – wenngleich das ein guter Anfang ist. Eine Immobilie, die über einen längeren Zeitraum wiederholt angeboten wird, ist sehr wahrscheinlich zu teuer. Dies erkennen Sie, wenn Sie im entsprechenden Zeitraum öfter die Inserate studieren. Sprechen Sie aber auch mit Bekannten und Kollegen, hören Sie sich die guten, aber auch die schlechten Erfahrungen an, die andere bereits gemacht haben! Wenn Sie bei Ihrem Bankberater wegen der Finanzierung vorsprechen, unterhalten Sie sich mit ihm gleich über geeignete Kaufobjekte und lassen Sie sich von ihm hinsichtlich der Auswahlkriterien beraten.

Lesen, fragen, schauen

Im nächsten Schritt, der Trainingsphase, nehmen Sie sich am besten etwas mehr Zeit und besichtigen eine Reihe von Immobilien. Bevor Sie nicht zehn, vielleicht 20 Objekte gesehen haben, wissen Sie sehr wahrscheinlich nicht, was ein Makler beispielsweise unter „gehobener Ausstattung" versteht und was Sie umgekehrt erwarten dürfen. Je mehr Immobilien Sie besichtigen und mit Eigentümern oder Maklern sprechen, desto besser können Sie abschätzen, was derzeit gewünscht und verlangt wird und wo Sie womöglich Abstriche bei Ihren persönlichen Vorlieben machen müssen.

Immobiliensuche

Persönliche Checkliste

Nach der Trainingsphase treten Sie aktiv in den Wettbewerb ein. Erstellen Sie sich hierzu eine persönliche Checkliste, in der Sie sich mit den objektiv für eine Kapitalanlage erforderlichen Renditekriterien, dem Pflichtprogramm, auseinandersetzen und diese sodann um ihre persönlichen Wünsche und Vorstellungen ergänzen (nicht jedem ist etwa eine Eckbadewanne mit Whirlpool gleich wichtig).

n-tv TIPP

Herz oder Hirn?

Auch wenn Sie sich natürlich mit Ihrer Immobilie wohlfühlen sollen – gerade bei einer Eigennutzung – dürfen Herz und Bauch bei der Entscheidung das Hirn nicht überstimmen. Sonst geht es Ihnen mit Ihrer Immobilie am Ende noch wie mit dem Urlaubswein, der ein paar Wochen später zu Hause auch nicht mehr so gut schmeckt wie in der Bar am Strand.

Die wichtigsten Kriterien bei der Auswahl sind Lage, Umgebung, Bausubstanz und Ausstattung. Doch welche Kriterien machen nun eine gute Lage aus?

Die Lage

- Grobraster: Stadt, Peripherie oder Land?
- Ist Natur in unmittelbarer Nähe wichtig (für Sport und Hund)?
- Wie dicht ist das Gebiet besiedelt, um welche Art von Gebiet handelt es sich (reines Wohngebiet, Mischgebiet)?
- Wie sieht die weitere Bebauung aus? Was ist dort geplant? Werfen Sie einen Blick in die Bebauungspläne im Rathaus.
- Öffentliche Verkehrsmittel vorhanden? Frequenz? Mögliche Geräuschstörungen?

- Einkaufsmöglichkeiten vorhanden?
- Schulen, Kindergärten vorhanden? Passen diese?
- Freizeitangebot (Schwimmbad, Sportvereine, Grünanlagen)?
- Verkehrsanbindung (Autobahn, Schnellstraßen)?
- Nachbarschaft? Eher jüngere Familien mit Kindern oder eher ältere Leute?
- Wie ist die Verkehrssituation vor dem Haus? Verkehrsberuhigte Zonen, Gehsteige, Fahrradwege?
- Ist mit Umweltbeeinträchtigungen zu rechnen wie Hochwasser und Überschwemmungen, aber auch Landwirtschaft, Glockentürme, Freizeitheime, Gaststätten?

n-tv TIPP

Zweimal hinschauen

So wichtig der erste Eindruck auch ist – Objekt und Umgebung sollten Sie sowohl werktags als auch am Wochenende anschauen, da es hier meist die höchste Anwesenheitsdichte gibt. Bei dieser Gelegenheit lässt sich auch gut der Charakter der Siedlung erkennen.

Ein weiterer Gesichtspunkt betrifft das Objekt selbst. Welche Merkmale soll das Haus besitzen?

- Wie steht es um Aus- und Anbaumöglichkeiten?
- Gibt es Beschränkungen etwa durch Denkmalschutz?
- Ist dieser Denkmalschutz eventuell steuerbegünstigt?
- Sind Altlasten bekannt?
- Welcher Grundstücksanteil wird miterworben?
- Ist eine ungestörte Nutzung von Balkon, Terrasse, Garten möglich?
- Müssen die Vorhänge die ganze Zeit geschlossen bleiben?
- Entspricht die Sonnenausrichtung Ihren Wünschen?
- Ist auch im Winter noch genügend Sonne gewährleistet?
- Wie ist die Aufheizung im Sommer/ die Kälte im Winter?

Das Gebäude

Natürlich ist gerade bei der Eigennutzung Ihr Raumbedarf das Wichtigste. Gleichwohl sind einige allgemeine Kriterien zu beachten, wenn das Objekt irgendwann einmal verkauft oder vermietet werden sollte. Ungünstig auf Wertzuwachs und Rendite wirken sich beispielsweise aus:

Die
Räume

- Badezimmer ohne Fenster,
- Nordterrasse oder -balkon,
- kein Balkon oder Terrasse,
- kleine, dunkle oder schlecht geschnittene Räume,
- enge Küchen ohne Fenster,
- Schlafzimmer mit ungünstigem Zugang zu Bad/Toilette,
- wenig Stauraum und Abstellmöglichkeiten,
- ungünstige Durchgangszimmer,
- kein Kfz-Stellplatz.

Früher war der erste Schritt der Blick in die Wochenendausgabe Ihrer Zeitung. Das ist auch heute noch ein guter Anfang. Sie sehen dort, was zu welchen Preisen angeboten wird. Und es ist überdies zu erkennen, was gesucht wird bzw. was andere Interessenten bereit sind zu bezahlen. Neben der klassischen Zeitung prägen inzwischen ebenso andere Medien den Markt und können Ihnen bei der Recherche hilfreiche Dienste erweisen:

Neben der Zeitung spielen inzwischen auch Internetportale bei der Immobiliensuche eine große Rolle.

❶ Online-Immobilienportale
❷ Fachzeitschriften
❸ Makler
❹ Banken

Haben Sie schon länger das Marktgeschehen beobachtet und nichts Interessantes entdeckt? Dann geben Sie doch ein Kaufgesuch auf, um auf sich aufmerksam zu machen. Beschränken Sie sich dabei nicht nur auf Zeitungen oder Onlineportale, sondern verteilen Sie auch Flugblätter oder Aushänge in Ihrer Wunschumgebung.

Aktives Kaufgesuch

---

n-tv TIPP

Dem Zufall eine Chance geben!

Auch wenn Sie bereits sehr genaue Vorstellungen von Ihrem zukünftigen Immobilienbesitz haben, formulieren Sie das Kaufgesuch nicht zu detailliert, sodass Ihnen möglichst viele Angebote offeriert werden.

Eine Suchanzeige ist noch lange keine Erfolgsgarantie. Oft kommen Immobilien gar nicht erst auf den freien Markt und werden „unter der Hand" weiterveräußert, da sich ein Verkauf im erweiterten Freundes- oder Bekanntenkreis rasch herumspricht. Also hören Sie sich um, und versäumen Sie auf keinen Fall, Freunde, Bekannte und Kollegen über Ihre Pläne zu informieren. Sie können aber auch zum Frontalangriff übergehen. Wenn Sie ein Objekt ganz besonders interessiert, kontaktieren Sie doch den aktuellen Eigentümer. Vielleicht stoßen Sie ja auf Verhandlungsbereitschaft oder wecken Interesse, das zuerst noch gar nicht da war.

Unter der Hand

Immobilienbewertung

Wenn Sie ein oder auch mehrere Objekte gefunden haben, die Ihrer Vorstellung entsprechen, geht es an die Bewertung, um das Verhältnis von Wert und Preis zu ermitteln. Dabei sollten Sie zwischen Pflicht und Kür unterscheiden.

Pflicht und
Kür

Einmal ist es von Bedeutung, welche allgemeinen, also objektiv gültigen Faktoren den Wert der Immobilie ausmachen, wenn Sie mit Banken oder auch späteren Käufern und Mietern verhandeln wollen. Das ist die Pflicht. Sodann aber geht es ja um Ihre Immobilie und die soll vor allem Ihnen Freude machen – gerade wenn Sie selbst einziehen wollen. Diese individuellen Kriterien sind aber oft nicht wertbildend, sondern Geschmackssache und von daher eben Kür.

Für das Pflichtprogramm sind wesentliche Faktoren wie Sanitär- und Elektroinstallation von einem Laien nicht wirklich zu bewerten. Verzichten Sie also nicht auf einen zweiten Besichtigungstermin in Begleitung eines Gutachters, Architekten oder erfahrenen Handwerkers. Das hier investierte Geld kann Sie vor ruinösen Fehlinvestitionen bewahren.

n-tv TIPP

Erfahrung kann man kaufen!

Erfahrung ist etwas, das man meist erst dann, wenn man es gebraucht hätte, hat. Anders ausgedrückt ist Erfahrung die Summe der Fehler, die man überlebt hat. Verlassen Sie sich gerade bei derart weitreichenden Entscheidungen nicht nur auf sich selbst, auch wenn Sie fachkundig sind. In eigener Sache ist man oft betriebsblind. Dafür gibt es genügend Menschen, die ihr Fachwissen auf dem Markt anbieten. Ein neutraler Gutachter sieht ein Objekt mit ganz anderen Augen und kann Sie vor folgenschweren Fehlern bewahren. Angesichts der zu tätigenden Investitionen sollte Ihnen Ihr gesunder Schlaf die vergleichsweise geringen Zusatzkosten von ein paar Hundert Euro wert sein, denn ein Gutachter haftet für Fehler bei seiner Immobilienbewertung gegenüber seinen Kunden und ist entsprechend (pflicht-)versichert.

Unabhängig davon, ob Sie nun allein oder mit fachlicher Verstärkung die Immobilie besichtigen, ein paar Schwachpunkte können sich auch schon als Laie erkennen. Sie gelten für Wohnungen und Häuser gleichermaßen. Dazu gehören insbesondere Feuchtigkeitsschäden:

- dunkle Verfärbungen an den inneren Fensterrahmen,
- Wasserränder, Ausblühungen an den Kellerwänden, Schimmel oder Pilzbefall,
- feuchte Wasserflecken auf dem Dachboden.

Nehmen Sie die Immobilie bei der Besichtigung im wahrsten Sinne des Wortes unter die Lupe. Ein nicht entdeckter Mangel kann sich sonst später schnell zum Problem entwickeln.

Verräterisch sind auch

- größere Setzrisse an den Deckenfugen,
- Unebenheiten an Holz- und Deckenböden,
- Rost und Verfärbungen an Wasser- und Gasleitungen,
- kleine Bohrlöcher vom Holzwurm.

Bei einer Wohnung ist auch die Wohnanlage als solche zu berücksichtigen. Achten Sie bei jeder Besichtigung auch auf die Dinge, die Sie (oder einen Mieter) im Alltag begeistern oder ärgern könnten wie beispielsweise folgenden Themen:

Wohnungsbewertung

- Aufzug (Größe, Geschwindigkeit, Lautstärke),
- Außenbeleuchtung (Zeitregelung, Helligkeit),
- Eingangsbereich (Briefkästen, Überdachung, Schwarzes Brett vorhanden, Qualität der Haustür),

- Garten (Aussehen, Mitbenutzung erlaubt, Einzäunung, Tiere erlaubt, Bäume, Pflegezustand),
- Treppenhaus (Beleuchtung, Belüftung, Fenster, Sauberkeit),
- Keller (Größe, Fahrradkeller, Waschkeller, Strom vorhanden?),
- Verwalter und Hausmeister (Anschrift, Erreichbarkeit, Referenz Objekte),
- Miteigentümerverwaltung.

Bewertung der Innenräume

Innerhalb der Wohnung sind dagegen folgende Punkte jenseits des berühmten ersten Eindrucks für den tatsächlichen Wohnwert von Bedeutung:

- Bad: Fenster oder Abluft, Art der Spülung, Zustand und Zugänglichkeit auch mit Behinderung (Krücken, Gips)
- Fenster: Aussicht, Außenansicht, Bauart, Lärm- und Wasserschutz; Isolierung, Rollladen
- Steckdosenverteilung: Telefonanschluss, Fernsehanschlüsse, Fernsehantenne, Deckenbeleuchtung
- Heizung: Heizkörper oder Fußbodenheizung; Art und Zustand der Heizkörper (optisch ansprechend und effizient?)
- Fußböden: Stein, Holz oder Teppich, saubere Abschlüsse und Übergänge
- Küche: Fenster und/oder Abluft? Anschlüsse gut erreichbar und sinnvoll verlegt? Einbauküche vorhanden?
- Parkplatz/Garage: Notfallöffnung, Garagentor, genügend Parkplätze
- Türen: Zustand, schließen die Türen?, Dichtung, Beweglichkeit der Türen
- Wohnungstür: Bauart, Dichtung, extra Riegel, starkes Schloss, Türspion.

Preisbildende Faktoren sind darüber hinaus auch die Einbauten wie

- Einbauküche,
- Sanitärausstattung,
- Gartenhaus,
- Garage oder Tiefgaragenstellplatz,
- Kamin oder Kaminofen,

- Sonnendächer und Markisen,
- Rollläden und Fensterläden,
- Beleuchtungen,
- Sprech-/Videoanlage, Alarmanlage.

Extrem kostenintensiv sind Sanierungen folgender Bauteile, die daher einer genaueren Betrachtung durch einen Fachmann bedürfen. Schäden hier sind oft auch mit hohen Gesundheitsrisiken verbunden:

- Wasserleitungen,
- Abwasserleitungen,
- Erreichbarkeit der Installationen im Schadensfall,
- Stromverteilung und Stromkabel,
- Fußböden (v.a. bei Holzböden: verbliebene Nutzschicht),
- Hausanschlüsse wie Gas, Wasser, Strom,
- Heizung, Öltanks, Heizkörper und Leitungen (Bautyp, Baujahr),
- Außenfassade,
- Isolierung und Wärmedämmung (Asbest-Verkleidungen bei Altbauten?),
- Telefon-, Kabel-, Satellitenanschluss.

Achtung
Kostenfalle

| n-tv TIPP |

Umweltschutz beachten!

Achten Sie unbedingt auch auf Umweltverträglichkeit und Energiesparpotenzial der verwendeten Materialien. Unabhängig von den steigenden Energiekosten ist in diesem Bereich mit immer höheren Anforderungen seitens des Gesetzgebers zu rechnen. So gibt es beispielsweise bei Heizbrennern heute bereits gesetzliche Standards, denen entsprochen werden muss.

Bevor Sie sich endgültig entscheiden, sind noch folgende extern einzuholende Informationen zu berücksichtigen. Professionell agierende Verkäufer dürften die entsprechenden Unterlagen aber schon vorbereitet haben:

Unterlagen
einsehen

- aktueller Grundbuchauszug (wer ist Eigentümer, gibt es sonstige Grundbucheintragungen?),
- Abgasbescheid,
- Nebenkostenaufstellung,
- Bodenanalyse (bei Grundstückskauf),
- Baulastenverzeichnis,
- Baugenehmigungen (zur Absicherung von Schwarzbauten),
- Erschließungskosten,
- Baubeschreibung, offene Baulasten,
- Einheitswert, Grundsteuerbescheid,
- Mietvertrag (falls das Objekt vermietet ist).

Unterlagen Eigentums- wohnung
Bei einer Eigentumswohnung benötigen Sie darüber hinaus noch folgende weitere Unterlagen:

- Anteil am Grundstück, Lageplan; Wohnflächenberechnung nach DIN,
- Nachweis über Feuerversicherung,
- Protokolle der WEG-Versammlung (so weit zurück wie möglich), Teilungserklärung,
- Wirtschaftsplan, Wohngeldabrechnungen (so weit zurück wie möglich), sind Wohngeldzahlungen überfällig (auch die von anderen Eigentümern, die bei einem Ausfall von der Gemeinschaft übernommen werden müssen).

Die korrekte Berechnung der Wohnfläche

Wenn Ihnen das Objekt schließlich zusagt, kommt es gewiss nicht auf die reine Quadratmeterzahl an. Allerdings kann dieser Wert bei Wiederverkauf oder Vermietung eine entscheidende Rolle spielen. Kleinliche Bewohner mindern immer wieder die Miete, weil die Angaben um 1 m^2 abweichen. Das kostet nicht nur Geld, sondern auch Nerven.

Gemäß der DIN-Norm 277 entspricht die Wohnfläche der Grundfläche, wobei auch Keller, Terrassen, Balkone oder die Flächen unter Treppen und Dachschrägen zu 100 Prozent angerechnet werden. In der Praxis durchgesetzt hat sich aber die für Käufer und Mieter günstigere Berechnung nach der Wohnflächenverord-

nung. Diese Berechnungsgrundlage sollte deshalb auch ausdrücklich im Kauf- oder Mietvertrag festgeschrieben werden.

**So viel Zeit muss sein! Messen Sie mit einem Meterstab nochmal alle Maße
genau nach, um die Angaben zur Wohnfläche mit Ihren Unterlagen zu vergleichen.**

PRAXISBEISPIEL

Nachrechnen lohnt sich!
Wer ein Haus kauft oder über einen Bauträger errichten lässt,
sollte die Wohnfläche von einem Profi, beispielsweise einem Architekten, nachmessen lassen. Bei einem Haus mit 130 m^2 Wohnfläche und einem Kaufpreis von 200.000 € macht eine Abwei-
chung um 10 m^2 immerhin schon 15.384 € aus.

In die Berechnung nach der Wohnflächenverordnung werden die
Abstände von Wand zu Wand einbezogen. Es zählt dabei nur die
blanke Wand. Teppichleisten, Wandverkleidungen und Heizkörper
jeglicher Art werden ignoriert. Von der Wohnfläche abgezogen
werden jedoch tragende Pfeiler im Raum (z. B. Säulen) sowie
Schornsteine bzw. vergleichbare Mauervorsprünge, sobald ihre
Grundfläche größer als 0,1 m^2 ist. Zur Wohnfläche hinzugerechnet

werden Fenster- und Wandnischen über 0,12 m Tiefe sowie Wand-
schränke und Erker ab 0,5 m^2 Grundfläche.

Messen
Sie nach

Messen Sie jeden Raum einzeln aus und addieren Sie dann alles
zusammen, denn die Innenwände zählen nicht zur Wohnfläche.
Der sich daraus ergebende Wert ist nun noch über die Raumhöhe
zu korrigieren, denn es gelten nur solche Flächen mit einer Raumhöhe („darüber liegenden lichten Höhe") von mindestens 2 m.
Flächen mit einer lichten Höhe von 1,99 bis 1 m sind dagegen nur
noch zur Hälfte zu berücksichtigen. Bei Dachschrägen können sich
hier durch allzu großzügiges Messen schnell Abweichungen von
mehreren Quadratmetern ergeben. Flächen mit einer lichten Höhe
von weniger als 1 m zählen gar nicht zur Wohnfläche.

Sonderfälle

Sonderregelungen gibt es für Wintergärten, Balkon, Dachgarten
und Loggia. Sie dürfen bis zur Hälfte der Wohnfläche zugerechnet
werden. Für Terrassen gilt jedoch eine Einschränkung: Die An-
rechnung darf nur erfolgen, wenn ein ausreichender Sichtschutz
gewährt ist, also die Terrasse ins Haus integriert ist.
Grundsätzlich nicht zur Wohnfläche hinzuzurechnen sind reine
Nutzräume wie Keller, Waschküchen, Lagerstätten außerhalb der
Wohnung, Dachspeicher, Trockenräume, Schuppen, Garagen und
ähnliche den Anforderungen des Bauordnungsrechtes nicht genügende Räume.

Der Baugrund

Etwas anders stellt sich der Kauf eines noch unbebauten Grundstücks dar. Die in diesem Zusammenhang auftretenden Fragen
sind meist rechtlicher Natur und können bei einer Besichtigung
nicht oder nur schwer abgeklärt werden. Da geht es um Fragen zur
Bodenbeschaffenheit und Tragfähigkeit, zu Altlasten, kommuna-
len Bebauungsplänen oder Vorkaufsrechten und vielem mehr.
Zumindest aber sollten Sie sich beim Verkäufer zu folgenden
Fragen erkundigen:

Fragen
an den
Verkäufer

❶ Ist das Erdreich von Verunreinigungen und Verseuchungen
frei?
❷ Welche Kosten wird ein eventuell eingeschalteter Makler von
Ihnen verlangen?

❸ Gibt es einen aktuellen Grundbuchauszug (Eigentümer; Dienstbarkeiten in Abteilung II; Grundschulden in Abteilung III)?
❹ Gibt es einen Bebauungsplan und wie sieht der aus?

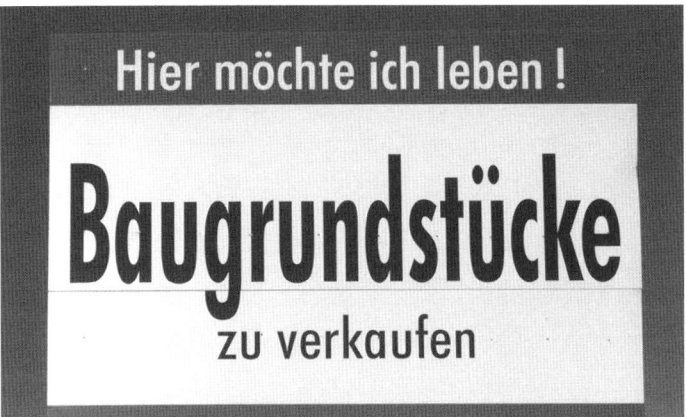

**Lassen Sie sich nicht vom ersten Eindruck oder von Versprechungen täu-
schen, prüfen Sie ein Grundstück, bevor Sie sich zum Kauf entschließen!**

Der eigentliche Kauf

Der Kauf oder Verkauf einer Immobilie ist für die meisten Beteiligten ein Geschäft von einmaliger Größenordnung. Damit Käufer und
Verkäufer bei einem solch wichtigen Vorgang sachgemäß beraten
werden und um Risiken zu vermeiden, ist die Mitwirkung des Notars
zwingend vom Gesetzgeber vorgeschrieben.

n-tv TIPP

Handschlaggeschäfte

Auch wenn ein Immobilienkauf erst mit notarieller Beurkundung formell wirksam ist, ist dennoch bei voreiligen Hand-
schlaggeschäften oder schriftlichen Angeboten Zurückhal-
tung geboten. Denn auch wenn ein solcher Vertrag nicht
wirksam ist, können sich hieraus empfindliche Schadenser-
satzansprüche ergeben, wenn Sie Ihr Angebot als Käufer
zurückziehen!

Keine Eile Bestehen Sie darauf, dass Sie den Entwurf des Kaufvertrags rechtzeitig genug, also mindestens zwei Wochen, vor dem Notartermin zur Überprüfung bekommen. Planen Sie dabei ein, dass Sie diesen gegebenenfalls auch noch einmal mit einem Rechtsanwalt besprechen wollen, der Sie auch außerhalb konkreter Fragen informieren muss und strategische Tipps zur Wahrung Ihrer Interessen geben darf. Sie können auch telefonisch bestimmte Fragen vorab mit dem Notar selbst klären. Notieren Sie sich zumindest Ihre Fragen für den Notartermin.

Der Notar Der Notar sorgt für eine rechtlich ausgewogene Gestaltung und hilft Risiken zu vermeiden, er besorgt die für den Vollzug erforderlichen Unterlagen und überwacht die Eigentumsumschreibung im Grundbuch auf den Käufer. So muss beispielsweise verhindert werden, dass der Käufer den Kaufpreis zahlt, ohne die Immobilie zu erhalten. Auf der anderen Seite darf der Verkäufer seine Immobilie nicht verlieren, ohne das Geld zu bekommen.

Oft ist der Termin beim Notar mit langen Wartezeiten verbunden. Zögern Sie nicht, hier notfalls auch auszuweichen, der Notar muss nicht vor Ort, ja nicht einmal im gleichen Bundesland wie das Kaufobjekt sein. Viele Gemeinden bieten darüber hinaus einen Sammeltermin an. Hier kommt der Notar beispielsweise einmal im Monat ins Rathaus und arbeitet die anstehenden Fälle vor Ort ab. Erkundigen Sie sich auch hierüber rechtzeitig, denn meist ist eine Voranmeldung unerlässlich.

n-tv TIPP

Auswahl des Notars

Als Käufer sind Sie berechtigt, den Notar selbst zu wählen. Vorsicht ist geboten, wenn der Verkäufer auf seinem Notar beharrt, denn auch wenn der zur Neutralität verpflichtet ist, heißt dies noch lange nicht, dass er Ihre Interessen mit gleichem Engagement vertritt.

Bei rechtlich unerfahrenen Beteiligten ist es ratsam, einen Rechtsanwalt hinzuzuziehen. Anders als ein Notar ist der Rechtsanwalt einerseits zu umfassender Auskunftserteilung verpflichtet – also auch ohne explizite Frage – und andererseits haftet er auch direkt für Beratungsfehler. Im Gegensatz dazu ist die Haftung der Notare stark eingeschränkt und nur sehr schwer durchsetzbar. Der Rechtsanwalt ist zudem Ihr persönlicher Berater, der ausschließlich Ihren Interessen verpflichtet ist und nicht wie der Notar neutral bleiben muss.

Immobilienkaufverträge können sehr verschiedenen Inhalts sein. Sie regeln beispielsweise den Erwerb

Der Kaufvertrag

- eines Bauplatzes,
- eines Ein- oder Mehrfamilienhauses,
- einer Eigentumswohnung,
- eines Erbbaurechts.

Dies bedeutet, dass sich die Besonderheiten eines Objekts auf die Gestaltung des betreffenden Vertrages auswirken. Dies gilt insbesondere für einen sogenannten Bauträgervertrag, mit dem der Käufer ein Grundstück oder einen Grundstücksanteil in Verbindung mit einem Gebäude – Haus oder Wohnung – erwirbt, das erst noch gebaut wird. Bauherr dieser Immobilie ist dabei der Verkäufer. In jedem Fall sollte über folgende Punkte schon bei den Kaufverhandlungen Klarheit erzielt werden:

❶ Absicherung von Käufer und Verkäufer,
❷ Regelung zu Löschung oder Fortbestand von bestehenden Grundbuchlasten,
❸ Mängelgewährleistung,
❹ Übergang von Besitz, Nutzungen und Lasten

Zweifelhafte Punkte klären

sowie gegebenenfalls über:

❺ Aufteilung der Erschließungskosten,
❻ Erfordernis einer Vermessung (Teilflächenkauf).

Ungeachtet aller Unterschiede hat sich doch eine bestimmte Form für Immobilienkaufverträge bewährt. Notare greifen hier meist auf eine Auswahl von Standardklauseln zurück, aus denen Sie dann den Mustervertrag zusammensetzen und individuell anpassen. Hinsichtlich der für Sie optimalen Gestaltungsmöglichkeiten berät er Sie aufgrund der gebotenen Neutralität dagegen nicht. Hierzu

Bewährte Standards

müssen Sie einen versierten Rechtsanwalt befragen, auch wenn das mit weiteren Kosten verbunden ist. Für eine außergerichtliche Beratung ist der Rechtsanwalt nicht an die Regelungen des Rechtsanwaltsvergütungsgesetzes gebunden. Sprechen Sie also bei einer juristischen Vertragsprüfung mit Ihrem Rechtsanwalt über die anfallenden Kosten und lassen Sie sich diese gegebenenfalls auch argumentativ erklären.

n-tv TIPP

An Finanzierungsdetails denken!

Die Finanzierung sollte vor der Beurkundung feststehen. Wird wie in den meisten Fällen ein Bankdarlehen in Anspruch genommen, sollte der Käufer mit seinem Bankberater abklären, wann das Darlehen ausgezahlt werden kann, damit die Fälligkeit des Kaufpreises entsprechend geregelt werden kann. Verzugszinsen können nämlich sehr teuer werden! Ist die Finanzierung des Kaufpreises bei Abschluss des Kaufvertrages schon im Einzelnen geklärt, kann die zur Absicherung des Darlehens dienende Grundschuld oder Hypothek unmittelbar im Anschluss an den Kaufvertrag beurkundet werden, was meist günstiger ist als ein gesonderter Termin.

Formular
auf CD-ROM

Damit Sie ein Gespür dafür bekommen, wie ein Immobilienkaufvertrag aussehen kann, ist auf der CD ein Musterexemplar mit den gebräuchlichsten Standardklauseln enthalten (→CD-ROM). Üblicherweise ist ein solcher Vertrag folgendermaßen aufgebaut:

Eckdaten **Vertragsparteien und Kaufobjekt:** Im ersten Teil werden die Vertragsparteien vorgestellt und das Kaufobjekt unter Bezugnahme auf das Grundbuch beschrieben. Dabei werden dann auch alle eingetragenen Lasten wie Grundschulden und Grunddienste (etwa Wegerechte) aufgeführt und geregelt. Oft bedarf es beim Kauf einer Eigentumswohnung der Zustimmung des Verwalters im Grundbuch. Jedoch kann diese nur in besonderen Ausnahmefällen versagt werden. Bei Eigentumswohnungen werden an dieser Stelle auch die Einzelheiten der Teilungserklärung (Miteigentumsanteil, Sondernutzungsrechte) detailliert aufgeführt. Wenn

Sie erst mittels des Kaufvertrages erfahren, dass etwas mit dem Grundstück nicht stimmt, sollten Sie mit der Unterzeichnung warten. Klären Sie zuerst alle Sachverhalte und schaffen Sie sich Rechtssicherheit durch eine entsprechende Beratung mit Juristen und Bausachverständigen.

n-tv TIPP

Renovierungspflichten!

Wenn die Vertragsparteien vereinbart haben, dass der Verkäufer Renovierungsarbeiten oder Fertigstellungsarbeiten zu leisten hat, muss dies im Kaufvertrag erwähnt werden, und zwar mit Bezugstermin. Auch wenn der Käufer bestimmte Arbeiten später selbst durchführen will, sollte dies der Ordnung wegen erwähnt werden.

Vertragsstrafen: In Anbetracht des finanziellen Aufwands, mit denen ein Umzug verbunden ist und des Ärgers, der entsteht, wenn eine Immobilie nicht wie geplant bezogen werden kann, ist es gerade bei Eigennutzung dringend ratsam, Konventionalstrafen zu vereinbaren. Dies sind Strafen, die der Verkäufer zu entrichten hat, wenn der genannte Bezugstermin nicht eingehalten werden kann.

Strafen

Kaufpreis: Dass ein Vertrag auch die Höhe und Fälligkeit des Kaufpreises regelt, ist eigentlich selbstverständlich. Damit nicht der Preis bezahlt wird, ohne dass Sie auch Eigentum erhalten, wird häufig ein sogenanntes Notaranderkonto eingerichtet. Auf dieses Konto wird der Kaufpreis in vereinbarter Höhe geleistet. Dadurch wacht ein objektiver Dritter, nämlich der Notar, über die Einhaltung der im Kaufvertrag geregelten Abläufe von Zahlung und Erfüllung der Gegenleistung. Dabei sollte auch verbindlich geregelt werden, wem die Zinsen auf dem Notaranderkonto zufallen. Wird auf ein Notaranderkonto verzichtet, weil der Kaufpreis sofort fällig wird, müssen die Schritte Auflassungsvormerkung, Grundbuchbestellung und Übergabe erledigt sein, bevor man den Kaufpreis zahlt.

Kaufpreis und Notaranderkonto

Festpreise vereinbaren Gerade bei noch nicht fertiggestellten Bauobjekten sollte ein Festpreis für die Fertigstellung vereinbart werden, der alle Kosten enthält, auch die Kosten bis zur schlüsselfertigen Übergabe. Sonst besteht die Gefahr, dass vom Verkäufer Zusatzgebühren nachgereicht werden und der Erwerb den Käufer teurer als geplant zu stehen kommt.

Ratenzahlungen Ist das Objekt noch im Bau begriffen, sollen Teilauszahlungstermine eingehalten werden, jedem definierten Baufortschritt muss eine weitere Ratensumme gegenübergestellt werden (Makler- und Bauträgerverordnung). Zudem hat es sich bewährt, eine ausreichend hohe Schlusszahlungsrate (mindestens 3,5 Prozent) zu vereinbaren, die den Verkäufer/ Bauträger motiviert, Ihre etwaige Nachbesserungsansprüche auch zu erfüllen, bzw. mit dem Sie Ihre Ansprüche gegebenenfalls aufrechnen können.

Abnahme von Bauleistungen Als Käufer eines Neubaus sind Sie zur Abnahme der fertig erbrachten Bauleistungen verpflichtet. Es ist sinnvoll, jedenfalls die Endabnahme der Bauleistungen durch einen Sachverständigen im Vertrag festzuschreiben, da eine Vielzahl von Mängeln für einen Laien gar nicht erkennbar sind. Dies vereinfacht auch die Handhabung von Gewährleistungsklauseln.

---

n-tv TIPP

Was heißt schon „schlüsselfertig"?

Auch wenn der Begriff „schlüsselfertig" in der Praxis gebräuchlich ist, gibt es doch keine gesetzliche Regelung. Das bedeutet, dass Sie womöglich etwas anderes darunter verstehen als der Verkäufer oder Bauträger. Sind zum Beispiel die Außenanlagen mit im Preis enthalten, die Wege und die Terrasse? Etwas Gründlichkeit kann daher bares Geld sparen. Führen Sie ausführlich und detailliert in einem gesonderten Leistungsverzeichnis auf, welche Arbeiten für den vereinbarten Kaufpreis geschuldet werden. Auch der Begriff „bezugsfertig" bedeutet leider nicht, dass wenigstens der Innenausbau fertiggestellt ist.

Vertraglich regeln **Gewährleistung:** Mit der Regelung der Abnahme einer vereinbarten Bauleistung durch einen Sachverständigen können Streitigkeiten zwischen Käufer und dem Verkäufer eines schlüsselfertigen Neubaus oder nachbesserungsbedürftigen Altbaus verhindert werden. Es ist ratsam, die Fünfjahresfrist zur Gewährleistung bezüglich der Funktionstüchtigkeit aller Gebäudeteile durch den Verkäufer im Vertrag ausdrücklich zu regeln. Gerade bei Gebrauchtimmobilien sollten Sie zumindest versuchen, die Gewährleistung auch ausdrücklich auf unsichtbare Mängel zu erstrecken, und zwar nach Möglichkeit so, dass Sie nachher nicht gezwungen sind zu beweisen, dass diese Klausel bei Vertragsschluss schon vorhanden war und von Ihnen nicht erkannt (und somit „genehmigt") werden konnte.

Vollstreckungsunterwerfung: Durch diese ebenso wichtige wie gebräuchliche Klausel unterwirft sich der Käufer der sofortigen Zwangsvollstreckung, sofern er den Kaufpreis nicht bei Fälligkeit bezahlt. Damit kann der Verkäufer ohne großen gerichtlichen Aufwand den Kaufvertrag rückgängig machen.

Absicherung für den Verkäufer

Auflassungsvormerkung: Diese Klausel ist ein Muss im Kaufvertrag und sieht eine Vormerkung im Grundbuch vor. Dadurch ist der Käufer provisorisch vor einem zweiten Verkauf derselben Immobilie durch den Verkäufer geschützt. Aber Achtung: Dieser Schutz ist allerdings kein Schutz gegen die etwaigen Gläubiger des Verkäufers. Dies ist erst dann der Fall, wenn dessen Name komplett aus dem Grundbuch gestrichen ist.

Vormerkung im Grundbuch

Übergabe der Immobilie: Der konkrete Übergabetermin muss im Kaufvertrag geregelt sein. Bei Neuimmobilien ist dieser Termin sinnvollerweise mit der Bezugsfähigkeit und der anschließenden Abnahme identisch, sonst ergeben sich unnötige Reibereien bei leidigen Nachforderungen (Konventionalstrafen).

Genaue Termine vereinbaren

Teilungserklärung: Käufer einer Eigentumswohnung benötigen eine Teilungserklärung, in der Größe und Lage der Wohnung in einem Wohngebäude eindeutig beschrieben werden. Zudem werden darin Nutzungsrechte an Gemeinschaftseigentum und Sondernutzungsrechte geregelt und die Gemeinschaftsordnung sowie das Gemeinschaftseigentum festgelegt. Die Teilungserklärung wird vom Notar erstellt und von ihm beim Grundbuchamt eingetragen. Unter

Wichtig bei Eigentumswohnungen

Sondereigentum versteht man den anteiligen Besitz an allgemeinen Gebäudeteilen wie beispielsweise Keller, Dachboden, Balkon oder Garage. Das Gemeinschaftseigentum dagegen definiert alle gemeinsamen Besitzanteile der Eigentümergemeinschaft (Treppen, Fahrstuhl, Außenwände, Fahrradschuppen ...). Sondernutzungsrechte sind in diesem Zusammenhang ein privilegiertes Nutzungsrecht am Gemeinschaftseigentum. Dazu können Parkplätze, Rasenflächen oder Abstellplätze gehören.

Die Gemeinschaftsordnung regelt sodann, wie das Sondereigentum genutzt werden darf, also ob die Eigentumswohnung beispielsweise zu gewerblichen Zwecken genutzt werden kann. Wichtiger aber ist noch die Kostenregelung für Instandsetzung und Instandhaltung von Gemeinschaftseigentum wie etwa dem Fahrstuhl. Dazu kommt eine Aufteilung für Wasser- und Stromkosten sowie andere Gebühren. Außerdem gehört dazu die Regelung der Rechte und Pflichten, die sich in der Eigentümerversammlung ergeben.

n-tv TIPP

Instandsetzungsrücklagen

Verlangen Sie einen schriftlichen Nachweis über die aktuelle Höhe der Instandsetzungsrücklagen sowie eine Schätzung der zukünftigen Rücklagen. Lesen Sie auch die Protokolle der Eigentümerversammlung, um zu erfahren, was an künftigen Maßnahmen geplant ist, was also auf Sie zukommt. Wenn die Rücklagen im Verhältnis zu den anstehenden Renovierungen zu gering sind, muss der Kaufpreis angepasst werden. Notfalls sollten Sie vom Wohnungskauf Abstand nehmen.

Wichtig bei gemeinsamen Besitz

Vollständiges Erscheinen: Das vollständige Erscheinen ist notwendig, das gilt insbesondere, wenn beide Ehepartner Käufer oder Verkäufer zugleich sind. Man kann zwar grundsätzlich auch einen Vertreter mit beglaubigter Vollmacht entsenden, aber das ist nur empfehlenswert, wenn man sich gut in Sachen Kaufvertrag auskennt und auf die Gelegenheit, sich nochmals beim Notar zu informieren, verzichtet werden kann.

Eine später nachgereichte Vollmachtsbestätigung für nicht Erschienene der Gegenseite sollte man ablehnen, denn sie ist gebührenpflichtig. Besser ist es dann, die Gebührenerbringung vertraglich der Gegenseite zuzuschreiben.

Was geschieht nach Abschluss des Kaufvertrages?

Bis der endlich unterschriebene Kaufvertrag auch tatsächlich abgewickelt ist, vergehen wiederum einige Wochen. Doch die vermeintliche Ruhe trügt. Jetzt veranlasst der Notar die Auflassungsvormerkung im Grundbuch. Sobald für den Kreditgeber eine Grundschuld im Grundbuch eingetragen ist und dieser damit abgesichert ist, kann der Notar das Geld an den Verkäufer weiterleiten. Der Verkäufer muss hierfür dem Kreditgeber eine Finanzierungsvollmacht ausstellen oder den Eintrag im Grundbuch explizit genehmigen.

n-tv TIPP

Besonderheit: Kauf vom Bauträger

Wenn auch der Bauträger sich durch ein Kreditinstitut finanzieren lässt, ändert sich der beschriebene Vertragsablauf. Dann gibt erst das Kreditinstitut des Bauträgers ein Freigabeversprechen ab, dass es mit Fertigstellung der Immobilie und Erhalt des Kaufpreises auf die eigene ins Grundbuch eingetragene Grundschuld verzichtet. Im zweiten Schritt geht dann die so freigegebene Grundschuld an den Kreditgeber des Käufers über.

Bevor Sie endlich in Ihr neues Heim einziehen können, steht noch die Übergabe an, bei der auch noch einige Kleinigkeiten beachtet werden sollten:

- Haben Sie alle Schlüssel? Auch für Garage, Keller, Speicher und Briefkasten?
- Wurden die Zählerstände für Gas, Wasser und Strom gemeinsam abgelesen und beim örtlichen Versorger umgemeldet?

Vollständige Übergabe

- Haben Sie die Rechnungen für Einbauten, auf die noch Garantieansprüche bestehen?
- Haben Sie sich die Adressen der „Haushandwerker" geben lassen, die sich mit Ihrer Immobilie schon auskennen?
- Wurde Ihnen die Funktionsweise und Bedienung aller Einbauten und Geräte ausführlich erklärt, insbesondere kleine Macken und bewährte Kunstgriffe?
- Welche Versicherungen bestehen für das Objekt? Sie haben ein Sonderkündigungsrecht von vier Wochen nach der Eintragung im Grundbuch. Lassen Sie sich sämtliche Versicherungsunterlagen zumindest in Kopie aushändigen.

Die anteiligen Kosten an der Grundsteuer, der Versicherung oder für das verbliebene Öl im Tank müssen Sie dem Verkäufer ab dem Übergabetermin erstatten.

n-tv TIPP

Leerstand nutzen

Nutzt der Verkäufer das Objekt gerade nicht, versuchen Sie doch eine Schlüsselübergabe vor der Kaufpreiszahlung zu vereinbaren. So können Sie schon mit der Renovierung beginnen, während Sie Ihre alte Wohnung noch weiter nutzen und lediglich die Nebenkosten für Ihr neues Heim bezahlen. Solche Modalitäten sollten Sie allerdings nach Möglichkeit schriftlich im Vertrag festlegen, damit Sie auch verlässlich disponieren können.

Der Bau einer Immobilie

Ein womöglich noch größeres Abenteuer ist der Bau eines Hauses. Der Volksmund meint dazu: „Bau das erste Haus für deinen Feind, das zweite für deinen Freund und ins dritte erst zieh selber ein." Dieser Rat fasst viel Erfahrung in einem Satz zusammen – oder vielmehr fehlende Erfahrung. Da ihn gleichwohl nur die Wenigsten berücksichtigen können, ist es umso wichtiger, sich möglichst gut auf das „erste Mal" vorzubereiten.

Man muss sich nicht notwendig selbst die Finger verbrennen, um zu erkennen, dass Feuer heiß ist. Ähnlich ist es mit Baufehlern. Alle Erfahrung, die Sie für Ihr Vorhaben benötigen, liegt dort draußen. Fragen Sie Freunde, Bekannte und Kollegen nicht nur zum Umgang mit Handwerkern und Bauleitern, sondern auch bezüglich Ihrer Erkenntnisse mit Bautechniken, Ausstattung und Grundrissen.

Fehler beim Bau

Nutzen Sie Ihre Sinne. Sehen Sie sich, wann immer möglich, andere Häuser an, besuchen Sie Musterausstellungen und studieren Sie Kataloge sowie das Internet. Sprechen Sie mit Experten und lassen Sie sich ruhig auch mal von ihm beraten. Schließlich bezahlen Sie dafür, dass er Sie mit all seinem Fachwissen unterstützt.

In Deutschland wird im Durchschnitt später und teurer gebaut als in vielen unserer europäischen Nachbarländern. Vor allem für junge Familien sind die Investitionen oft nicht finanzierbar.

Aber nicht überall baut man nur einmal im Leben. In England, den Niederlanden oder auch Dänemark bauen Familien bereits in jungen Jahren. Dort ist es üblich, sich zunächst mit einem einfachen, preiswerten Haus zu begnügen. Lieber zur Hochzeit ein eigenes Haus – ohne Luxus, aber dafür solide gebaut – als noch weitere 15 Jahre Miete zahlen. Sobald es die finanziellen Mittel erlauben, wird das Haus Schritt für Schritt ausgebaut, umgebaut und erweitert. Oder man verkauft es an eine andere junge Familie und zieht in ein neues, besser ausgestattetes.

Spät, aber teuer
Anders in Deutschland, wo erst mit einem Durchschnittsalter von 40 Jahren gebaut wird – dafür aber teuer. Neun Jahresgehälter geben Bauherren hierzulande in der Regel für ihr Haus aus, in den Nachbarländern investiert man gerade mal die Hälfte. Es stellt sich also die Frage, ob es nicht wirtschaftlich sinnvoller ist, die Methoden unserer europäischen Nachbarn zu übernehmen, noch dazu, weil so bis zum Altersruhesitz auch die für einen wirklichen „Ruhesitz" erforderliche Erfahrung gesammelt werden konnte.

In den meisten Fällen ist nicht nur der Bau selbst, sondern auch der erforderliche Grund zu finanzieren. Dann aber beginnen die Zinsen für das Baudarlehen bereits während der Bauzeit, lange bevor die Immobilie sich durch Mieteinnahmen oder -einsparungen rechnet. Versuchen Sie daher, zwischen Grundstückskauf und Baubeginn möglichst wenig Zeit verstreichen zu lassen. Aus diesem Grund sollten Sie alle von den Behörden geforderten Unterlagen vollständig und in ordnungsgemäßem Zustand einreichen.

n-tv TIPP

Grundbuchzeiten nutzen

Zwischen dem Notartermin und der tatsächlichen Eintragung ins Grundbuch können schnell ein paar Wochen vergehen. Nutzen Sie diese Zeit! Nach dem neuen vereinfachten Genehmigungsverfahren wird über einen Bauantrag nach spätestens vier Wochen entschieden. Voraussetzung hierfür ist allerdings, dass das Bauvorhaben dem gültigen Bebauungsplan entspricht. Ist das nicht der Fall, wird Ihr Antrag im Normalverfahren bearbeitet, das weitaus länger, nämlich mehrere Monate, dauern kann.

Zeit ist Geld
Auch hinsichtlich des Bauprojekts selbst ist das richtige Timing bares Geld wert. In unseren Breitengraden ist das Wetter des Bauherrn größter Feind. Planen Sie Ihr Haus voraussehend, dass Sie den Bauantrag so einreichen können, dass die Termine für den Baubeginn und die Folgearbeiten eingehalten werden können.

Verzögerungen führen dazu, dass Bauhandwerker womöglich bereits beim nächsten Objekt in der Pflicht stehen und sich daher Ihr Bau weiter verzögert – bei laufenden Zinsen.

Es ist nicht anders als überall sonst auch: Wer zur Stoßzeit kommt, muss auch auf die Baugenehmigung länger warten. Rechnen Sie bei einem Antrag zu Frühjahrsbeginn also mit längeren Bearbeitungszeiten. Das gilt übrigens nicht nur für die Ämter, sondern auch für Bauhandwerker, für die nach der Winterpause Hochsaison herrscht – mit den entsprechend eng gesteckten Terminplänen. Wenn bestimmte Temperaturen unterschritten werden, können viele Arbeiten am Bau nicht mehr durchgeführt werden. Auch kann es teuer werden, wenn ein Rohbau provisorisch winterfest gemacht werden muss. Achten Sie darauf, dass das Dach so rechtzeitig gedeckt werden kann, dass Sie auch ein früher Wintereinbruch nicht ruiniert. Der Innenausbau hingegen kann auch im Winter jedenfalls teilweise weitergehen.

Bausaison beachten

Planen Sie Ihr Bauvorhaben so, dass Sie Ihren Rohbau im Winter nicht ungeschützt stehen lassen müssen.

Auf gutem Grund

Um zu bauen, braucht man erst einmal den passenden Grund – das ist oft die schwierigste Etappe auf dem Weg ins Eigenheim.

Lage, Infrastruktur und Preis müssen stimmen, doch darüber hinaus gilt es, eine Reihe weiterer wichtiger Details sorgfältig zu prüfen, ehe man sich für seinen Bauplatz entscheidet. Mit dem Kauf eines Grundstücks erwirbt man nicht automatisch das Recht, darauf sein Traumhaus zu verwirklichen. Bevor man seine Unterschrift unter den Kaufvertrag setzt, sollte man daher auf jeden Fall klären, wie es um die Bebaubarkeit des Areals bestellt ist. Auskunft darüber geben die Flächennutzungs- und Bebauungspläne der Kommune, die man beim örtlichen Bauamt einsehen kann und muss.

Bauerwartungsland Als Bauerwartungsland werden Flächen bezeichnet, die im Flächennutzungsplan zwar bereits als Bauland ausgewiesen sind, für die es aber noch keinen Bebauungsplan gibt. In diesem Fall ist man zwar Grundstückseigentümer, doch bauen kann man – zumindest bis auf Weiteres – nicht.

Bauland Für Bauland dagegen existiert bereits ein rechtsgültiger Bebauungsplan, aber das Grundstück ist in der Regel noch nicht erschlossen. Voraussetzung für die Errichtung eines Hauses ist aber, dass es „voll erschlossen" ist, das heißt sämtliche öffentlichen Maßnahmen wie die Anlage von Straßen, Gehwegen und Grünflächen abgeschlossen sind und der Anschluss an Ver- und Entsorgung (Wasser, Abwasser, Elektrizität, Gas, Telefonnetz) vorhanden sind.

Erschließung Die Erschließung ist Aufgabe der Gemeinden, die ihre Kosten auf die Grundstückseigentümer umlegen. Sind diese Kosten noch separat zu begleichen, ansonsten die rechtlichen Voraussetzungen für einen Hausbau aber erfüllt, spricht man von Fertigbauland. Erst wenn auch die Erschließungskosten neben den Grundstückskosten festgesetzt und im Kaufpreis enthalten sind, handelt es sich um sogenanntes fertiges freies Bauland – der Idealfall für Grundstückskäufer.

Flächennutzungsplan Der Blick in die Flächennutzungs- und Bebauungspläne der Gemeinde ist auch deshalb Pflicht, weil sich daraus ersehen lässt, was in der unmittelbaren Umgebung noch geplant ist. Im ungünstigsten Fall könnte etwa bald eine Umgehungsstraße direkt am Traumhaus vorbeiführen. Der Bebauungsplan gibt auch Aufschluss darüber, ob das Grundstück in einem reinen Wohn- oder in einem Mischgebiet liegt. Im letzteren Fall wären auch Gewerbeansiedlungen vorgesehen und damit mögliche Beeinträchtigungen durch Lärm, hohes Verkehrsaufkommen oder unangenehme Gerüche vorprogrammiert. Im Bebauungsplan ist außerdem – manchmal bis in kleinste Details – festgelegt, wie das Grundstück bebaut werden darf. Das reicht manchmal vom Baustil über das sogenannte Baufenster (die Lage des Hauses auf dem Grundstück) bis hin zur Farbe der Dachziegel und der Art der Grundstücksumrandung. Deshalb sollte man bei einem ernsthaften Kaufinteresse mit dem Bauamt vorab klären, ob die eigenen Vorstellungen mit den Vorgaben kompatibel sind und ob unter Umständen eine Ausnahmegenehmigung möglich ist.

Unbedingt Bescheid wissen sollten Sie auch über die Vergangenheit des Grundstücks und daraus möglicherweise resultierende Altlasten. Es lohnt sich, bei den lokalen oder regionalen Abfallbehörden und Bauämtern nachzufragen: Sie führen Altlastenkataster, aus denen hervorgeht, ob der Grund etwa mit Öl, Bauschutt oder Chemikalien verunreinigt wurde. Auch Umweltämter oder das geologische Landesamt können Grundstücksinteressenten weiterhelfen. Bestehen Zweifel an der Bodenqualität, empfiehlt sich die Entnahme und Untersuchung von Bodenproben. Ein Bodengutachten kostet zwar rund 1.000 €, doch ist dies nur ein Bruchteil möglicher Folgekosten, sollte der Boden tatsächlich mit Schadstoffen belastet sein und eine Sanierung notwendig werden.

Problematische Altlasten

Grundstücke können außerdem mit den Rechten Dritter belastet sein. Hierunter fallen etwa Wegerechte von Nachbarn oder Landwirten sowie Leitungsrechte, beispielsweise für Strom oder Kanalisation. Diese Lasten und Beschränkungen, die teilweise erhebliche Auswirkungen auf die baurechtliche Nutzung des Grundstücks haben können, sind im Grundbuch eingetragen. Prüfen Sie also, ob der Nachbar den Weg zur Garage über Ihr Grundstück nehmen darf.

Seriöse Immobilienexperten, Grundstücksmakler und Finanzierungsberater sehen für ihre Kunden das Grundbuch ein und informieren Kaufinteressenten über rechtliche und praktische Folgen dort eingetragener Belastungen und Beschränkungen.

89

n-tv TIPP

Eigentümerhaftung

Für Gefahren, die von einem Grundstück ausgehen, haftet nicht nur der jeweilige Verursacher, sondern auch der (spätere) Eigentümer des Grundstücks. Da dieser mit einem einfachen Blick ins Grundbuch sofort zu ermitteln ist und er unabhängig vom Verschulden haftet, wendet man sich mit Schadensersatzansprüchen vorrangig an diesen. Bei Altlasten haftet für die Kosten der Beseitigung nicht nur der Verursacher, sondern auch der spätere Eigentümer. Im Innenverhältnis kann der Eigentümer dann zwar seinen Schaden vom Verursacher beanspruchen (dem Letzthaftenden), oft aber lässt sich der gar nicht mehr ermitteln oder die verantwortliche Firma gibt es nicht mehr – und dann haftet der Erwerber allein!

Architekt oder Bauträger?

Es gibt verschiedene Arten, ein Haus zu bauen. Jede hat spezifische Vor- und Nachteile, die ein Bauherr ganz persönlich abwägen muss, bevor er sich für seinen Baupartner entscheidet. Grundsätzlich gibt es drei Gruppen: Architekten, Bauträger und Fertighausanbieter. Die Verträge mit diesen Partnern unterscheiden sich wesentlich und haben weitreichende Auswirkungen auf den eigentlichen Bau. Um die Entscheidung für den einen oder anderen Partner treffen zu können, sollten Sie wissen,

❶ welchen Gestaltungsspielraum,
❷ wie viel Eigenverantwortung,
❸ wie viel Zeit und
❹ wie viel Arbeitsleistung

Sie persönlich investieren wollen. Von größter Bedeutung sind zudem Gewährleistungsfristen und Zahlungsmodalitäten.

Architektenhaus Wenn Sie eine genau auf Ihre Bedürfnisse zugeschnittene, individuell für Sie entworfene Lösung suchen, kann Ihnen ein Architekt helfen. Er plant, lenkt, organisiert und überwacht Ihr gesamtes

Bauvorhaben von den ersten Vorentwürfen bis zur Vollendung der letzten Details. Dabei kann es sich um Neubauten, Erweiterungsbauten, Um- und Ausbauten, Modernisierungen oder Instandhaltungen und Sanierungen von Gebäuden handeln. Doch die Verantwortung für Ihr Traumhaus übernimmt der Architekt nicht allein. Damit es am Ende Ihren Wünschen und Ihrem Geldbeutel entspricht, sind Sie als Bauherr gefordert. Neben Zeit müssen Sie viel Kreativität einfließen lassen. Ihr Architekt arbeitet nur in Ihrem Auftrag. Sie selbst als Bauherr bleiben vom Grundstückskauf bis zu den Verträgen mit den Handwerkern Vertragspartner – mit allen damit verbundenen Pflichten.

Zwischen dem Bauherrn und dem Architekten muss großes Vertrauen herrschen, deshalb sollten Sie sich die Auswahl nicht zu leicht machen.

Die Suche nach dem richtigen Architekten sollte nicht überstürzt werden, denn für die Dauer des Bauprojekts müssen Sie eng und vertrauensvoll zusammenarbeiten. Von daher sollten Sie nicht nur von der fachlichen Kompetenz Ihres Architekten überzeugt sein, sondern auch auf einer Wellenlänge schwimmen. Mit ein paar Tricks können Sie sich die Auswahl ein wenig erleichtern:

Die richtige Wahl

- Fragen Sie bei Empfehlungen nach, wo genau die Stärken und Schwächen des Architekten liegen, und vergleichen Sie diese mit Ihren persönlichen Erwartungen.

- Fragen Sie nach Referenzobjekten und ob Sie diese besichtigen können.
- Es ist oft hilfreich, wenn ein Architekt gewählt wird, der die örtlichen Gepflogenheiten in der entsprechenden Gemeinde kennt. Die formalen Anforderungen schwanken nicht nur innerhalb der Bundesländer, sondern auch von Gemeinde zu Gemeinde.

Gebühren-ordnung Wie Ärzte und Rechtsanwälte sind auch Architekten an eine gesetzliche Gebührenordnung, die HOAI, gebunden. Die Berechnung eines Architektenhonorars erfolgt auf der Grundlage der reinen Baukosten (rund 10 Prozent bei Komplettbetreuung). Nicht enthalten sind die Kosten für das Grundstück selbst, dessen Erschließung, die Außenanlagen und Einbauten sowie die Baunebenkosten. Das Architektenhonorar setzt sich aus neun Einzelhonoraren zusammen:

- 2,7 bis 3 Prozent für Grundlagenermittlung, Vorplanung, Entwurfsplanung und Genehmigungsplanung,
- bis zu 7 Prozent für die weiteren Leistungen, nämlich Ausführungsplanung, Vorbereiten der Auftragsvergabe, Mitwirkung bei der Vergabe, Bauüberwachung sowie Objektbetreuung und Dokumentation.

| n-tv TIPP |

Stufenplanung

Schließen Sie nicht von vornherein einen Vertrag über alle neun Leistungsphasen ab. Erteilen Sie zunächst nur einen Auftrag über die ersten drei Stufen, die ein in sich geschlossenes einheitliches Ganzes darstellen. Sollten Sie danach mit den Leistungen Ihres Architekten zufrieden sein, können Sie sich über die weitere Vorgehensweise einigen – oder eben einen anderen beauftragen.

Bauträger-haus Mit einem Bauträgerkaufvertrag verpflichtet sich der Bauträger zur Übertragung eines Grundstücks und zur Errichtung eines Wohngebäudes auf diesem Grundstück. Gegenüber einem „normalen" Grundstückskaufvertrag ergeben sich einige Besonderheiten, da das eigentliche Kaufobjekt – noch – nur auf dem Papier besteht. Papiere spielen daher bei diesem Vertragstyp eine wichtige Rolle, insbesondere die Baubeschreibung und die Baupläne. Sie werden entweder als Anlage dem notariellen Kaufvertrag beigefügt oder bereits zur Vorbereitung der späteren Kaufverträge in einer gesonderten notariellen Urkunde niedergelegt.

Die Fälligkeit des Kaufpreises wird in der Makler- und Bauträgerverordnung gesetzlich dahin gehend geregelt, dass der Kaufpreis in einzelnen Raten nur entsprechend dem tatsächlichen Baufortschritt gezahlt werden muss, es sei denn, der Verkäufer stellt zum Schutz des Käufers eine Bürgschaft. Der Bauträgerkaufvertrag enthält darüber hinaus auch noch Regelungen zu folgenden weiteren Fragen, die für den Käufer wichtig sind:

- Bis zu welchem Zeitpunkt muss der Bau fertiggestellt sein?
- Welche Sonderwünsche des Käufers hat der Bauträger bei der Bauerrichtung zu beachten?
- Welche Rechte stehen dem Käufer zu, wenn nach der Fertigstellung Baumängel auftreten?

n-tv TIPP

Vorsicht bei getrennten Verträgen

Vorsicht ist beim Abschluss getrennter Verträge über Grundstückskauf und Bauerrichtung geboten. Beide Verträge bedürfen der notariellen Beurkundung, was unnötige Mehrkosten bedeutet. Zudem kann der Käufer bei Problemen wie nicht fertiggestellten Bauvorhaben, Mehrkosten oder Mängeln nur Rechte aus dem das Bauwerk betreffenden Vertrag geltend machen, was weitreichende rechtliche und finanzielle Nachteile gegenüber einem einheitlichen Bauträgervertrag bedeutet.

Angenehm an einem Bauträgerhaus ist, dass Sie nur mit einem Vertragspartner zu tun haben, der Ihr Ansprechpartner von der Planung bis zur Übergabe ist. Ein solcher Generalunternehmer, also ein Bauunternehmer, der sämtliche Bauleistungen anbietet,

Alles aus einer Hand

93

muss allerdings nicht alle Leistungen selbst erbringen (das wird er in der Regel auch gar nicht können). Vielmehr schaltet er sogenannte Subunternehmen ein, die einzelne Gewerke ausführen. Wenn es hier zu Fehlern kommt, ist das aber anders als beim Architektenhaus nicht etwa Ihr Problem als Bauherr, sondern das Ihres Bauträgers. Unterziehen Sie deshalb die Auswahl des geeigneten Bauträgers einer gründlichen Prüfung!

Kontrolle ist besser
- Fragen Sie nach Referenzen.
- Prüfen Sie die Leistungsbeschreibung und wehren Sie sich gegen unbestimmte Rechtsbegriffe wie „schlüsselfertig" oder „bezugsfertig".
- Seriöse Unternehmen führen ihre Leistungen sehr genau und detailliert auf und weisen auch unaufgefordert auf diejenigen Leistungen hin, die nicht im Vertragsumfang enthalten sind.

---

n-tv TIPP

Erbsen zählen

Bestehen Sie auf Detailgenauigkeit, das schont später Geldbeutel und Nerven, denn immer wieder gibt es Bauträger, die mit mageren Leistungen tricksen, um einen verführerisch günstigen Preis vorzugaukeln. Und für eigentlich selbstverständliche Ausstattungsdetails müssen Sie plötzlich nochmals tief in die Tasche greifen. Auch hier gilt: Bei einem zu günstigen Angebot haben Sie ziemlich sicher etwas übersehen. Erkundigen Sie sich auch, ob das Grundstück, auf dem Ihr Haus gebaut werden soll, bereits voll erschlossen ist. Ist dies nicht der Fall, können noch Forderungen auf Sie zukommen, die Ihr Finanzierungskonzept möglicherweise empfindlich ins Wanken bringen.

Typenhäuser
Bauträger bieten oft stark typisierte Häuser an. Das ist insofern günstig, als das konkrete Modell sich bereits bewährt hat, Musterhäuser besichtigt werden können und hinsichtlich der Kostenkalkulation müssen Sie vermutlich auch mit keinen größeren Überraschungen rechnen. Auch deshalb sind Bauträgerhäuser häufig günstiger als Architektenhäuser. Der Preisvorteil schmilzt

jedoch in den meisten Fällen mit jedem Sonderwunsch wie Butter in der Sonne. Bauträger kalkulieren mit Sonderwünschen und verdienen gut daran.

Bauen ist teuer. Mit Bausatz- oder Fertighäusern, Mut und Muskelkraft kann der Bauherr aber viel Geld sparen – wenn er richtig plant. Fast ein Drittel der Deutschen packt beim Bau ihres Hauses selbst mit an. Durch das wachsende Angebot von Bausatzhäusern wird dieses Vorhaben deutlich erleichtert. Die Modelle zeichnen sich durch verarbeitungsfreundliche Materialien und vorgefertigte Einzelteile aus, die auch ambitionierten Amateuren die Arbeit erleichtern. Wände, Decken und Dach werden dabei im Werk vorgefertigt, in großformatigen Elementen an die Baustelle transportiert und vor Ort zusammengefügt. Je nach Umfang des Vorbaus unterscheidet man verschiedene Bausatzhaustypen.

Bausatzhäuser

Bausatzhaustyp	Ausbaustufe
Fertighaus	70 Prozent
Ausbauhaus	50 Prozent
Rohbauhaus	30 Prozent

Die Arbeit am Bau ist anstrengend und erfordert Fachwissen. Das sollten Sie bei der Planung von Eigenleistungen nicht vergessen.

Realistisch planen
Seien Sie aber realistisch hinsichtlich dessen, was Sie erwartet und was Sie auch wirklich leisten können. Tausende von Arbeitsstunden (und zwar tatsächlich!) und eine Baustelle für mindestens zwei Jahre müssen Sie schon einplanen. Ihr Einsatz rechnet sich jedoch am Ende. Unabhängig davon ist es ein sehr befriedigendes Gefühl, etwas mit den eigenen Händen zu schaffen. Wenn es das eigene Heim ist, ist das umso schöner. Aber überschätzen Sie sich nicht. Einige Arbeiten sollten Sie in jedem Fall einem Profi überlassen. Gewerke wie der Dachstuhl, Estrich- oder Putzarbeiten sind kompliziert und Fehler haben weitreichende und vor allem kostenintensive Folgen, im schlimmsten Fall führen sie zu einer Bauruine.

n-tv TIPP

Erfahrung und Kontrolle

Der „Informationskreis Selbstbau" ist ein eingetragener Verein, der sich zur Aufgabe gemacht hat, eigene Erfahrungen weiterzugeben und angehenden Selbstbauern beratend zur Seite zu stehen (*www.bau.net/free/selbstbauinfo.html*). Ein gutes Zeichen ist es, wenn der Anbieter Ihrer Wahl Mitglied in einem Verband ist (z. B. im BDF – Bundesverband Deutscher Fertigbau; DFV – Deutscher Fertighausverband; QDF – Qualitätsgemeinschaft Deutscher Fertigbau; V.E.S. – Verband Europäischer Selbstbaupartner).

Nicht nur die verwendeten Materialien sind entscheidend für den Erfolg, sondern auch der Service:

Der Service
- Verständliche Bauanleitungen,
- selbstbaufreundliche Materialien,
- Baubetreuung und -abnahme,
- vorschriftsmäßige Einrichtung von Heizungs- und Elektroanlagen,
- Inbetriebnahme und Einweisung.

Neben dem Bau- und Ausstattungsstandard, dem Grundriss und der Architektur müssen auch die Konditionen beim Kaufvertrag stimmen. Achten Sie beim Vertrag darauf, dass folgende Fragen geregelt sind:

- Angaben zu Material, Mengen und Qualität,
- Produkt- und Herstellerbezeichnungen,
- Deklarationen der Inhaltsstoffe verwendeter Materialien,
- Festschreibung der Eigenleistungen.

Der Rest der Lieferungen und Leistungen, die zum Bezug eines Hauses erforderlich sind, muss der Käufer selbst erbringen. Entsprechend spart er Kosten.

Achten Sie auch hier auf einen garantierten Festpreis, denn sonst werden Sie es mit Reklamationen später womöglich schwer haben. Jedenfalls für einen Zeitraum von 1,5 Jahren sollten Sie auf Festpreise bestehen. Ein guter Vergleichswert ist die Umrechnung auf Kosten pro m^2. Den Angaben in der Fachpresse zufolge sind kostengünstige Häuser schon für einen Preis von etwas über 1.000 €/ m^2 erhältlich.

Kosten beim Bau oder Kauf

Während beim Bau die Kosten ein sensibles, auch bei größter Sorgfalt immer mit Risiken verbundenes Thema sind, gestaltet sich die Berechnung beim Kauf einer Immobilie vergleichsweise einfach. Allerdings sollte man vermeintliche Bagatellbeträge nicht vorschnell abnicken. 1,5 Prozent klingt zunächst nicht nach besonders viel Geld, doch wenn die Bezugsgröße sechsstellige Beträge erreicht, verschätzt man sich leicht.

Kosten rund um den Erwerb

Folgende Kosten kommen beim Kauf einer Immobilie auf jeden Fall auf Sie zu:

❶ Der Kaufpreis der Immobilie: Achten Sie hier stets auf konkrete Zahlungen und feste Größen, mit denen Sie kalkulieren können.

❷ Die Finanzierungskosten: Gemeint sind die Kosten, die für die Finanzierung anfallen; das sind in den meisten Fällen die Zinsen für das Darlehen.

❸ Die Kaufnebenkosten: Damit sind all jene gesetzlichen Gebühren, Steuern, Maklerhonorare und sonstiger Aufwand zusammengefasst, die mit dem Kaufvertrag auf Sie zukommen. Diese Kosten sind in der Regel innerhalb von zwei Wochen bis zwei Monaten nach Abschluss des Kaufvertrags zu begleichen.

Vergessen Sie bei der Berechnung der Nebenkosten die Maklergebühr nicht.

Wichtige Nebenkosten

Rechnen Sie von vornherein die Nebenkosten mit ein. Diese können im ungünstigen Fall bis zu 10 Prozent der Kaufsumme betragen – obendrauf versteht sich. So ist beispielsweise die Einschaltung eines Notars gesetzlich vorgeschrieben und deshalb sind die Kosten seiner Inanspruchnahme unumgänglich. Sie betragen rund 1,5 Prozent des Kaufpreises und decken folgende Leistungen ab:

Notargebühren

- Kaufvertragsentwurf (bzw. bei Erstellung durch einen Rechtsanwalt dessen Überprüfung) und die Zusendung des Entwurfes an die Vertragsparteien.
- Termin zur Vertragsunterzeichnung.
- Notarielle Beurkundung des Vertrages.

- Einholung aller behördlichen Genehmigungen wie Vorkaufsverzichtbescheinigung der Gemeinde, Information des Finanzamts bezüglich der Grunderwerbsteuer sowie die Einholung der Steuerunbedenklichkeitsbescheinigung, die Benachrichtigung der Fälligkeit des Kaufpreises und der Weitergabe der Unterlagen an das Grundbuchamt.
- Überwachung der Grundbucheintragungen und damit der Eintragung der Auflassungsvormerkung und der Sicherungshypothek, der Löschung der Grundschulden des Verkäufers und der Eintragung des Eigentümerwechsels ins Grundbuch.

Die Grunderwerbsteuer ist ebenfalls gesetzlich unabdingbar und beträgt momentan 3,5 Prozent der Kaufsumme. Sobald der Notar das Finanzamt über den Kauf informiert hat, können Sie zwei bis vier Wochen später mit dem Zahlungsbescheid des zuständigen Finanzamts rechnen. *Grunderwerbsteuer*

Für Löschungen, Eintragungen und Besitzumschreibungen werden Gebühren fällig, die etwa 0,3 Prozent des Immobilienwertes betragen plus Mehrwertsteuer. Zudem muss jeder Neubau nach seiner Fertigstellung für die Eintragung in die amtlichen Flurkarten vermessen werden. Die Kosten übernimmt der Käufer. Und schließlich fällt noch die Courtage, wie Maklergebühren auch genannt werden, immer zusätzlich dann an, wenn das Objekt über einen Makler vermittelt wurde. Die Courtage bezieht sich ausschließlich auf die eigentliche Vermittlung der Immobilie. Eventuelle Zusatzleistungen werden in der Regel gesondert berechnet und vor Vertragsabschluss beglichen. Die Courtage liegt je nach Bundesland zwischen 3,48 Prozent und 6,9 Prozent auf den Kaufpreis inklusive der Umsatzsteuer. *Grundbuchgebühren*

n-tv TIPP

Der ewige Zankapfel

Da es bei Maklergebühren immer wieder Ärger gibt, sollten Sie hier auf schriftlichen Vereinbarungen bestehen. Klären Sie im Vorfeld ab, wer die Maklergebühren übernimmt (Käufer, Verkäufer oder beide Parteien anteilig) und welcher Prozentsatz vom Makler zugrunde gelegt wird. Auch hier lohnt es sich, mit allen Betroffenen zu verhandeln. Eigentümer und Hausverwalter selbst dürfen übrigens keine Maklerprovision verlangen. Das häufig vorgebrachte Argument, der Makler habe nichts getan, als die Telefonnummern der Parteien auszutauschen, ist nicht stichhaltig. Auch dann wurde vermittelt und die Courtage fällt an. Lassen Sie also den einmal eingeschalteten Makler ruhig für sein Geld arbeiten. Dann ist er es auch wert, denn er kann Käufer und Verkäufer in vielen Punkten, z. B. bei der Informationsbeschaffung, entlasten.

Häufig werden mit der Immobilie auch Ausstattungsgegenstände wie Einbauküche, Einbaumöbel, Teppiche oder Lampen erworben (abgelöst).

Ablöse-summe Wenn der Eigentümer bei der Besichtigung nicht ausdrücklich auf Demontage oder Mitnahme der betreffenden Gegenstände hinweist, sind fest mit dem Haus/Wohnung oder Grundstück verbundene Gegenstände wie Rollläden, Sanitärinstallationen, integrierte Einbauschränke, Elektroinstallationen, Gartenbepflanzungen, Alarmanlage oder ein feststehendes Gartenhaus im Kaufpreis enthalten. Werden solche Ausstattungsstücke konkret angesprochen und Ablösesummen verhandelt, neigt der Käufer oft zu Gefälligkeitszugeständnissen und unkritischer Begeisterung. Auch hier sollten Sie immer mitrechnen, die Summe vieler kleiner Beträge addiert sich schnell zu einer bösen Überraschung. Der damit verbundene Unfrieden belastet dann unnötig die Kaufabwicklung.

n-tv TIPP

Steuertipp

Lassen Sie solche Gegenstände im Kaufvertrag mit einem extra ausgewiesenen Preis auflisten. Denn auf diese Teilbeträge des Kaufpreises fällt keine Grunderwerbsteuer an, die ausschließlich auf Basis der reinen Haus- und Grundstücksanteile berechnet wird.

Kosten rund um den Bau

Auch beim Bau sind Nebenkosten zu beachten, mit denen man auf den ersten Blick vielleicht nicht rechnet. Die nachstehende Tabelle verschafft Ihnen einen ersten Überblick:

Kostenpunkt	Geschätzte Kosten
Grundstückskauf	30 bis 50 Prozent des Gesamtpreises (je nach Lage)
Baugenehmigung	0,2 Prozent der Bausumme (je nach Schwierigkeitsgrad)
Vermessung, Architekt	12 bis 15 Prozent der Baukosten
Erschließung	30 bis 75 €/ m^2
Anschlusskosten	Ca. 7.500 €
Bereitstellungs-/Bauzinsen	Ca. 2 bis 3 Prozent p.a.
Baustrom/ -wasser/ -entsorgung	Ca. 0,6 Prozent der Bausumme
Diverse Versicherungen	Ca. 0,25 Prozent der Bausumme

Richtig verhandeln beim Kauf oder Bau

Eines vorneweg: Private Immobilienkäufer oder Bauherren sind in diesem Umfeld meist der rechtlich, fachlich und taktisch unerfahrenste Part bei den verschiedenen Verhandlungen. Dafür meistens aber der Teil mit dem größten persönlichen Einsatz. Entsprechend vorsichtig und gut vorbereitet sollten Sie auftreten und sich insbesondere auch nicht scheuen, in die jeweils erforderliche „Verstärkung" zu investieren. Wenn Sie einen Architekten oder Rechtsanwalt zur Seite haben, wird man von Anfang an anders mit Ihnen sprechen.

Verhandeln

Zwar hat das Feilschen in Deutschland keine Tradition wie auf den arabischen Basaren, jedoch wird es auch nicht mehr als unhöflich angesehen und ist jedenfalls in der Bau- und Immobilienbranche längst üblich. Ein bisserl was geht immer – und das kann in Anbetracht der Gesamtsummen durchaus ein paar Tausend Euro ausmachen!

Verhandeln – aber wie?

Keine Angst, mit ein paar grundsätzlichen Tipps werden Sie sich vermutlich wacker schlagen:

Vorbereitet sein Studieren Sie den Immobilienteil der Zeitung, um den aktuellen Markt und seine Preise auch mit Beispielen parat zu haben. Erkundigen Sie sich auch bei Bauamt, Maklern oder Nachbarn nach den durchschnittlichen Quadratmeterpreisen sowie den Besonderheiten der Umgebung. Punkten können Sie, wenn Sie Exposés und Gutachten von Vergleichsobjekten vorlegen. Und wenn Sie schließlich ein Objekt ins Auge gefasst haben, überprüfen Sie folgende Fragen:

• Wie dringend braucht der Verkäufer Geld?
• Steht das Haus leer? Seit wann?
• Wie aufwendig ist für den Verkäufer die Interessentensuche (lebt er etwa in einer anderen Stadt)?
• Ist das Objekt schon lange am Markt?
• Was hat der Verkäufer dafür bezahlt?

Wenn Sie, was immer ratsam ist, einen Gutachter eingeschaltet haben, können Sie auf die von ihm festgestellten Mängel eingehen und eine vom Profi angesetzte Wertminderung als Verhandlungsmasse ins Spiel bringen.

Das Timing Der Erfolg eines Verkaufsgesprächs steht und fällt mit dem richtigen Zeitpunkt. Gerade wenn man verhandeln will, muss der Rahmen passen. Zwischen Tür und Angel neigt jeder zu unüberlegten Entscheidungen, und wenn einmal der Wurm drin ist, wird es niemals leichter. Vermeiden Sie bei Privatverkäufern deshalb möglichst Gespräche nach einem langen Arbeitstag, und verabreden Sie sich lieber fürs Wochenende, damit alle die nötige Ruhe und Konzentration aufbringen können.

Ruhe bewahren Lassen Sie sich aber nicht drängen, denn es geht um Ihr Vermögen! Nehmen Sie sich ganz bewusst Zeit, stellen Sie alle Fragen, die Ihnen einfallen, und treffen Sie vor allem Entscheidungen niemals unter Druck. Der Makler ist Ihr Verbündeter, denn er verdient am meisten, wenn er ein Haus mit wenig Aufwand vermittelt. Er will also, dass das Geschäft klappt. Sprechen Sie mit ihm über Ihre Preisvorstellungen und lassen Sie ihn (auch) mit dem Verkäufer verhandeln.

Machen Sie sich zuerst einmal klar, was das Haus objektiv wert ist, was es Ihnen wert ist, wo Ihre Zielvorstellung und Ihre Schmerzgrenze liegen – und natürlich auch die (vermutete) des Verkäufers. Gerade bei einem Privatkauf sind die Preise in den meisten Fällen überhöht. Der Einwand, für ähnliche Häuser würde mehr bezahlt, ist meist nur Verkäuferbluff, lassen Sie sich gegebenenfalls konkrete Beispiele vorlegen. Oft sind – je nach Verhandlungsgeschick – bis zu 20 Prozent drin, auch bei „Notverkäufen" und anderen „Gelegenheiten". Rechnen Sie damit, dass sich auch der Verkäufer auf das Gespräch vorbereitet und für seinen Verhandlungsspielraum etwas aufgeschlagen hat.

Ob Sie nun ein Wertgutachten für das Kaufobjekt haben oder nicht – ein paar Schwachpunkte wie ungünstig geschnittene Räume, alte Heizkörper oder Schönheitsfehler lassen sich immer finden. Das alles kann den Preis beeinflussen. Machen Sie dabei aber dem Verkäufer das Objekt nicht madig, sonst riskieren Sie, dass er das Gespräch abblockt und sich dann auch gegen solche Argumente sperrt, die an sich berechtigt sind. Bleiben Sie also sachlich und fair. Sprechen Sie über das, was Sie stört, aber hinnehmen können, wenn der Preis stimmt.

Fair bleiben

---

n-tv TIPP

Zeit ist Geld

Einer Ihrer besten Trümpfe ist der Zinsverlust. Denn zögern kostet den Verkäufer Geld! Bei einem Immobilienkaufpreis von 250.000 € sind das schnell ein paar Tausender im Monat. Machen Sie ernst! Sie bieten für das Haus einen bestimmten Preis und setzen dem Verkäufer eine Frist zur Annahme.

Wenn der Verkäufer Ihren Rabattvorstellungen gegenüber trotz allem gänzlich unaufgeschlossen ist, können Sie vielleicht ein paar „Zugaben" aushandeln. Häufig zeigt sich der Verkäufer bei folgenden Themen kompromissbereit:

- Renovierungsarbeiten auf Kosten des Verkäufers,
- Einbauküche übernehmen,
- Gartenhaus, Garage oder Kinderschaukel,

- Einbaumöbel oder besonders angepasste Beleuchtung,
- Satelliten- oder Telefonanlage,
- voller Öltank.

Manchmal wirkt auch ein Hilfsangebot Wunder. So könnten etwa ältere Leute froh sein, wenn Sie Ihnen bei der Abwicklung des Umzugs und der Entrümpelung der Immobilie zur Hand gehen.

Auf den Punkt kommen Beenden Sie die Verhandlung mit einer klaren Aussage. Selbst wenn die Differenzen zunächst unüberbrückbar scheinen, geben Sie nicht auf. Geben Sie dem Verkäufer zu verstehen, dass Sie weiterhin Interesse haben, und vereinbaren Sie eine telefonische Nachfrage in einigen Tagen. Das lohnt sich natürlich nur, wenn die Interessenten nicht Schlange stehen. In jedem Fall besteht die Möglichkeit, dass Sie der konkreteste Interessent bleiben. Im Falle einer Einigung wäre der nächste Schritt die Vereinbarung eines Notartermins und die Regelung der Übergabe.

Der Erwerb einer Immobilie bei einer Zwangsversteigerung

Zwangsversteigerungen sind ein zweischneidiges Schwert. Zum einen müssen die Eigentümer ihr lieb gewonnenes Heim aufgeben, zum anderen ergeben sich Chancen für die Bieter, günstig an Wohnraum zu kommen – sei es, um diesen selbst zu bewohnen oder zu vermieten. Wenn Sie bei der Schnäppchenjagd im Amtsgericht dabei sein wollen, sollten Sie sich gut vorbereiten. Ersteigern Sie eine Immobilie, können Sie mit einem etwa 40-prozentigen Abschlag gegenüber dem üblichen Marktpreis rechnen. Waren früher Zwangsversteigerungen noch nicht so häufig, so hat sich das Bild aufgrund der längeren gesamtwirtschaftlichen Durststrecke gewandelt.

Vollstreckungs-versteigerung, Teilungs-vollstreckung Die Amtsgerichte sind der Motor der Zwangsversteigerung, hier wird praktisch das gesamte Verfahren abgewickelt. Nicht nur Häuser und Wohnungen kommen dort unter den Hammer, sondern auch Grundstücke, Gewerbeimmobilien oder Sondereigentum wie beispielsweise Garagen. Dabei sind zwei Formen der Versteigerung üblich: die Vollstreckungsversteigerung und die Teilungsvollstreckung. Das Verfahren wird eröffnet, wenn der Schuldner seinen finanziellen Verpflichtungen aus der Immobilie nicht mehr nachkommen kann und mindestens ein Gläubiger die Zwangsvollstreckung beantragt. In den meisten Fällen wollen Kreditinstitute über diesen Weg die als Sicherheit bei der Vergabe des Darlehens gegebene Immobilie oder das Grundstück versilbern. Im zweiten Fall beruht die Zwangsversteigerung nicht auf Verbindlichkeiten, sondern es wird auf Betreiben von Erbengemeinschaften, Ehepaaren oder sonstigen Miteigentümern veranlasst, um die Eigentümergemeinschaft aufzuheben. Die Gründe können dabei vielfältig sein, in der Regel kann kein Einvernehmen über Haus oder Grundstück herbeigeführt werden, sodass die Versteigerung als einziger Ausweg bleibt.

Information zu Zwangsversteigerungen erhalten Sie beim jeweiligen Amtsgericht, über das Amtsblatt oder den Staatsanzeiger. Eine Alternative dazu bietet die Website *www.zwangsversteigerung.de*, hier sind alle Zwangsversteigerungstermine aller deutschen Amtsgerichte aufgelistet. Auch unter *www.zvg.com* finden sich viele Zwangsversteigerungstermine. Versteigerungskalender zum Thema bietet die Argetra GmbH aus Ratingen an. Dieser Dienst ist allerdings kostenpflichtig. Weitere Anbieter sind Unika (*www.unika.de*) und der Daten-Info-Service Eibl (*www.zwangsversteigerungen-brd.de*). Die Daten aus den verschiedenen Quellen geben einen ersten groben Überblick, der es den Interessierten ermöglicht, eine Vorauswahl zu treffen. Da beim Erwerb einige Fallen lauern, die richtig teuer werden können, ist es wichtig, so viele Informationen wie möglich über das Objekt zu sammeln. Der erste Schritt besteht darin, Einsicht in die Versteigerungsakte zu nehmen. Dazu muss das entsprechende Aktenzeichen ermittelt werden, um so über den Rechtspfleger beim Amtsgericht an die Versteigerungsakte zu gelangen. Nun sollten die Kerninformationen ausgefiltert werden; dazu zählen:

Versteigerungsakte

- die genaue Objektbeschreibung (Baujahr, Wohnfläche, Ausstattung),
- die Objektart (Einfamilienhaus, Eigentumswohnung, Mehrfamilienhaus, Betriebsgebäude),
- die genaue Lage,
- Grundstücksfläche,
- Mängel wie langer Leerstand, Bauschäden,
- Verkehrswert und deren Errechnung.

n-tv TIPP

Rechtsberatung suchen

Haben Sie sich bislang noch nicht mit dem Thema „Zwangsversteigerungen" vertraut gemacht, so kann auch der Weg zu
einem Rechtsanwalt lohnen, der Sie um die Klippen der Versteigerung führt. Achten Sie bei der Auswahl darauf, dass es
sich um einen Anwalt mit dem Schwerpunkt Zwangsverstei-
gerungsrecht handelt.

Besichtigung · Aus diesen ermittelten Daten können Sie sich einen ersten Überblick verschaffen. Weist die Immobilie oder das Grundstück allerdings Schäden auf, die dort nicht aufgeführt sind, hat der Käufer –
in der Regel – keinen Anspruch darauf, das ersteigerte Objekt
zurückzugeben. Deshalb sind auch weitere Erkundigungen wichtig, um nicht in eine ungeahnte Geldfalle zu tappen. Dazu zählt
insbesondere die Besichtigung des Objektes. Allerdings hat der
Interessent nicht automatisch das Recht, die Wohnung tatsächlich
zu begehen. Dennoch sollte dies möglich sein, wenn die Wohnung
oder das Haus leer steht oder der Eigentümer darin wohnt. Bei
vermieteten Immobilien kann es schwierig werden, wenn der
Mieter die Wohnung selbst ersteigern will. Ist ein Termin vereinbart, sollte das Objekt auf Herz und Nieren geprüft werden. Haben
Sie wenig Ahnung über bautechnische Mängel, sollten Sie einen
Architekten oder Bauingenieur zurate ziehen. Bei diesem Termin
sollten alle in der Versteigerungsakte aufgeführten Eckdaten
nochmals überprüft werden, zudem sollten die Haustechnik, die
Ausstattung und der Grundriss inspiziert werden. Häufige Schäden sind marode Leitungen, Feuchtigkeitsschäden wie Haus-
schwamm, Putzrisse, veraltete Heizungsanlagen. Fallen nach dem
Kauf Reparaturen an – und das ist gar nicht so selten –, müssen
die geschätzten Kosten dafür vom marktüblichen Preis abgezogen
werden, um etwa den tatsächlichen Wert der Immobilie zu ermitteln. Bei Eigentumswohnungen fallen noch weitere Aspekte an,
die überprüft werden müssen. So sollte in den Wirtschaftsplan,
die Verwaltungskostenaufstellung und in die Protokolle der Eigentümerversammlung Einsicht genommen werden. Aus dem Wirt-

schaftsplan lässt sich das Hausgeld (laufende Unterhaltskosten) ersehen.

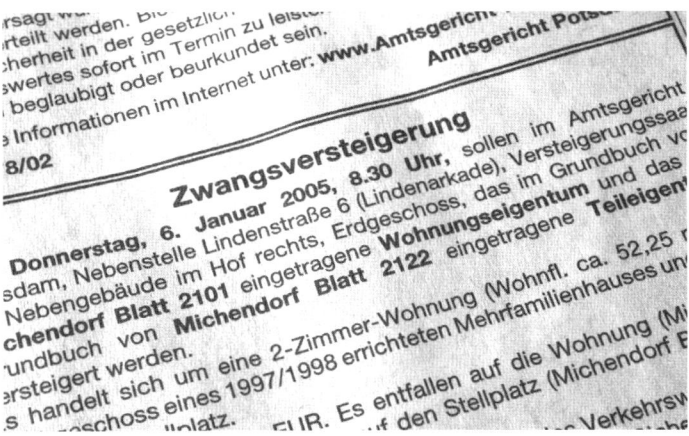

Nur wer sich wirklich auskennt, kann bei Zwangsversteigerungen ein Immobilienschnäppchen machen.

Im nächsten Schritt steht die Auswertung des Grundbuchauszuges an. Meist liegt diese im Auszug der Versteigerungsakte bei. Ist das nicht der Fall, hat der Interessent die Möglichkeit, auf § 42 des Zwangsversteigerungsgesetzes (→CD-ROM) zu verweisen; hier steht unter (1) „Die Einsicht der Mitteilungen des Grundbuchamts sowie der erfolgten Anmeldungen ist jedem gestattet". Zur Bewertung des Auszuges ist es wichtig, darauf zu achten, dass das Objekt lastenfrei ist. Sind Lasten aufgeführt, sollte unbedingt abgeklärt werden, welche nach der Versteigerung noch bestehen bleiben. Es ist eine Fehlannahme, dass Lasten automatisch mit der Zwangsversteigerung erlöschen. Dafür hat schon mancher Ersteiger teures Lehrgeld zahlen müssen. Deshalb annoncieren Rechtspfleger meistens auch zwei Gebote: ein preiswertes mit den Lasten und ein teures ohne die Lasten. Im letzten Schritt der Überprüfung des Objektes steht der Weg zur Bauverwaltung. Um das berechtigte Interesse an einer Einsicht in die Unterlagen zu dokumentieren, ist dort eine Kopie des Gutachtens oder entsprechende Angaben zum Objekt vorzulegen. Jetzt steht der Weg frei, sich die fehlenden Daten zur eigenen Bewertung der Immobilie zu

Formular auf CD-ROM

beschaffen. Dies sind in erster Linie das Baulastenverzeichnis sowie der Bebauungsplan und Flächennutzungsplan, um festzustellen, ob und wenn ja welche Veränderungen künftig für das Gebiet geplant sind. Dies kann über die weitere Wertentwicklung des Objektes oder Grundstückes Aufschluss geben.

n-tv TIPP

Auf Stolpersteine achten

Weitere Punkte, die abgeklärt werden müssen: Sind alle Baugenehmigungen für das Gebäude und seine Anbauten genehmigt? Gibt es Bau- oder Nutzungsbeschränkungen, was gerade für Grundstücke wichtig ist. Sind alle Erschließungskosten bezahlt? Existiert eine Wohnungsbindung, weil öffentliche Förderungen zum Bau des Hauses eingesetzt wurden? Dies sind nur einige Fragen, die Sie beantworten sollten. Bei Unklarheiten kann ihnen außerdem der Rechtspfleger des Amtsgerichtes helfen.

Limit festlegen

Sind alle Fragen geklärt, sollte ein Preis ermittelt werden, zu dem das Objekt oder Grundstück maximal ersteigert werden kann. Bei Immobilien zur Kapitalanlage wird dabei in der Regel ein Jahresmietvervielfältiger, der beim 14-Fachen der Jahresnettokaltmiete liegt, verwendet, um einen Vergleich zum maximalen Ersteigerungspreis zu errechnen. Danach steht der Weg zur Bank an, um die Finanzierung abzuklären. Diese ist abhängig davon, ob die Immobilie zur Selbstnutzung oder zur Vermietung erworben wird. Bei der Selbstnutzung erwarten die Kreditgeber in der Regel mindestens 20 Prozent Eigenkapital vom Käufer, bei der Vermietung ist auch eine Vollfinanzierung denkbar.

Zusätzlich fallen noch die Erwerbsnebenkosten wie Grunderwerbsteuer und Notarkosten an. Eine schriftliche Darlehenszusage bildet dann auch die Sicherheit, um bei der Versteigerung mitbieten zu können. Für die Ersteigerung selbst müssen Sie Kosten von bis zu 100 € einkalkulieren, die auch dann anfallen, wenn Sie das Objekt nicht ersteigern.

Der Zuschlag

Bevor man sich in das Getümmel beim Versteigerungstermin stürzt, ist es ratsam, schon einige Bietertermine wahrzunehmen,

um sich mit dem Bietverfahren vertraut zu machen. Beim Ersteigern der Immobilie selbst ist eine Sicherheitsleistung zu leisten.
Diese beträgt 10 Prozent des Verkehrswertes. Das Geld kann entweder bar auf den Tisch gelegt, als Bankbürgschaft ausgehändigt
oder als ein von einer Landesbank bestätigter Scheck übergeben
werden. Ist der Zuschlag erteilt, wird spätestens sechs Wochen
nach dem Biettermin zum Verteilungstermin die Restzahlung
fällig. Dazu muss die Zahlung bei der Gerichtskasse eingegangen
sein – bar oder per Überweisung. Dies kann manchmal schwierig
sein. Banken beharren darauf, das Darlehen erst nach Eintragung
ins Grundbuch auszuzahlen.

Die Zwänge beim Bietertermin

Die Zwangsversteigerung gliedert sich in drei Teile. Das Bietverfahren läuft folgendermaßen ab:

❶ Bekanntmachungsteil,
❷ Bieterstunde,
❸ Etwaige Verhandlung.

Alles zusammen dauert etwa ein bis zwei Stunden. Im Bekanntmachungsteil wird noch einmal die Versteigerungsakte vom
Rechtspfleger mit den Versteigerungsbedingungen vorgelesen.
Während der Bieterstunde werden auch die Ersteigerungsgrenzen
genannt, die 5/10 und 7/10 des Verkehrswertes entsprechen, und
das geringste Gebot. Danach kann munter geboten werden, wobei
es egal ist, in welchen Schritten die Summe gesteigert wird. In
jedem Fall gilt ein Gebot, wenn der Interessent einen Arm hebt
und eine Summe nennt. Profis gehen hier meist mit unorthodoxen
Bietsummen vor, die es den Anwesenden erschweren, zu erkennen, wo die Schmerzgrenze des Bieters liegt. Das Bietverfahren ist
vorbei, wenn kein höheres Gebot gemacht wurde. Mit zwei Ausnahmen: Werden die oben genannten Grenzen nicht erreicht,
bleibt der Zuschlag im Ersttermin aus. In einem solchen Fall wird
ein neuer Termin festgelegt, an dem es in die nächste Runde geht.
Erst bei diesem Termin sind dann auch die richtigen Schnäppchen
möglich zu einem Preis, der auch unter 50 Prozent des Marktwertes liegen kann. Außerdem ist es möglich, dass die Gläubigerbank

Der Ablauf

während des Verfahrens um eine Aussetzung bittet. Dies ist immer dann der Fall, wenn das Kreditinstitut der Ersteigerer zusätzlich zum Ersteigerungsbetrag noch eine weitere Summe nachschießen soll, damit das Angebot von der Gläubigerbank angenommen wird.

Rentenkauf der Immobilie

Das Thema „Immobilienverrentung" genießt in Deutschland noch ein Mauerblümchendasein, obwohl es eine Alternative zur herkömmlichen Finanzierung ist. Trotzdem ist der Rentenkauf im Einzelfall sinnvoll und bietet zudem die Möglichkeit, eine Finanzierung ohne Bank auf die Beine zu stellen.

Der Renten-kauf Das Problem: Viele Privatleute haben aufgrund reduzierter Renten und hoher Aufwendungen für ihre Gesundheit Probleme, ihre Altersversorgung noch aufrechtzuerhalten. Auch Selbstständige und Unternehmer gehören dazu, wenn sie durch Geschäftsverluste nicht mehr in der Lage sind, ihren Betrieb zu einem angemessenen Preis zu verkaufen. Gerade dieser Personenkreis hat meist nur noch ein Faustpfand für die Altersvorsorge: das Eigenheim oder die Eigentumswohnung. Und das wiederum bietet Chancen für den Erwerber von Immobilien. In anderen Ländern wie den USA (Reverse Mortgage), Großbritannien (Home Reversion), Frankreich oder der Schweiz, ist es bereits üblich, die eigene Immobilie zu verrenten. In Deutschland hingegen steckt die wirtschaftliche Verwertung einer Immobilie noch in den Kinderschuhen. Doch welche Möglichkeiten bestehen dazu?

Die Verrentung der Immobilie bringt dem Eigentümer einen entscheidenden Vorteil: Er muss sein angestammtes Haus und seine Umgebung nicht verlassen. Deswegen bietet sich der Verkauf des Hauses gegen lebenslanges oder zeitlich befristetes Wohnrecht an. Dieses Wohnrecht kann sowohl auf eine als auch auf mehrere Personen ausgedehnt werden – beispielsweise auf das Eigentümerehepaar. Die Leibrente ist dabei über die Laufzeit nicht konstant. Es wird eine Inflationssicherung vereinbart, die sich an den allgemeinen Lebenshaltungskosten orientiert. Das heißt, dass eine nach beiden Seiten offene Vereinbarung geschlossen wird, die das Steigen wie Sinken der Lebenshaltungskosten berücksichtigt. Daher sollte der Vertrag auch an den Preisindex für die Le-

benshaltung aller privaten Haushalte für das Bundesgebiet gekoppelt werden. Und: Selbst wenn der Leibrentner später doch ins
Altersheim geht, wird die Rente weiter fällig und er kann zudem
noch Mieteinnahmen erzielen.
Diese Vorteile bietet die Immobilienverrentung:

* Es können sowohl Ein- als auch Mehrfamilienhäuser, Eigen-
  tumswohnungen und Grundstücke auf Rentenbasis veräußert
  werden.
* Die Verrentung bietet eine gesicherte Altersversorgung bis zum
  Lebensende.
* Höhere Einkünfte sind garantiert und der Lebensstandard im
  Alter wird verbessert.
* Käufer können zudem die staatliche Förderung beanspruchen,
  sofern die Verdienstgrenzen eingehalten werden.
* Durch eine Mindestlaufzeit können auch Erben bei frühzeitigem
  Tod des Rentenberechtigten bedacht werden.
* Der Erwerb auf Rentenbasis ist auch für Käufer mit geringem
  Eigenkapital geeignet.

Das Prinzip des Wohnrechtes auf Leibrentenbasis ist ganz einfach: Zeitrente
Der neue Eigentümer zahlt eine Rente statt eines Kaufpreises für
das Gebäude und kann dafür bei Vertragsende, also dem Ableben
der Wohnberechtigten, oder dem festgeschriebenen Ende des
Wohnrechtes, der Leib- oder Zeitrente, frei über das Haus verfügen. Bei der Zeitrente wird für einen vertraglich festgelegten Zeitraum eine Rentenzahlung an eine oder mehrere Personen vereinbart. Die Zeitrente ist dabei unabhängig vom Rentenbezieher zu
sehen, denn falls der Rentenberechtigte vor Ablauf des Vertrages
verstirbt, werden die Zahlungen an die Erben fortgesetzt. Der
Vorteil der Zeitrente ist die Flexibilität: So können sie mit Einmalzahlungen verknüpft oder eine aufgeschobene Rente beispielsweise um fünf Jahre vertraglich fixiert werden. Auch kann sich die
Rentenhöhe innerhalb der Vertragslaufzeit verändern. Eine Finanzierung über ein Kreditinstitut ist damit nicht mehr erforderlich.
Demgegenüber zielt die Leibrente auf „das Leben" einer oder
mehrerer Personen (verbundene Leibrente). Wobei die verbundenen Leibrenten nicht nur auf Ehepaare abzielen, sondern auch
zwischen Eltern und Kindern möglich sind. Das heißt, mit dem

Ableben der Personen erlischt auch die Rentenzahlung. Allerdings kann – um bei frühzeitigem Tod die Immobilie praktisch nicht zu verschenken – eine Renten-Garantiezeit mit eingeschlossen werden, um Erben zu bedenken. Jedoch lässt sich auch eine Mischung aus Zeitrenten und Leibrenten vereinbaren: die abgekürzte Leibrente. Diese hat eine vertragliche Höchstlaufzeit. Bei Ableben des Leibrentners erlischt die Zahlungspflicht und kann somit nicht auf die Erben übergehen. Die Leistungen sind vom Erwerber dabei regelmäßig in gleicher Höhe – wie bei einer Bankfinanzierung – zu zahlen. Dabei meint dies nicht, dass der Betrag immer gleichbleibend ist, sondern sich normalerweise am Lebenshaltungsindex orientiert. Dieser wird regelmäßig vom Statistischen Bundesamt ermittelt. Auch Zeitrenten können an den Lebenshaltungsindex gekoppelt werden, jedoch nur dann, wenn die Vertragslänge mindestens zehn Jahre und einen Monat beträgt.

n-tv TIPP

Lassen Sie sich beraten

Die Immobilienverrentung ist ein äußert komplexes Thema. Daher empfiehlt es sich eigentlich immer, einen Leibrentenberater einzuschalten, der für Sie die Berechnung durchführt. Nur ein Leibrentenberater kann die für beide Seiten verbindliche Höhe der Rente berechnen. Außerdem sollten Sie zu diesem Thema auch Ihren Steuerberater ansprechen, um etwaige steuerliche Fragen zu klären.

Neben den Rentenzahlungen fällt auch häufig eine Einmalzahlung durch den neuen Eigentümer des Hauses an, der sich meist auf einen gewissen Prozentsatz des Verkehrswertes bezieht. Sollten noch Hypotheken auf dem Haus lasten, kann zudem vereinbart werden, dass der Neueigentümer die fälligen Kredite weiter bedient.
Die Grundlage für die tatsächliche Höhe der Rentenzahlung ist ein Verkehrswertgutachten des Objektes und das aktuelle Alter des Verkäufers. Die gültige Sterbetafel wird vom Statistischen Bundesamt ermittelt und ist über die Homepage *www.destatis.de* Menüpunkt „Bevölkerung" zu finden. Allerdings ist hier wichtig zu

wissen, dass der Verkehrswert nicht unbedingt der Verkaufpreis sein muss. Er ist aber eine realistische Größe, auf deren Basis der Verkaufspreis und damit auch die Renten festgelegt werden können. Und: Je höher das Alter des Leibrentners, desto höher ist auch die Rentenzahlung.

Mit dem Verkäufer sollte auch eine Vereinbarung über die Instandhaltung des Gebäudes getroffen werden. Nur so können Sie sichergehen, nach Vertragsablauf kein völlig verwohntes Haus oder Wohnung vorzufinden.

Wohnrecht ja, nein oder befristet?

Ein wesentlicher Punkt ist das Wohnrecht. Sind Sie Kapitalanleger, ist die Frage von geringerer Relevanz, möchten Sie das Haus selbst nutzen ein entscheidender Aspekt. Verbleibt der Rentenberechtigte in der Immobilie, so wirkt sich dies bei der Rentenzahlung aus und verringert die Rentenleistung um den sogenannten Nutzwertanteil. Die weitere Nutzung durch den Verkäufer wird quasi als Rentenanteil angesehen. Falls sich der Leibrentner später entscheidet, aus der Immobilie auszuziehen, steht ihm allerdings auch die wirtschaftliche Verwertung des Gebäudes zu. Zieht der Käufer in die Immobilie, ist dann die volle Leibrente zu zahlen ohne Nutzwertabschlag.

Wohnrecht

Charakteristika	Leibrente	Zeitrente
Rentenempfänger bis zum Lebensende versorgt?	ja	nein
Sofortiger Beginn möglich?	ja	ja
Späterer Beginn möglich?	ja	ja
Abhängig vom Leben einer Person?	ja	nein
Festgelegter Zeitraum?	nein	ja
Weiterzahlung an Erben?	nein, aber Klausel möglich	ja
Mindestlaufzeit	festgelegt	ja
Höchstlaufzeit	festgelegt	ja
Einschließung Lebenshaltungsindex	ab 10 Jahre und 1 Monat	ja

n-tv TIPP

Umfangreiche Vertragsgestaltung

Der entscheidende Punkt für den Veräußerer auf Rentenbasis ist die Rentenhöhe. Auf diese wirkt sich nicht nur das Wohnrecht aus, sondern auch die Tatsache, ob Einmalzahlungen vom Käufer geleistet werden oder nicht. Wird eine bestimmte Rentenhöhe angestrebt, sollte ein Fachmann aufgesucht werden, um an verschiedenen Rechenbeispielen die unterschiedlichen Vertragskonstellationen durchzuspielen.

Für wen ist der Rentenkauf besonders interessant?

Selbstnutzer oder Kapitalanleger

Unterschieden werden muss hierbei zwischen Selbstnutzern und Kapitalanlegern. Als Selbstnutzer bieten sich einkommensstarke, aber kapitalschwache Familien oder Singles an, die gerne eine Immobilie kaufen würden, jedoch aus Mangel an Eigenkapital bei Banken Probleme haben, eine Finanzierung darzustellen. Die zweite Gruppe sind selbstständige Handwerker, die sich durch den Erwerb von Immobilien eine solide Alterssicherung aufbauen wollen oder eine Immobilie später nach Renovierungen oder Umbauten selbst bewohnen möchten. Die dritte Gruppe umfasst Kapitalanleger und Spekulanten, die zu günstigen Preisen in Immobilien investieren und langfristig Erträge schöpfen wollen.

Für Kapitalanleger bieten sich natürlich auch größere Objekte wie Mehrfamilienhäuser an. Der renditeorientierte Anleger profitiert von einigen steuerlichen Bonbons. So kann die Abschreibung auf die Gebäudekosten geltend gemacht werden. Zunächst errechnet das Finanzamt aufgrund der monatlichen Rentenzahlung den Wert des Grundstücks. Der daraus resultierende Barwert ist dann der fiktive Kaufpreis. Von diesem wird der Grundstückswert abgezogen und das Ergebnis bildet den Kaufpreis für das Gebäude. Hiervon können die Abschreibungen vorgenommen werden. Außerdem kann noch der Ertragsanteil der Leibrentenzahlung bei den Werbungskosten angesetzt werden.

Neben den Finanzierungspunkten ist ein weiterer Aspekt von besonderer Bedeutung: der Käufer. Die Bindung zwischen Leibrentner und Verkäufer ist besonders eng. Der Käufer muss also solvent sein und vertrauenswürdig, damit das Geschäft für beide Seiten auf Dauer ein Erfolg ist. Zur Sicherheit sollte der Vertrag eine Rückübertragungsklausel enthalten, mit der festgelegt wird, dass der Vertrag bei zwei rückständigen Monatsraten gekündigt und rückabgewickelt werden kann.

Steuerliche Aspekte für Verkäufer und Käufer

Hier muss zunächst zwischen Zeitrenten und Leibrenten unterschieden werden. Die Zeitrente gilt für den Verkäufer als Einkünfte aus Kapitalvermögen und ist daher mit dem Zinsanteil der Einkommensteuer zu unterwerfen. Der Käufer kann hingegen bei vermieteten Objekten den Zinsanteil als Werbungskosten von den Mieteinnahmen abziehen, ansonsten ist hier steuerlich nichts möglich. Bei der Leibrente ist für den Rentenberechtigten je nach Alter der Ertragsanteil als Einnahme zu versteuern. Der Ertragsanteil schwankt je nach Lebensalter – bei 55 Jahren beträgt er 38 Prozent, bei 80 Jahren 11 Prozent – und bleibt für die gesamte Laufzeit konstant. Werden Renten gemäß Lebenshaltungsindex angepasst, so ist auch der Anpassungsbeitrag davon betroffen. Bei verbundenen Leibrenten wird das Alter des jüngeren Leibrentners angesetzt. Für den Leibrentenzahler können unter Umständen zwei Regelungen greifen: Zum einen Abschreibungen auf die Gebäudeanschaffungskosten und zum anderen kann bei vermieteten Objekten zusätzlich noch der Ertragsanteil von den Werbungskosten abgesetzt werden.

Zeitrente oder Leibrente

Wie finanzieren Sie richtig?

Die gelungene Immobilienfinanzierung ist eine wichtige Voraussetzung der Umsetzung des Traums von den eigenen vier Wänden oder der lukrativen Geldanlage. Als Bauherr oder Immobilienerwerber müssen Sie nicht nur passende Formen von Fremdkapital mit möglichst vorteilhaften Konditionen auswählen, sondern von vornherein auch steuerliche Aspekte sowie die richtige Vorgehensweise bei der Tilgung des Fremdkapitals bedenken. Wie genau Sie Ihre Finanzierung aufbauen und optimal gestalten, hängt vor allem auch davon ab, ob Sie Ihre Immobilie selbst bewohnen oder vermieten wollen.

Wege zur Erhöhung des Eigenkapitals

Da die meisten Eigennutzer nicht so viel Geld auf der hohen Kante haben, dass sie damit allein den Kauf oder Bau ihrer Immobilie bestreiten können, besteht die Finanzierung für eine Immobilie, die der Bauherr oder Erwerber selbst bewohnen möchte, in der Regel aus Eigen- und Fremdkapital. Während Eigennutzer möglichst viel Eigenkapital für die Finanzierung einsetzen sollten, um möglichst wenig Zinsen zahlen zu müssen, ist dies bei Vermietern eher umgekehrt, da diese den Darlehenszins steuerlich geltend machen können.

Meistens führt der Weg zur Finanzierung der eigenen Immobilie über die Bank.

Das Eigenkapital setzt sich aus den folgenden Werten zusammen:

Bestandteile des Eigenkapitals
- Bargeld,
- Gelder auf Konten,
- Wertpapiere,
- Schmuck, Sammlungen, Wertgegenstände,
- stille Beteiligungen,
- Unternehmensbeteiligungen,
- eigene Immobilien,
- Abtretungen und Verpfändungen.

Doch auch folgende Mittel können dazu verwendet werden, um den Eigenkapitalanteil zu erhöhen:

- alte Bauspar- und Kapitallebensversicherungsverträge,
- Familiendarlehen,
- Erbbaugrundstücke.

Bauspar- oder Kapitallebensversicherungsverträge

Verfügen Sie über bestehende Bausparverträge oder Kapitallebensversicherungsverträge, können Sie diese auflösen und das daraus freigesetzte Geld als Eigenkapital verwenden. Das Sparguthaben bei noch nicht zuteilungsreifen Bausparverträgen ersehen Sie aus dem letzten Kontoauszug. Auch eine bereits seit Längerem bestehende Kapitallebensversicherung können Sie zu Geld machen und die eingesparten Beiträge zur Tilgung ihres aufgenommenen Baudarlehens verwenden. Haben Sie sie vor 2005 abgeschlossen, sind die Erträge nach einer Laufzeit von zwölf Jahren steuerfrei.

Den Rückkaufswert – also den Guthabenbetrag Ihrer Lebensversicherung – teilt Ihnen die Versicherungsgesellschaft auf Anfrage mit. Ob sich dies lohnt, hängt davon ab, wie viel Ertrag die Versicherung während der Restlaufzeit noch bringt und wie viel Zinsen der Kreditnehmer sparen würde.

Bausparvertrag

Lebensversicherung

| n-tv TIPP |

Lebensversicherung beitragsfrei stellen lassen

Überlegen Sie, ob Sie angesichts der schmalen Verzinsung von kapitalbildenden Lebensversicherungen ihre Versicherung beitragsfrei stellen lassen, um Ihr Finanzierungspotenzial zu erhöhen. Allerdings geht dann ein Teil Ihres Versicherungsschutzes (Todesfallleistung) verloren. Diesen können Sie jedoch preiswerter über eine Risikolebens- oder Restschuldversicherung einkaufen. Das Für und Wider sollten Sie mit Ihrem Versicherungsbetreuer oder mit Beratern der Verbraucherzentrale erörtern.

Eigenleistungen

Die Eigenleistung ist eine beliebte Möglichkeit für den Bauherrn, um die Bau- oder Renovierungskosten zu senken. Von Banken wird sie gern gesehen, da sie als Eigenkapitalersatz gilt. Die Leistung, die der Bauherr selbst erbringt, wird wie die vergleichbare Leistung eines Handwerkers bewertet und fließt als Eigenkapitalerhöhung in die Berechnung der Eigenkapitalquote ein.

Fähigkeiten richtig einschätzen

Wer Eigenleistungen erbringen will, sollte seine eigenen Fähigkeiten richtig einschätzen. Der Bauherr oder Renovierer sollte vor allem das erledigen, was er beherrscht, und nicht das, worin die größten Einsparungspotenziale stecken. Für den Hobbyhandwerker sind einfachere Arbeiten wie Tapezieren, Teppichbodenverlegen, Fliesenlegen und bei einem Haus auch die Gestaltung der Außenanlagen ein sinnvoller Weg Kapital zu sparen. Mit solchen Arbeiten lassen sich bereits einige Tausend Euro einsparen. Estricharbeiten, Dämm- und Trockenbauarbeiten, Wandverkleidungen oder das Ausheben der Baugrube sind hingegen nur etwas für versierte Hobbyhandwerker oder Bauhelfer. Wer selbst Handwerker ist, kann sicherlich auch die einschlägigen Arbeiten seines Gewerkes verrichten und noch mehr sparen.

Wollen Sie Eigenleistungen erbringen, sollten Sie einen Vertrag mit der Baufirma schließen, der eindeutig die Art der Eigenleistungen sowie den zeitlichen Ablauf festhält, für den Fall, dass diese vor der Abnahme in das Baugeschehen eingreifen.

Familiendarlehen

Eigenkapitalersatz

Ein weiterer wichtiger Bestandteil der Finanzierung ist das sogenannte Familien- oder Verwandtendarlehen. Es ist von Verwandten geliehenes Geld. Wenn sowieso die Kinder alles erben sollen, kommt vielleicht sogar eine Schenkung infrage, die auch noch Steuern sparen hilft. Das reine Familiendarlehen dient bei der Immobilienfinanzierung als Eigenkapitalersatz und wird von den institutionellen Geldgebern gern gesehen, um die gewünschte Eigenkapitalquote von mindestens 20 Prozent der Gesamtsumme zu erreichen.

Erbbaugrundstück

Wer ein Grundstück im Rahmen des Erbbaurechts erwirbt, kann über dieses über einen Zeitraum von bis zu 99 Jahren verfügen, wird aber nie Eigentümer des Stückchen Landes. Auch Personen, die wenig Eigenkapital haben, können sich so den Traum von den eigenen vier Wänden erfüllen. Da der Bauherr beim Erbbaurecht für sein Bauvorhaben kein Grundstück erwerben muss, benötigt er insgesamt weniger Eigenkapital. Er bedarf außerdem Kredite von geringerem Umfang. Denn statt für den Kauf eines Grundstücks einen Kredit mit Hypothekenzinsen aufnehmen zu müssen, zahlt er nur den meist niedrigeren Erbbauzins. Die Vertragspartner können diesen frei verhandeln – er beträgt jährlich zwischen 3 und 5 Prozent des aktuellen Grundstückswertes zum Vertragszeitpunkt. Daraus ergibt sich, dass sich die monatlichen Zins- und Tilgungsbelastungen des Bauherrn oder Immobilienerwerbers verringern. Auch ein Durchschnittseinkommen kann unter Umständen so zur soliden Finanzierung eines Eigenheims ausreichen. Auf diese Weise retten Bauherren auch ihre Liquidität, was vor allem insbesondere jenen zugute kommt, die keine oder zu geringe Sicherheiten bieten, um von der Bank einen Kredit zur Bezahlung des Kaufpreises zu erhalten.

Erbbaurecht

n-tv TIPP

Ankaufsrecht vereinbaren

Von Vorteil für den Bauherrn ist es, wenn im Vertrag ein Ankaufsrecht vereinbart und dieses auch ins Grundbuch eingetragen wird. Dies stärkt die Rechtssicherheit des Erbbaunehmers und ist sinnvoll, wenn er davon ausgeht, dass er in späteren Jahren besser bei Kasse sein wird und das Grundstück gern erwerben möchte.

Diese Rechnung rentiert sich natürlich vor allem dann, je höher der aktuelle Hypothekenzins und je niedriger der Erbbauzins liegt. In den vergangenen 20 Jahren lag der durchschnittliche Hypothekenzins bei ungefähr 8 Prozent. Für ein Erbbaugrundstück wären also deutlich geringere Belastungen angefallen. In der momentanen Niedrigzinsphase kann es sich eher lohnen zu kaufen als zu

Pachten oder kaufen?

pachten, schließlich erwirbt man als Gegenwert das Grundstück. Es muss aber immer berücksichtigt werden, dass die Zinsen mittel- und langfristig wieder steigen können und dass der Bauherr nach Ablauf der Zinsbindungszeit seines Kredites dann doch wieder von höheren Zinsen betroffen sein könnte.

Nachteile Doch Erbbaugrundstücke bringen auch einige Nachteile mit sich. Während ein Käufer nach rund 30 Jahren Eigentümer eines schuldenfreien Grundstücks ist, zahlt der Erbbaunehmer dauerhaft Erbbauzinsen, die sich im Laufe der Zeit erhöhen. Darüber hinaus ist der Erbbaunehmer mit einigen Beschränkungen belastet, denen ein Eigentümer nicht unterliegt. Möchte er beispielsweise zu einem späteren Zeitpunkt Neueintragungen in das Grundbuch vornehmen lassen oder das Haus baulich erweitern, muss er erst die Zustimmung des Erbbaugebers einholen. Ein weiterer Nachteil besteht darin, dass Häuser auf Erbbaugrundstücken meist schwerer zu verkaufen sind als Objekte auf eigenem Grund und Boden. Sie sind weniger begehrt und erzielen schlechtere Preise.

Welche Arten der Baufinanzierung mit Fremdkapital gibt es?

Es gibt viele Quellen, aus denen das Fremdkapital für den Kauf einer Eigentumswohnung stammen kann. Zum einen stellen Banken, Sparkassen und Hypothekenbanken Kredite bereit, weitere Möglichkeiten sind die Finanzierung über die Bausparkasse oder die Versicherung. Je nach Anbieter bergen die Finanzierungsgeschäfte verschiedene Chancen und Risiken in sich und werden ganz unterschiedlich abgewickelt.

Das Hypothekendarlehen

Der Klassiker unter den Hypothekendarlehen ist das Annuitätendarlehen. Weitere Formen sind das Ratentilgungsdarlehen und die Festhypothek.

Annuitäten-
darlehen Bei einem Annuitätendarlehen zahlt der Kreditnehmer während der vereinbarten Zinsfestschreibungszeit jährlich konstante Raten aus Zins und Tilgung – die sogenannte Annuität. Während der gesamten Zinsbindungsfrist bleibt die Annuität gleich hoch. Die Höhe der Rate ergibt sich daraus, welcher Zinssatz und Tilgungs-

satz mit der Bank im Kreditvertrag vereinbart wurde. Sie bleibt gleich hoch, die Zusammensetzung der Rate ändert sich jedoch von Jahr zu Jahr. Während der Zinsanteil aufgrund der sinkenden Grundschuld immer mehr abnimmt, steigt der Anteil des Tilgungsbetrages. Das hat zur Folge, dass zwar die Restschulden anfangs noch relativ hoch sind, diese aber zum Ende der Laufzeit rapide abnehmen. Insgesamt beträgt die Laufzeit eines Annuitätendarlehens bei anfänglich 1 Prozent Tilgung je nach Höhe des Nominalzinssatzes 25 bis 30 Jahre.

PRAXISBEISPIEL

Tilgungsplan beim Annuitätendarlehen

Der Tilgungsplan zeigt, wie sich im Laufe der Jahre die Zins- und Tilgungszahlung verändert und die Restschuld, bei gleichbleibender Jahresleistung, immer schneller abnimmt. Darlehensbetrag: 120.000 €, Zinssatz: 6 Prozent, Tilgungssatz: 1 Prozent. Um die Rechnung zu vereinfachen, wurde davon ausgegangen, dass die Zinsbindungszeit über die gesamte Laufzeit gilt.

Beispiel eines Tilgungsplans

Jahr	Rest-schuld	Zinsen	Tilgung	Jahres-leistung	Monatl. Belastung
2005	120.000	7.200	1.200	8.400	700
2006	118.000	7.128	1.272	8.400	700
2007	117.528	7.051,68	1.348,32	8.400	700
2008	116.179,68	6.970,78	1.429,22	8.400	700
2009	114.831,36	6.889,88	1.510,12	8.400	700
2010	113.321,24	6.799,27	1.600,73	8.400	700
2011	222.720,51	6.703,23	1.696,77	8.400	700
2012	110.023,74	6.601,42	1.798,58	8.400	700
2013	108.225,16	6.493,51	1.906,49	8.400	700
2014	106.318,67	6.379,12	2.020,88	8.400	700
2015	104.297,79	6.257,87	2.142,13	8.400	700
2016	102.155,66	6.129,34	2.270,66	8.400	700
2017	99.885,00	5.993,10	2.406,90	8.400	700
2018	97.481,10	5.848,87	2.441,13	8.400	700
2019	94.929,97	5.695,80	2.704,20	8.400	700
2020	92.225,77	5.533,55	2.866,45	8.400	700

2021	89.389,32	5.363,36	3.036,64	8.400	700
2022	86.352,68	5.181,16	3.218,84	8.400	700
2023	83.133,84	4.988,03	3.411,97	8.400	700
2024	79.721,87	4.783,12	3.616,88	8.400	700
usw.					

Ratentil-
gungs-
darlehen

Im Gegensatz zum Annuitätendarlehen wird beim Ratentilgungsdarlehen die Gesamtschuld durch gleichbleibende Tilgungsraten abgezahlt. Weil die Zinskosten mit zunehmender Tilgung geringer werden und die Tilgungsrate aber nicht erhöht wird, sinkt die Belastung von Jahr zu Jahr, die Raten sinken ständig. Alles in allem zahlt der Kreditfinanzierer für diese Darlehensart weniger Zinsen, da der Schwerpunkt der Rückzahlungen bei der Tilgungsrate liegt. Aufgrund der geringeren Finanzierungskosten verdienen Banken weniger an Ratentilgungsdarlehen, deshalb werden sie auch eher selten angeboten. Für Selbstnutzer kann das Tilgungsdarlehen interessant sein, sofern sie die hohen Ratenzahlungen leisten und den Zinsaufwand des Annuitätendarlehens nicht bei der Steuer gelten machen können.

Festhypothek

Die Festhypothek wird nach Ablauf einer bestimmten Laufzeit komplett auf einmal zurückgezahlt. Während der Laufzeit werden die Zinsen gezahlt, jedoch keine Tilgung vorgenommen. Die monatlichen Raten sind deshalb zwar geringer, doch unterm Strich werden insgesamt mehr Zinsen gezahlt. Festhypotheken werden meistens bei der Finanzierung über Lebensversicherungen oder bei Schenkungen vergeben.

Die Kosten, die einem Kreditnehmer durch ein Hypothekendarlehen entstehen, hängen von den Darlehenskonditionen ab.

Nominal- und Effektivzinsen

Natürlich wirken sich vor allem die Zinsen auf die Kosten des Kredites aus. In Darlehensangeboten stehen zwei verschiedene Zinsangaben.

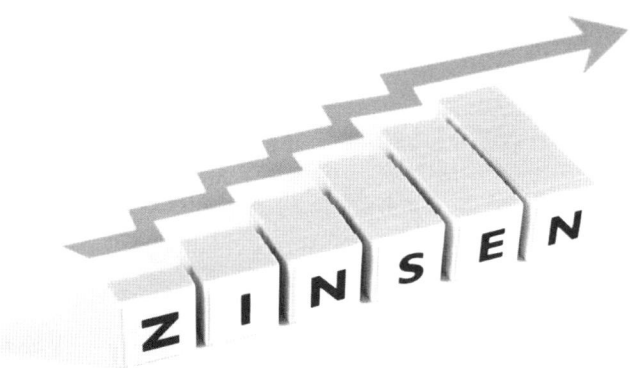

Die Zinsen tragen ganz entscheidend zu den tatsächlichen Kosten eines Kredits bei.

Der Nominalzinssatz ist der Zinssatz, mit dem die Nominalschuld verzinst wird. Zusammen mit dem Tilgungssatz bestimmt er die Höhe der Annuität. Der Nominalzins zuzüglich der Kosten für den Kredit, die über den Nominalzins hinausgehen, bilden sich im sogenannten Effektivzins ab. Neben dem Nominalzins berücksichtigt er unter anderem auch die Zinsbindungszeit, das Disagio, den Tilgungssatz und die Bearbeitungsgebühren.

Nominalzinssatz

Die Banken müssen den Effektivzins – gemäß der Preisangabenverordnung – bei allen Kreditangeboten angeben, damit der Kreditinteressent verschiedene Finanzierungsangebote miteinander vergleichen kann. Doch Achtung: Der Effektivzins zeigt trotzdem nicht alle Kosten an, die entstehen, denn die Banken erheben inzwischen weitere Nebenkosten, die nicht in den Effektivzins hineingerechnet sein müssen. Dazu zählen beispielsweise Schätzkosten oder Bereitstellung bzw. Bauzeitzinsen.

Effektivzinssatz

Der effektive Jahreszins enthält:

- Nominalzins
- Disagio
- Tilgungssatz

Der effektive Jahreszins enthält nicht:

- Schätzkosten
- Kontoführungsgebühren
- Bauzeit/Bereitstellungszinsen

- Zinsbindungszeit
- Tilgungszahlung- und Verrechnungstermine
- Zinszahlungs- und Verrechnungstermine
- Restschuld- und Bearbeitungsgebühren
- Risiko-Lebensversicherungsbeiträge
- Vermittlungsprovision
- Teilauszahlungzuschläge
- Auszahlungsweise bei Teilzahlungen

Zinsbindungszeit Der Kreditnehmer kann für Hypothekendarlehen die Höhe des Nominalzinses für einen bestimmten Zeitraum festschreiben lassen. Dieser beträgt bei Kreditinstituten üblicherweise zwischen 2 und 15 Jahren, bei Hypothekenbanken 15 Jahre und mehr. Eine andere Variante ist der variable Zinssatz, bei dem der Kreditnehmer ganz auf die Zinsbindungszeit verzichtet und akzeptiert, dass der Zins während der Laufzeit immer wieder an den Marktzins angepasst wird. Längere Zinsbindungszeiten bedeuten immer einen höheren Nominalzins. Der Vorteil: Der Kreditnehmer kann die finanziellen Verpflichtungen langfristig kalkulieren. Besonders zu empfehlen ist daher eine langjährige Zinsfestschreibung in einer Niedrigzinsphase. In einer Hochzinsphase sind dagegen kurze Zinsfestschreibungszeit oder variable Zinssätze zu bevorzugen, um so schnell wieder handlungsfähig zu sein. Um sich günstige Zinsen langfristig zu sichern, bietet sich auch ein sogenanntes Vorausdarlehen (Forwarddarlehen) an. Hierbei wird bis zu dreieinhalb Jahren vor der nächsten Anschlussfinanzierung ein neuer Kredit zu einem günstigen Zinssatz vereinbart, der in dieser Zeit ruht.

Variable Darlehen Variable Darlehen werden vor allem in Hochzinsphasen abgeschlossen, wenn mit sinkenden Zinsen zu rechnen ist und risikobereite Kreditnehmer sich deshalb nicht mit einer langen Zinsbindungszeit auf die aktuellen hohen Zinsen festlegen wollen. Sinken die Zinsen, werden die Kreditzinsen daran angepasst. Weitere Vorteile bestehen zum einen in der Möglichkeit, Sondertilgungen vorzunehmen und zum anderen in dem Zinsvorteil beim Nominalzins gegenüber Festzinsen. Soweit die Theorie. Praktisch werden bei steigenden Zinsen die Kreditzinsen schnell angepasst, doch bei sinkenden Zinsen reagieren Banken häufig sehr spät und der Kunde profitiert von der Entwicklung kaum noch.

Der vereinbarte Tilgungssatz wirkt sich auf den Rückzahlungszeit- *Tilgungssatz* raum und damit auf die Kosten des Darlehens aus. Je schneller der Bauherr tilgt, desto geringer ist die Laufzeit des Kredits und desto weniger Jahre zahlt er Zinsen. In der Regel bieten Kreditinstitute Tilgungssätze von 1 Prozent der Darlehenssumme, aber auch höhere Tilgungssätze sind möglich. Faire Banken bieten Kreditnehmern, die mehr und damit schneller tilgen, einen kräftigen Zinsnachlass. Denn je höher die Tilgung, desto günstiger kann sich die Bank das zur Refinanzierung nötige Geld auf dem Kapitalmarkt besorgen.

Bei einem unerwarteten Geldsegen seinen Kredit auf einmal zurückzuzahlen sollte gut überlegt werden, denn dies kann teuer werden.

Wer plötzlich über einen größeren Geldbetrag verfügt, sei es *Sonder-* durch eine Erbschaft oder weil man mehr verdient, ist sicher be- *tilgungen* strebt, mit diesen Einnahmen einen Teil seines Darlehens zu tilgen und dadurch Zinsen zu sparen – also eine sogenannte Sondertilgung vorzunehmen. Doch nicht alle Darlehensverträge erlauben dies. Nur bei niedrig verzinsten Bauspardarlehen oder variablen Darlehen sind Sondertilgungen möglich. Bei längerfristig fest verzinsten Darlehen werden sie nur gewährt, wenn dies im Vertrag ausdrücklich vereinbart wurde. Inzwischen räumen viele Banken jährliche Sondertilgungsrechte von 5 oder 10 Prozent der Darlehenssumme ohne Zinsaufschlag ein. So ein Angebot sollten Sie in jedem Fall annehmen und vertraglich festschreiben. Manche Kreditinstitute verlangen jedoch für ein eingeräumtes Sondertilgungsrecht einen höheren Zins für das gesamte Darlehen. Hier sollten Sie gut überlegen, wie wahrscheinlich es ist, dass Sie zusätzliche Zahlungen leisten werden. Eine weitere Möglichkeit: Spätestens 10 Jahre nach Erhalt des Darlehens kann der Bauherr den Kredit unter Einhaltung einer sechsmonatigen Kündigungsfrist kündigen und auf diesem Weg Sondertilgungen vornehmen.

SCHUFA-Auskunft

Bevor die Bank einem Kreditinteressenten eine Darlehenszusage erteilt, versucht sie dessen Zahlungsfähigkeit einzuschätzen. Dafür zieht sie Auskünfte der Schutzgemeinschaft für allgemeine Kreditsicherung (SCHUFA) sowie bankinterne Scoring-Verfahren heran.

Die ermittelte Bonität des Kunden wirkt sich inzwischen auf die Höhe der Zinsen, die er zu zahlen hat, aus. Ebenso wirken sich die regionale Lage der Immobilie und die Höhe des vorhandenen Eigenkapitals stärker als früher auf die Zinshöhe aus.

Basel II

Die veränderte Zinspraxis ist Folge von „Basel II" – ein internationales Abkommen, nach dem Kreditinstitute für besonders riskante Darlehen ein besonders hohes Eigenkapital vorweisen müssen. Für Bauherrn ist es dadurch schwieriger geworden, sich einen Überblick über Zinsangebote zu verschaffen. Häufig weichen die tatsächlichen Zinsen, die der Bauherr zu zahlen hätte, von den Standardkonditionen, mit denen die Bank wirbt, ab. Es gelten somit individuelle Zinssätze: Zwei Bauherren, die die gleiche Kreditsumme benötigen und gleiche Konditionen wie Zinsbindungszeit oder Ratenhöhe wählen, zahlen also eventuell ganz unterschiedliche Zinssätze.

Das Bauspardarlehen

Anspar-
und
Darlehens-
phase

Das Bausparen setzt sich aus den traditionellen Bausteinen „Ansparen" und „Darlehen" zusammen.
Während der Ansparphase zahlt der Bausparer einen durch die Bausparsumme festgelegten Sparbeitrag, in der Darlehensphase Raten für Kredit und Tilgung. Voraussetzung für die Auszahlung

der Bausparsumme sind der Anspar- und der Zuteilungszeitraum sowie das zu erreichende Mindestsparguthaben. Nach 18 bis 60 Monaten – je nach Vertrag – ist die Mindestsparzeit abgeschlossen. Ist außerdem noch die zweite Grundvoraussetzung erfüllt – die Erreichung der Mindestsparsumme – steht der Zuteilung des Vertrages grundsätzlich nichts mehr im Wege. Einige Zeit später kann der Bausparer über die Summe verfügen.

Nach der Auszahlung des Gesamtauszahlungsbetrages – also das angesammelte Bausparguthaben plus das Bauspardarlehen – beginnt sofort die Tilgungsphase. Die Höhe des Darlehens wird bestimmt durch die Bausparsumme und die angesparte Summe des Vertrages.

Ein großer Vorteil dieser Finanzierung liegt in ihrer Berechenbarkeit: Die Höhe der Zinsen liegt bei Bausparverträgen fest, Zinssteigerungen zu einem späteren Zeitpunkt können nicht stattfinden. Derzeit bieten Bausparkassen günstige Kreditzinsen. Unter diesem Aspekt ist ein Bausparvertrag für alle, die in den nächsten Jahren ein Haus bauen oder kaufen wollen also gut geeignet.

Berechenbarkeit

n-tv TIPP

Zulagen erhöhen niedrigen Guthabenzins

Die relativ günstigen anfänglichen effektiven Jahreszinsen bei einem Bauspardarlehen ergeben sich aus einer langen Ansparphase mit vergleichsweise geringen Guthabenzinsen. Nur wenn der Bausparer auch Anspruch auf die Wohnungsbauprämie oder die Arbeitnehmersparzulage hat, lassen sich die niedrigen Guthabenzinsen von beispielsweise 2,5 Prozent auf rund 4 Prozent erhöhen. Wird dieser Guthabenzins erreicht, und fällt in der Darlehensphase ein vergleichsweise niedriger Effektivzins an, kann sich die Bausparfinanzierung lohnen. Im Idealfall wird das Bausparguthaben in einer Niedrigzinsphase angespart und das zinsgünstige Darlehen in einer Hochzinsphase für die Finanzierung eines Eigenheims eingesetzt.

Darüber hinaus wird der Kredit beim Bausparen in der Regel nachrangig im Grundbuch eingetragen. Zudem können in der Darlehensphase Sondertilgungen in der Regel recht problemlos vorgenommen werden.

Sofort-
darlehen

Für Personen, die ihren Traum von den eigenen Wänden möglichst sofort verwirklichen möchten, ist eine gesunde Finanzierung mit einem Bausparvertrag jedoch kaum möglich. Zwar gibt es beim Bausparen sogenannte Sofortdarlehen. Diese werden meist in Verbindung mit einem tilgungsfreien Hypothekendarlehen angeboten, das ähnlich wie eine Lebensversicherungshypothek auf einen Schlag getilgt wird. Diese Variante ist allerdings unwirtschaftlich. Es muss nämlich berücksichtigt werden, dass noch eine sehr teure Überbrückungsfinanzierung wahrgenommen werden muss, bis der Bausparvertrag zuteilungsreif ist.

Ein Nachteil des Bausparvertrags besteht darin, dass das Bauspardarlehen je nach Vertrag in sechs bis elf Jahren getilgt werden muss. Gerade bei größeren Verträgen bedeutet dies eine enorme Belastung für den Bauherrn oder Immobilienerwerber.

Die Versicherungshypothek

Die Lebensversicherungshypothek war vor allem bei Kapitalanlegern ein beliebtes Finanzierungsinstrument. Bei dieser Finanzierungsform handelt es sich um ein sogenanntes endfälliges Darlehen. Während der Finanzierungsphase zahlt der Kreditnehmer lediglich Kreditzinsen und tilgt dann am Ende Laufzeit die Schulden auf einen Streich.

Doch seit dem 1. Januar 2005 sieht die Welt anders aus: Zu diesem Zeitpunkt fiel das Steuerprivileg der Lebensversicherung. Versicherte müssen seitdem bei Neuabschlüssen ihre Erträge versteuern. Wer beispielsweise aus der Lebenspolice 100.000 € bekommt, müsste nun 20.000 € Steuern zahlen (über 60-Jährige 10.000 €). Daher ist diese Finanzierungsform nicht mehr zu empfehlen.

Policen-
darlehen

Einzig das Policendarlehen auf eine bereits bestehende Lebensversicherung kommt noch für die Immobilienfinanzierung infrage. Dazu sollte in diesen Vertrag bereits einige Jahre eingezahlt worden sein, um eine entsprechende Summe daraus zur Verfügung zu haben. Entscheidend für die Höhe des Policendarlehens ist der Rückkaufswert der Lebensversicherung. Es wird also das eigene Guthaben des Vertrages beliehen.

Die Finanzierungsstrategie für Eigennutzer

Als Selbstnutzer können Sie Ihre Kosten für die Immobilie nicht steuerlich ansetzen. Eine günstige Finanzierung erreichen Sie deshalb hauptsächlich, indem sie die Kosten der Finanzierung möglichst niedrig halten, was nur gelingt, wenn Sie entsprechende Zielsetzungen bezüglich Kapital, Zinsen, Fördermitteln und Steuern berücksichtigen.

Kapitalstrategie

Die wichtigste Grundregel für Eigennutzer von Wohneigentum: Verwenden Sie so viel Eigenkapital wie möglich und nehmen Sie nur so viel Fremdkapital wie nötig auf. Da die Aufnahme von Fremdkapital immer auch Kosten verursacht, sollten Sie eine möglichst hohe Eigenkapitalquote anstreben mit der Zielsetzung, Ihren Bedarf an Krediten zu reduzieren und so die Gesamtkosten zu senken.

Der Anteil der Hypothekendarlehen von Banken, Förderbanken oder Bausparkassen – die Fremdkapitalquote – sollte 80 Prozent der Gesamtkosten nicht übersteigen, da eine seriöse Immobilienfinanzierung ohne genügend Eigenkapital in der Regel nicht gewährleistet ist. Eine Eigenkapitalquote von 20 bis 30 Prozent setzen auch die Kreditinstitute für die Vergabe ihrer Standard-Darlehen voraus. Die Inanspruchnahme staatlicher Kredite nach dem Wohnraumförderungsgesetz setzt ebenfalls einen bestimmten Anteil Eigenkapital voraus. *Fremd-kapital-quote*

Folgende Möglichkeiten, den Fremdkapitalbedarf zu senken, gibt es:

- Guthaben aus alten Bauspar- oder Kapitallebensversicherungsverträgen verwenden,
- Eigenleistungen erbringen,
- statt Kauf eines Grundstücks ein Grundstück über Erbpacht erwerben,
- günstiges Familiendarlehen aufnehmen,
- Zuschüsse etwa für ökologisches Bauen, energetisches Modernisieren oder Maßnahmen zur Senkung des Energieverbrauchs der Immobilie in Anspruch nehmen.

Sonderfall Vollfinanzierung

Immer mehr Kreditanbieter halten auch Darlehen über den gesamten Preis der Immobilie bereit. Zum Teil finanzieren sie auch noch die Nebenkosten und stellen somit über 100 Prozent zur Verfügung. Für eine Vollfinanzierung zahlt der Kreditnehmer allerdings zwischen 0,2 und 0,4 Prozentpunkte mehr Zinsen als für eine 80-Prozent-Finanzierung, wodurch die monatliche Belastung erheblich ansteigt.

Voll-
finanzierung
Eine Vollfinanzierung ist nur für Kreditnehmer mit sehr hohem Einkommen möglich. Es gilt: Zumindest die Nebenkosten sollte der Kreditnehmer aus eigenen Mitteln begleichen können und zudem über eine Sicherheitsreserve von drei bis sechs Nettomonatsgehältern für unvorhergesehene Ausgaben zur Verfügung haben. Außerdem sollte er in der Lage sein, eine Anfangstilgung von mindestens 2, möglichst aber 3 oder 4 Prozent zu leisten. Die Kreditbelastung sollte allerdings nicht über 30 bis 40 Prozent des Nettoeinkommens liegen.

Bei jeder Investition in Immobilien sollten Sie Ihr finanzielles Gleichgewicht ständig im Auge behalten.

Zinsstrategie

Um die monatlichen Zahlungen an die Bank möglichst gering zu halten, sollte Sie als Selbstnutzer versuchen, die Zinskosten für Ihr Fremdkapital zu minimieren. Dies bedeutet zunächst einmal herauszufinden, inwieweit Sie zinsgünstige Kredite von den Förderbanken der Bundesländer oder der KfW-Förderbank oder von Kommunen in Anspruch nehmen können.

Es stellt sich darüber hinaus die Frage, inwieweit Sie bestehende Bausparverträge oder Lebensversicherungen in die Finanzierung einbauen. Bausparer, die über einen bereits zugeteilten oder bald zuteilungsreifen Bausparvertrag verfügen, sollten zurzeit genau überlegen, ob Sie das Bauspardarlehen in Anspruch nehmen oder sich stattdessen lieber das Guthaben auszahlen lassen. Denn unter dem Strich können die Kosten für diese alten Verträge höher liegen als die derzeitigen Bankdarlehenszinsen. Allerdings heißt es sorgfältig abzuwägen, die Entscheidung hängt stark vom Einzelfall ab. Welches Darlehen teurer oder günstiger ist, lässt sich durch einen einfachen Vergleich der Effektivzinsen nicht zuverlässig feststellen.

Sorgfältig abwägen

Auch bereits bestehende Kapitallebensversicherungsverträge können in die Finanzierung eingebunden werden. Statt sie zu kündigen, können Sie auf den Rückkaufswert der bestehenden Kapitallebensversicherung ein tilgungsfreies Darlehen aufnehmen und dieses am Ende der Versicherungzeit auf einen Schlag mit der Auszahlung aus der Police tilgen.

Doch auch trotz der Berücksichtigung von Fördermitteln und bestehender Verträge wird der Bauherr für den größten Teil der Finanzierung einen Kredit – in der Regel ein Annuitätendarlehen – aufnehmen müssen. Hier gilt: Ob ein Hypothekendarlehen günstig ist, hängt weniger von einem kurzfristig niedrigen Nominalzins, sondern von einem langfristig niedrigen Effektivzins ab.

Der effektive Jahreszins ist neben der Restschuld am Ende der Zinsbindungszeit der wichtigste Prüfstein eines Kreditangebotes: Je niedriger beide Faktoren sind, desto günstiger ist der Kredit, vorausgesetzt die Zinsbindungszeit, die Beleihungsgrenzen und effektiven Auszahlungsbeträge der verglichenen Angebote stimmen überein. Vor Abschluss des Kredites sollten Sie in jedem Fall versuchen, mit der Bank über bessere Konditionen wie einen verringerten Nominalzins und eine verbesserte Auszahlung zu

Effektiver Jahreszins

verhandeln. Da sich die Höhe des Nominalzinses nach Ablauf der Zinsbindungszeit jedoch ändert, sollten Sie vor allem versuchen, den effektiven Jahreszins sowie die Nebenkosten des Kredites zu senken.

Den Kredit verhandeln Die Nebenkosten sind nicht im Effektivzins enthalten. Sie sollten deshalb bei der Berechnung der Restschuld möglichst ebenfalls berücksichtigt sein. Dabei kann es sich beispielsweise um Gebühren für eine Sondertilgungsoption oder Schätzkosten für die Wertermittlung der Immobilie handeln. Diese Zusatzkosten können den Kreditbedarf ansteigen lassen und somit zu einer höheren Restschuld nach Ablauf der Zinsbindungszeit führen. Ziele der Verhandlungen mit der Bank könnten etwa sein:

• Verringerung oder Befreiung von Wertschätzungskosten,
• Befreiung von Teilauszahlungszuschlägen,
• Verlängerung der Befreiung von Bereitstellungszinsen,
• Verringerung oder Befreiung von Bearbeitungs- oder Vermittlungsgebühren,
• Gewährung eines Sondertilgungsrechts ohne Vorfälligkeitsentschädigung.

Direktanbieter im Internet Eine weitere Möglichkeit, die Zinskosten möglichst gering zu halten, besteht darin, zinsgünstige Hypothekendarlehen von Direktanbietern im Internet zu suchen. Daneben bieten auf Baudarlehen spezialisierte Internetmakler an, aus den Angeboten der Banken die günstigsten Kredite herauszufiltern und die Finanzierung schnell über das Netz abzuwickeln. Bei dieser Art der Baufinanzierung sind tatsächlich Einsparungen von bis zu 0,5 Prozent der Effektivzinsen möglich, wodurch der Bauherr ein paar Tausend Euro einsparen kann.

Da sich auch die Dauer der Zinsbindungszeit auf die Kosten eines Darlehens auswirkt, sollte sich der Kreditnehmer auch darüber vor Abschluss des Kreditvertrages Gedanken manchen. In Niedrigzinsphasen sollten Sie eine möglichst lange Zinsbindungszeit wählen. Zwar liegen die Zinsen für Darlehen mit langer Zinsbindungszeit über denen mit kurzer Festschreibung. Eine zehnjährige Bindung kann leicht um rund einen Prozentpunkt teurer sein als eine fünfjährige, doch erkauft sich der Kreditnehmer auf diesem Weg über einen langen Zeitraum die Sicherheit eines niedrigen

Zinssatzes. In Hochzinsphasen kann eine geringere Zinsbindungszeit von fünf Jahren vereinbart werden. Grundsätzlich gilt: Die
Wahl einer kürzeren Zinsbindungsfrist oder gar variabler Zinsen
bringt für den Kreditnehmer ein erhebliches Zinsrisiko mit sich.

Tilgungsstrategie

Bezüglich der Tilgung eines Annuitätendarlehens gilt für Selbstnutzer, dass sich eine möglichst hohe monatliche Rückzahlung
der Schulden empfiehlt. In der Regel bieten Kreditinstitute einen
Tilgungssatz von 1 Prozent der Darlehenssumme. Erlaubt es die
finanzielle Situation, kann mit dem Kreditinstitut aber auch ein
höherer Satz vereinbart werden, was den positiven Effekt hat,
dass sich die Tilgungsdauer verkürzt sowie die Zinsaufwendungen
sich verringern und damit die entstehenden Finanzierungskosten
insgesamt gesenkt werden.

Aber Achtung: Mit einer einprozentigen Tilgung kann es in Nied- *Ratenschock*
rigzinszeiten, auch bei zehnjähriger Zinsbindungszeit, für den
Bauherrn nach Ende der Zinsbindung knapp werden. Zwar zahlt er
zunächst eine relativ geringe Rate, doch zieht sich so die Rückzahlung auch 30 oder 40 Jahre hin. Spätestens bis zum Rentenbeginn
sollte der Bauherr seine Schulden jedoch getilgt haben. Ist der
Kreditnehmer bei Vertragsabschluss beispielsweise 35, kann er
dieses Ziel nur erreichen, wenn er seine Raten im zweiten Finan-
zierungsabschnitt entsprechend erhöht. Zum „Ratenschock"
kommt es dann, wenn sich nach Ablauf der Zinsbindungszeit
zeigt, dass die Zinsen inzwischen drastisch gestiegen sind. Im
ungünstigsten Fall kann der Kreditnehmer seine Rate dann nicht
mehr zahlen.

Sicherer ist es stattdessen, von vornherein einen höheren Til- *Auf Nummer*
gungssatz zu vereinbaren und eine längere Zinsbindungszeit von *sicher gehen*
15 oder 20 Jahren zu vereinbaren und eine höhere Rate in Kauf zu
nehmen. Damit hat der Kreditnehmer nach 15 Jahren schon eine
Menge getilgt und muss einen geringeren Anschlusskredit aufnehmen. Der Tilgungsanteil der Rate hat sich bis dahin entsprechend erhöht, was dem Kreditnehmer Luft gibt. Bei stark ange-
stiegenen Zinsen kann er den Tilgungssatz beim Anschlusskredit
verringern und dafür eine längere Laufzeit in Kauf nehmen.

Belastungsstrategie

Sicher kalkulieren

Die finanzielle Belastung von Selbstnutzern ergibt sich aus den Zahlungen für Zins und Tilgung und den Kosten für die Bewirtschaftung der Immobilie. Von vornherein in die Kalkulation einberechnet werden sollten Belastungssteigerungen, die sich im Laufe der Zeit etwa durch höhere Anschlusszinsen nach Ablauf der Zinsbindungszeit oder höhere Bewirtschaftungskosten ergeben können. Für eine sichere Kalkulation ohne böse Überraschungen sollte von einem zukünftigen Nominalzins von 8 Prozent oder auch 10 Prozent ausgegangen werden. Liegt die spätere Monatsbelastung tatsächlich niedriger, lässt sich der überschüssige Betrag für eine höhere Tilgung und damit für eine Senkung der Finanzierungskosten nutzen.

Förderstrategie

Eigennutzer von Eigentumswohnungen sollten versuchen, alle möglichen staatlichen Hilfen in Anspruch zu nehmen, um auf diesem Weg die Finanzierungskosten zu senken. Folgende Förderungen kommen infrage:

Formular auf CD-ROM

- Zinsgünstige Kredite der Bundesländer nach den Bestimmungen des Wohnraumförderungsgesetzes (WoFG) (→CD-ROM) oder des jeweiligen Landeswohnraumförderungsgesetzes,
- zinsgünstige Kredite aus den KfW-Programmen,
- Zuschüsse etwa für ökologisches Bauen, energetisches Modernisieren oder Maßnahmen zur Senkung des Energieverbrauchs der Immobilie,
- Lastenzuschuss nach dem Wohngeldgesetz,
- Bausparförderung nach dem Wohnungsbauprämien- und Vermögensbildungsgesetz.

Steuerstrategie

Formular auf CD-ROM

Selbstnutzer haben nicht die Möglichkeit, ihre Kosten für die Eigentumswohnung steuerlich anzusetzen. Eine Ausnahme bildet eine Wohnung mit einem Arbeitszimmer. Für dieses können die anteiligen Herstellungs- bzw. Anschaffungskosten als Werbungskosten abgeschrieben werden. Weitere Möglichkeiten der Steuerersparnis bieten Sonderabschreibungen für Baudenkmale und Gebäude in Sanierungsgebieten nach § 1of EStG (→CD-ROM) (siehe auch Kapitel „Steuern sparen – Fallstricke des Steuerrechts vermeiden" ab Seite 148).

Finanzierungsstrategie für Vermieter

Die Finanzierungsstrategie von Vermietern unterscheidet sich von der Strategie der Selbstnutzer erheblich. Zwar wollen auch Kapitalanleger ihre Zinsen minimieren und Belastungen aus Kapitaldienst gering halten, doch können sie andererseits von hohen Steuerersparnissen durch den steuerlichen Abzug von Schuldzinsen und Abschreibungen profitieren. Deshalb stellt es für sie häufig einen Vorteil dar, einen hohen Anteil Fremdkapital aufzunehmen und die Entschuldung über einen längeren Zeitraum zu verteilen.

Es ist ratsam, in jede Immobilieninvestition mindestens 10 bis 30 Prozent Eigenkapital einfließen zu lassen.

Kapitalstrategie

Vermieter, die über eine starke Finanzkraft und renditestarke Objekte verfügen, sollten ihre Kapitalstrategie quasi entgegengesetzt zu der von Eigennutzern ausrichten. Das Fremdkapital sollte so hoch wie möglich sein und Eigenkapital nur so viel wie nötig eingesetzt werden, was vor allem gilt, wenn sich die Zinskosten aus den Mieteinnahmen decken lassen.

Die Eigentumswohnung trägt sich, trotz einer Vollfinanzierung des Kaufpreises, selbst, wenn die Bruttomietrendite und der Nominalzins auf gleicher Höhe liegen. Allerdings lässt sich dies nur bei preisgünstigem Erwerb von gebrauchten Eigentumswohnungen und gleichzeitiger Kreditaufnahme in einer Niedrigzinsphase realisieren.

n-tv TIPP

Überfinanzierung vermeiden

Eine Überfinanzierung, die sich ergibt, wenn sowohl der Kaufpreis als auch die Kaufnebenkosten voll über Kredite finanziert werden, sollten Sie als Kapitalanleger möglichst vermeiden. Diese Finanzierungsmodelle, die Anlegern ohne Eigenkapital bisweilen von Verkäufern oder durch Bauträger angeboten werden, bergen ein hohes Risiko in sich.

Zum einen entsteht die Gefahr einer zu hohen Abhängigkeit vom Kreditgeber, zum anderen kann der Anleger in finanzielle Not geraten, da die bei dieser Finanzierung entstehenden hohen Zinslasten auch bei Mietausfällen gezahlt werden müssen.

In der Regel liegen die Nominalzinssätze jedoch deutlich über der Mietrendite. Bei einem Verzicht auf den Einsatz von Fremdkapital würden die Zinskosten die Mieteinnahmen dann stark übersteigen. Der Einsatz von Eigenkapital von 10 bis 30 Prozent ist deshalb in der Regel auch für Vermieter empfehlenswert, was besonders gilt, wenn eine Neubau-Eigentumswohnung mit geringer Mietrendite in einer Hochzinsphase finanziert wird.

Zinsstrategie

Auch Vermieter sollten ebenso wie Selbstnutzer Kreditangebote anhand des effektiven Jahreszinses vergleichen und die nicht im Zins enthaltenden Nebenkosten überprüfen und vergleichen.

Bezüglich der Zinsbindungszeit gilt für sie ebenfalls, dass bei niedrigen Zinssätzen eine lange Zinsbindungszeit und bei hohen Zinssätzen eine kurze Zinsbindungszeit vereinbart werden sollte. Kurze Zinsbindungszeiten von fünf oder weniger Jahren empfehlen sich lediglich in Hochzinsphasen mit anfänglichen effektiven Jahreszinsen von über 9 Prozent.

Tilgungs- und Belastungsstrategie

Auch Vermieter müssen ihre Belastungen aus Kapitaldienst und Bewirtschaftung langfristig tragen können. Aufgrund der Berücksichtigung der Einnahmen aus Mieten und Umlagen sowie der Möglichkeit der Steuerersparnis für das vermietete Objekt unterscheidet sich ihre Kalkulation jedoch von der der Selbstnutzer.

Um die regelmäßigen Tilgungsbeiträge zu errechnen, muss zunächst – auf monatlicher oder jährlicher Basis – die Gesamtbelastung nach Miete und vor Steuern ermittelt werden. Die Berechnung erfolgt vor dem Steuerabzug, da der Kapitalanleger diese Beiträge laufend aufbringen muss und sie ihm immer Liquidität entziehen. Ermittelt wird die Gesamtbelastung nach Miete und vor Steuern wie folgt:

Gesamtbelastung ermitteln

Der Zinsaufwand plus Tilgung bzw. Tilgungsersatz ergibt die Belastung aus Kapitaldienst, zu dem die Belastung aus Bewirtschaftung (Hausgeld und Grundsteuer) hinzugerechnet wird, wobei die Summe die Belastung aus Kapitaldienst und Bewirtschaftung ergibt. Werden von diesem Betrag die Mieteinnahmen abgezogen, ergibt sich daraus die Gesamtbelastung nach Miete und vor Steuern (Unterdeckung vor Steuern).

Werden davon die Steuerersparnisse abgezogen, ergibt sich daraus die tatsächliche Belastung (Unterdeckung nach Steuern), die sich in einen Überschuss nach Steuern wandeln kann, wenn die erzielten Steuerersparnisse über der Belastung vor Steuern liegen. Kurzfristige Überschüsse können eine Belastung niedriger erscheinen lassen, als sie tatsächlich ist. Eine seriöse Kalkulation der zukünftigen Belastung muss deshalb langfristig über die gesamte Darlehenslaufzeit oder mindestens zehn Jahre durchgeführt werden.

PRAXISBEISPIEL

Berechnung der Belastung

	jährlich	monatlich
Belastung aus Kapitaldienst (Zinsaufwand + Tilgung)	15.300	1.275,00
+ Bewirtschaftung	2.050	170,83
= Belastung insgesamt	17.350	1.445,83
– Miete	11.120	822,50
= Belastung nach Miete, vor Steuern	6.230	519,17

Förderstrategie

Vermietete Eigentumswohnungen werden staatlich auf verschiedenen Wegen gefördert:

Fördermöglichkeiten

- Vermieter können nach den jeweiligen Wohnungsbaurichtlinien des Bundeslandes Landesmittel für neu gebaute Mietwohnhäuser erhalten,
- zinsgünstige Kredite und Zuschüsse aus den KfW-Programmen,
- Steuerersparnisse nach dem Einkommensteuergesetz,
- Zuschüsse etwa für ökologisches Bauen, energetisches Modernisieren oder Maßnahmen zur Senkung des Energieverbrauchs der Immobilie.

Ausführliches dazu erfahren Sie im Kapitel „Finanzierungshilfen vom Staat" (siehe ab Seite 180).

Steuerstrategie

Eine vermietete Eigentumswohnung sollte grundsätzlich auch ohne Berücksichtigung der Steuervorteile eine lohnende Geldanlage sein, auf der anderen Seite sollten Vermieter aber alle sich ihnen bietenden legalen Möglichkeiten der Steuerersparnis nutzen. Ausführliches dazu erfahren Sie im Kapitel „Steuern sparen – Fallstricke des Steuerrechts vermeiden" (siehe ab Seite 148).

Vorsicht vor unseriösen Finanz- oder Versicherungsvermittlern

In allen Bereichen, wo Verträge von Banken, Bausparkassen, Versicherungen und Fondsgesellschaften vermittelt werden, besteht eine gewisse Gefahr, dubiosen Finanzvermittlern auf den Leim zu gehen. Denn von den hohen Summen der Verträge profitieren auch die Vermittler.

Der Gesetzgeber hat dieses Problem inzwischen erkannt und teilweise entschärft: Zum 22. Mai 2007 ist die EU-Vermittlerrichtlinie mit ihren Durchführungsbestimmungen auch in Deutschland in Kraft getreten. Von nun an müssen sich alle Versicherungs- und Finanzvermittler bei der IHK registrieren lassen, sie müssen ihre Sachkunde nachweisen und einer umfassenden Dokumentationspflicht im Rahmen ihrer Beratung nachkommen. Außerdem sind Vermittler verpflichtet, eine Berufshaftpflicht abzuschließen, die bei Falschberatung eintritt. Bei Versicherungsmitarbeitern kann die Berufshaftpflicht auch vom Unternehmen übernommen werden.

EU-Vermittlerrichtlinie

Verschiedene Arten von Vermittlern und Beratern

Auf dem Finanzierungsmarkt tummeln sich viele Anbieter. Darunter nicht wenige unseriöse, die zwar scheinbar neutral die günstigsten Finanzierungen oder Versicherungen für ihre Kunden beschaffen, aber tatsächlich Provisionen von Kreditinstituten kassieren. Das ist zwar völlig in Ordnung, doch führt es leider in vielen Fällen dazu, dass Vermittler provisionsorientierte Abschlüsse tätigen und deswegen eher auf ihre Einkünfte als auf die Vorteile für den Kunden achten. Deshalb versprechen auch allzu blumige Firmennamen nicht unbedingt die besten Finanzlösungen. Die Be-

Provisionsorientierte Verträge

griffe „Finanzvermittler", „Versicherungsvertreter", „Finanzsach-verständiger" und „Versicherungsmakler" sind derzeit gesetzlich nicht geschützt. Praktisch jeder kann sich so nennen. Lediglich der Versicherungsberater braucht für seinen Namen eine gericht-liche Zulassung und der CFP Certificed Financial Planner einen entsprechenden Berufsabschluss. Bei Versicherungsgesellschaf-ten ist inzwischen der Versicherungsfachmann als berufsbeglei-tende Ausbildung obligatorisch oder verschiedene IHK-Abschlüs-se. Seriöse Finanzvertriebe erwarten von ihren Mitarbeitern zum Teil noch weitergehende Abschlüsse.

n-tv TIPP

Auf Angebote achten

Nach den neuen Richtlinien ist der Finanzvermittler verpflich-tet, Ihnen eine genügende Anzahl von Angeboten vorzulegen, aus denen Sie auswählen können. Lassen Sie sich dabei die Angebote ausführlich erläutern, auch dazu ist der Vermittler verpflichtet.

Einfirmenvertreter

Einge-schränktes Angebot

All diesen Vermittlern ist gemein, dass Sie ihre Verträge provisi-onsabhängig im Auftrag von Finanzdienstleistern vermitteln. Der Einfirmenvertreter ist grundsätzlich für eine Gesellschaft tätig. Dabei spielt es keine Rolle, ob es sich um den Versicherungsver-treter oder Bankmitarbeiter handelt. Da häufig einzelne Anbieter miteinander kooperieren, kann auch ein Einfirmenvertreter durch-aus für mehrere Unternehmen tätig sein. Vor der Beratung muss der Vermittler jedoch Interessenten darauf hinweisen, dass er nur für ein Unternehmen tätig ist.

Der Mehrfachagent

Der Mehrfachagent ist für verschiedene Unternehmen tätig und verkauft zum Beispiel das Hypothekendarlehen des Anbieters A, die Bauspartarife des Anbieters B und die Versicherungen des Anbieters C. Dadurch dass der Mehrfachagent verschiedene Anbieter vertritt, suggeriert er gern, dass er unabhängig ist und im Sinne des Kunden die besten Angebote ausfiltern kann. Dabei ist er ebenso wie der Einfirmenvertreter für Gesellschaften tätig. Auch der Mehrfachagent muss darauf hinweisen, dass er nur ein eingeschränktes Angebot im Portfolio hat, was aber im Einzelfall nicht ausschließt, dass dieser Vermittlertypus nicht auch gute Angebote für seine Kunden bereithält.

Echte Finanz- oder Versicherungsmakler

Beim Finanz- oder Versicherungsmakler ist schon eine größere Unabhängigkeit von den Finanzdienstleistern gegeben. In der Regel wird der Makler damit beauftragt, für den Kunden das günstigste Angebot zu ermitteln und zu vermitteln. Dabei ist ein echter Makler treuhänderisch im Alleinauftrag des Kunden tätig. Er bezieht allerdings den Hauptteil seiner Einkünfte über die Vermittlung der Verträge und teilweise Gebühren aus der Verwaltung und Bearbeitung der Verträge. Manchmal muss der Kunde zusätzlich noch ein Honorar für umfangreiche Versicherungsanalysen zahlen, die die Grundlage der Beratung bilden.

Größere Unabhängigkeit

Strukturvertriebe und Vertriebsorganisationen

Eine Sonderform des Vertriebes von Versicherungen und Finanzdienstleistungen stellen die Strukturvertriebe oder Vertriebsorganisationen dar. Eigentlich handelt es sich hierbei um eine Gruppe von Finanzvertretern, die stark hierarchisch gegliedert sind. Die Mitarbeiter können dabei sowohl selbstständig als auch angestellt sein. Ob ein Strukturvertrieb eher einem Einfirmenvertreter oder Mehrfachagenten entspricht, hängt stark von der Eigentümerstruktur ab. Manchmal ist auch ein Versicherungskonzern oder eine Bank Inhaber einer Vertriebsorganisation. Häufig handelt es sich aber auch um freie Vertriebe, die mit mehreren Versicherern und Finanzdienstleistern kooperieren und so eine gewisse Unabhängigkeit von den Konzernen haben. Allerdings liegt hier der Teufel im Detail. Da die Mitarbeiter nach festgelegten Provisionsregeln arbeiten, bevorzugen sie häufig bestimmte Produkte, um so einen höheren internen Wert zu erzielen und über diesen Weg schnell in der Hierarchie aufzusteigen.

Freie Betriebe

Finanz- und Versicherungsberater

Die Bezeichnung „Berater" im Zusammenhang mit Versicherungen und Finanzen ist rechtlich geschützt. Grundsätzlich sind Finanzberater rechtlich unabhängig. Sie bekommen ihr Geld nicht durch die Vermittlung von Verträgen, sondern aus der Weitergabe von Informationen über verschiedene Verträge und eine dahingehende ausführliche Beratung. Das Honorar orientiert sich an der Rechtsanwaltsvergütungsordnung (RVG).

Beratend tätig Die Honorare können steuerlich geltend gemacht werden. Die Entscheidung liegt ausschließlich beim Kunden, der sich in eigener Initiative an den Anbieter seiner Wahl wenden muss. Sollte im Einzelfall der Berater auch der Vermittler des Vertrages sein, so wird in der Regel das Honorar den Provisionen gegenübergestellt und eventuell sogar der überschüssige Teil an den Kunden ausbezahlt. Echte Berater sind Honorar-Versicherungs- und Finanzberater, gerichtlich zugelassene Rechtsbeistände für Versicherungs- und Finanzberatung, Mitarbeiter von Verbraucherzentralen und im Einzelfall auch Rechtsanwälte.

Certified Financial Planner (CFP)

Hohe Ansprüche Der Financial Planner ist eine noch relativ junge Bezeichnung für eine neuen Vermittlertypus. Knapp tausend CFP gibt es inzwischen in Deutschland, gut 90.000 weltweit. Diese Vermittler sind sowohl in Banken, bei Vermögensberatungen als auch bei Versicherungsmaklern anzutreffen. Zum CFP wird geadelt, wer einen entsprechend lizenzierten Studiengang absolviert hat. Financial Planner sind meistens über den Deutscher Verband Financial Planner (DEVFP) organisiert. Die ethischen und fachlichen Ansprüche an den Berater sind sehr hoch. Dabei ist der CFP nicht nur Partner für Finanz- und Versicherungsfragen, sondern allgemein für den Vermögensaufbau. Grundlage der Beratung sind die Grundsätze der ordnungsgemäßen Finanzplanung. Diese gehen – zum Teil – deutlich über die Anforderungen der EU-Vermittlerrichtlinie hinaus.

Zinsbelastung

Maßnahmen für eine ausgewogene Finanzierung

Um eine ausgewogene und sichere Finanzierung Ihrer Immobilie berechnen und zukünftige Zins- und Tilgungsbelastungen tragen zu können, sollten Sie die im Folgenden beschriebenen Maßnahmen berücksichtigen.

Formular
auf CD-ROM

Gehen Sie bei Ihren Planungen – vor allem in einer Niedrigzinsphase, wie sie momentan herrscht – von einem höheren als dem aktuellen Zinsniveau aus. Experten empfehlen mit einen zukünftigen Nominalzins von mindestens 8 Prozent zu rechnen. Damit wird einkalkuliert, dass nach Ablauf der Zinsbindungszeit eine höher verzinste Anschlussfinanzierung wahrscheinlich ist. 8 Prozent ist der langjährige Zinsdurchschnitt für Darlehen mit zehnjähriger Zinsbindungszeit.

Bemerkung
....

Planen Sie Zusatzeinnahmen durch Nebenjobs oder Überstunden nicht fest ein.

Bemerkung
....

Setzen Sie nicht darauf, in Zukunft ein höheres Einkommen zu erzielen, sondern gehen Sie von Ihrem aktuellen Verdienst aus.

Bemerkung
....

Verfügen Sie über einen finanziellen Spielraum, sollten Sie diesen von Beginn an für eine höhere Tilgung einsetzen. So senken Sie insgesamt die Finanzierungskosten.

Bemerkung

....

Verringert sich Ihre monatliche Belastung – z. B. weil die Rate für den Bausparvertrag wegfällt –, sollten Sie die Tilgung nach Möglichkeit anheben. Auf diese Weise zahlen Sie den Kredit schneller zurück und reduzieren insgesamt die Finanzierungskosten.

Bemerkung

....

Vergleichen Sie verschiedene Finanzierungsangebote und nutzen Sie die Möglichkeiten, durch Verhandeln bei Finanzinstituten das ein oder andere Zehntel noch herauszuschlagen.

Bemerkung

....

Wägen Sie ab, ob eventuell eine Internetfinanzierung für Sie infrage kommt. Direktvermittler oder Direktbanken können häufig Kredite günstiger vermitteln. Zwischen 0,25 und 0,5 Prozent Effektivzinsen kann ein Bauherr durch einen Kredit über das Internet einsparen.

Bemerkung

....

Das müssen Sie tun:
Prüfen Sie Punkt für Punkt, ob Sie bei der Finanzierung Ihrer Immobilie alle wichtigen Maßnahmen bezüglich der Zinsbelastung bedacht haben.

✓ SCHRITT-FÜR-SCHRITT-GUIDE

So teuer darf die Immobilie sein

Um zu errechnen, wie viel Darlehen sich ein Bauherr, der seine Immobilie selbst nutzen möchte, leisten kann und wie teuer die Immobilie maximal sein darf, sind folgende Rechenschritte nötig.

Formular
auf CD-ROM

❶ Finanzierungspotenzial errechnen:
Das Finanzierungspotenzial ist der Betrag, der dem Bauherrn monatlich für die Rückzahlung aufgenommenen Fremdkapitals zur Verfügung steht. Dazu werden alle monatlichen Einnahmen mit den Ausgaben verrechnet:

   Monatliche Einkünfte (Nettoeinkommen, Kindergeld usw.)
 – Monatliche Ausgaben (Lebensmittel, Strom, Heizung usw.)
 = Finanzierungspotenzial

Beispiel:
   2.500 € (Monatliche Einkünfte)
 – 1.150 € (Monatliche Ausgaben)
 = 1.350 € (Finanzierungspotenzial)

Errechnen Sie Ihr Finanzierungspotenzial:

   .... € (Monatliche Einkünfte)
 – .... € (Monatliche Ausgaben)
 = ... € (Finanzierungspotenzial)

❷ Maximale Darlehenssumme:
Aus dem Finanzierungspotenzial und dem Nominalzinssatz lässt sich die maximale Darlehenssumme errechnen. Experten empfehlen, in Niedrigzinsphasen nicht vom aktuellen Zinssatz auszugehen, sondern von einem zukünftigen Nominalzins von mindestens 8 Prozent. Damit wird einkalkuliert, dass nach Ablauf der Zinsbindungszeit eine höher verzinste Anschlussfinanzierung wahrscheinlich ist:

$$\frac{\text{Monatliches Finanzierungspotenzial x 12 x 100}}{\text{Nominalzinssatz + Tilgungssatz}} = \text{Max. Darlehensbetrag}$$

Beispiel:

$$\frac{1.350 \, € \times 12 \times 100}{8 + 1} = 180.000 \, €$$

Errechnen Sie Ihre maximale Darlehenssumme:

$$\frac{........\, € \text{ (Monatl. Einkommen)} \times 12 \times 100}{........\, \text{(Nominalzinssatz)} + ...\, \text{(Tilgungssatz)}} = ...\, € \text{ (Max. Darlehen)}$$

❸ Das maximal Finanzierungsvolumen:
Das maximale Finanzierungsvolumen setzt sich aus dem Eigenkapital und der maximalen Darlehenssumme zusammen:

Maximale Darlehenssumme
+ Eigenkapital
= Maximales Finanzierungsvolumen

Beispiel:
180.000 € (Maximale Darlehenssumme)
+   60.000 € (Eigenkapital)
= 240.000 € (Maximales Finanzierungsvolumen)

Errechnen Sie Ihr maximales Finanzierungsvolumen:

.... € (Maximale Darlehenssumme)
+ .... € (Eigenkapital)
= .... € (Maximales Finanzierungsvolumen)

❹ So teuer darf die Immobilie sein:
Um zu berechnen, wie teuer die Immobilie sein darf, müssen alle anfallenden Kosten erfasst und in eine Formel übertragen werden. So ermitteln Sie gerade noch finanzierbare Objekte oder Grundstücke – was nicht heißt, dass Sie diese Grenze auch ausschöpfen sollten:

Finanzierungsvolumen
– Renovierungs- und Instandhaltungsaufwand
– Wertschätzungsgebühren (0,5 %)
– Notar- und Grundbuchgebühren (0,5 %)
= Maximaler Bruttopreis der Immobilie

Beispiel:
  240.000 € (Finanzierungspotenzial)
−   10.000 € (Renovierungs- und Instandhaltungsaufwand)
−   1.200 € (Wertschätzungsgebühren)
−   1.200 € (Notar- und Grundbuchgebühren)
= 227.600 € (Maximaler Bruttopreis der Immobilie)

Errechnen Sie den maximalen Bruttopreis Ihrer Immobilie:

  .... € (Finanzierungspotenzial)
− .... € (Renovierungs- und Instandhaltungsaufwand)
− .... € (Wertschätzungsgebühren)
− .... € (Notar- und Grundbuchgebühren)
= .... € (Maximaler Bruttopreis der Immobilie)

❺ Daraus ergibt sich der maximale Kaufpreis einer Immobilie:

$$\frac{\text{Bruttopreis} \times 100}{100 + \text{Maklergeb.} + \text{Grunderwerbst.} + \text{Notar-/Grundbuchgeb.}} = \text{Max. Kaufpreis}$$

Beispiel:

$$\frac{227.600 \ \text{€} \times 100}{100 + 3,48 + 3,5 + 1,5} = 209.808 \ \text{€}$$

Errechnen Sie den maximalen Kaufpreis Ihrer Immobilie:

$$\frac{......... \ \text{€ (Bruttopreis)} \times 100}{100 + ... \ \text{(Makler)} + ... \ \text{(Grunderw.)} + ... \ \text{(Notar/ Grundbuch)}} = ... \ \text{€}$$

Das müssen Sie tun:
Mit dieser Checkliste errechnen Sie zuverlässig und schnell, welchen Kaufpreis Ihre Immobilie haben darf. Tragen Sie nacheinander alle Zahlen ein und nehmen Sie sich ausreichend Zeit, Ihre Investition auf eine solide finanzielle Basis zu stellen.

Steuern sparen – Fallstricke des Steuerrechts vermeiden

Einer der Hauptgründe, warum sich Immobilien als Geldanlage so großer Beliebtheit erfreuen, ist die Reihe der Steuergeschenke, die der Fiskus für Immobilieneigner schon seit Jahren bereithält.

Hilfe durch den Steuerberater

Doch auch hier ist Vorsicht geboten, denn das deutsche Steuerrecht ist oft tückisch. Bei Ihrer Vermögensplanung sollten Sie daher nicht auf umfassenden und kompetenten Rat durch einen versierten Steuerberater verzichten, sonst wandelt sich das vermeintliche Sparschwein schnell zum Geldvernichtungsmonster.

Steuern sparen im Überblick

Das radikale Streichen der Steuervergünstigungen soll für mehr Transparenz am Markt und faire Geschäftsmodelle sorgen. Denn wenn der Fiskus nicht mitzahlt, lassen sich mäßige Immobilien auch nicht schönrechnen und sind nur für wenig Geld veräußerbar.

Bei der Finanzierung einer Immobilie helfen nicht nur günstige Preise und Zinsen. Auch die Inflation ist ein wichtiger Faktor, weil sie die realen Schulden reduziert. Auf diese Mechanismen wird am Ende des Kapitels in einem kleinen Exkurs eingegangen. *(Randnotiz: Steuern, Zinsen, Inflation)*

Der Steuerspar-Boom der 1990er-Jahre hat sich im Nachhinein vielfach als Irrweg erwiesen. Eine gute Immobilienanlage definiert sich nicht durch kurzfristige Steuereinsparungen, sondern durch Werthaltigkeit und nachhaltige Vermietbarkeit. Sogenannte Steuersparmodelle haben zum Glück inzwischen weitgehend ausgedient.

Grundsätzlich muss bei Steuerfragen zwischen einer selbst genutzten Immobilie und einem vermieteten Objekt unterschieden werden. Beim Eigenheim treten aus einkommensteuerlichen Aspekten keinerlei Effekte auf, wohl aber bei Vermietungen. Hier erzielt der Eigentümer des Objekts Einnahmen aus Vermietung und Verpachtung, die steuerlich berücksichtigt werden müssen. Allerdings fallen nicht nur Einnahmen an: Muss ein Objekt aufwendig saniert werden, und übersteigen die Kosten die Mieteinnahmen, können sich vermietete Immobilien auch steuermindernd auswirken.

---

n-tv TIPP

Steuerberaterkosten!

Privatpersonen können die Kosten für den Steuerberater bei der Einkommensteuer seit 2007 nicht mehr absetzen. Absetzbar bleiben aber die anteiligen Kosten des Steuerberaters für Werbungskosten oder Betriebsausgaben. Dazu zählen auch die Kosten im Zusammenhang mit vermieteten Immobilien!

Abschreibungen

Grundlage des deutschen Steuerrechts ist die Annahme, dass nicht etwa die Einnahmen, sondern nur die Gewinne zu versteuern sind. Mit anderen Worten: Ausgaben (Aufwand) sind gewinnmindernd vor der Ermittlung des Steueranteils abzuziehen. Diese Wertminderung wird als Absetzung für Abnutzungen (kurz AfA) *(Randnotiz: Absetzung für Abnutzung)* bezeichnet. Vorrangig können also von den (Miet-)Einnahmen die Betriebs- und Erhaltungskosten abgezogen werden. Ebenfalls absetzbar sind grundsätzlich auch die Anschaffungs- bzw. Herstellungskosten. Allerdings können diese Kosten nicht auf einmal geltend gemacht werden, sondern „nur" verteilt über die Nutzungsdauer als Jahresbetrag, also in dem Maße, in dem man von einer tatsächlichen Wertminderung durch Abnutzung ausgehen kann.

Probleme kann es daher geben, wenn Erhaltungs- und Herstellungsaufwand sich bei einem Auftrag nicht sauber trennen lassen, vor allem wenn diese Arbeiten zeitlich und räumlich in engem Zusammenhang stehen. Das ist zum Beispiel der Fall, wenn Sie im Zuge des Dachausbaus (Herstellungsaufwand, AfA) zugleich auch die Fenster erneuern lassen (Erhaltungsaufwand, sofort abschreibungsfähig). Die Folge kann sein, dass das Finanzamt den Erhaltungsaufwand (Fenster erneuern) nicht anerkennt und dem Herstellungsaufwand (Dachausbau) zurechnet.

n-tv TIPP

Getrennte Rechnungen

Um dies zu vermeiden, sollten Sie vom Bauunternehmen jeweils getrennte Rechnungen und Belege verlangen, damit die Herstellungs- und Erhaltungskosten sauber voneinander zu trennen sind. Das erspart vielleicht keine lästigen Diskussionen, es erleichtert sie jedoch erheblich.

Berechnung der AfA

Die Absetzung für Abnutzung richtet sich nach zwei Faktoren, nämlich der Höhe der Anschaffungs- bzw. Herstellungskosten und der zu erwartenden Nutzungsdauer. Die Grundregel sieht die Absetzung in konstant hohen Jahresbeträgen (lineare Abschreibung) vor. Die Anschaffungskosten werden dabei gleichmäßig auf die Jahre der Nutzungsdauer aufgeteilt, die Formel für den jährlichen Abschreibungsbetrag hierzu lautet:

$$\frac{\text{Anschaffungskosten}}{\text{Nutzungsjahre}}$$

Dabei ist die Nutzungsdauer gesetzlich festgelegt und beträgt bei Immobilien 50 Jahre. Somit können also 2 Prozent der Anschaffungskosten jährlich abgesetzt werden.

Eine Ausnahme bildet die Abschreibung von Mietwohngebäuden; hier besteht die Möglichkeit der geometrisch-degressiven Absetzung, wenn in Herstellungsfällen der Bauantrag vor dem 1. Januar 2006 gestellt worden ist oder in Anschaffungsfällen der Notarvertrag rechtswirksam vor dem 1. Januar 2006 abgeschlossen wurde. Für Neufälle ab dem 1. Januar 2006 kommt gemäß § 7 Abs. 4 Satz 1 Nr. 2a EStG (Einkommensteuergesetz) (→CD-ROM) nur noch die Inanspruchnahme der linearen Gebäudeabschreibung (derzeit 2 Prozent) der Anschaffungs-/Herstellungskosten in Betracht. *Degressive AfA*

Da der Staat seine Steuergeschenke für Kapitalanleger weiter reduziert, wurde mit dem 1. Januar 2006 die degressive AfA gestrichen. Fortan können Neubauten nur noch linear jährlich mit 2 Prozent der Herstellungskosten steuerlich geltend gemacht werden. *Gestrichene Steuergeschenke*

Sonderfall Denkmalschutz

Lediglich die Denkmal-AfA bleibt noch als echtes Steuerschlupfloch übrig: Nach dem Kauf eines Baudenkmals oder Sanierungsgebäudes sind bestimmte Baumaßnahmen nach § 10f EStG steuerlich begünstigt. Das heißt, Investoren können die reinen Modernisierungskosten acht Jahre lang mit jährlich 9 Prozent und weitere vier Jahre lang mit 7 Prozent steuerlich geltend machen. Für die Anschaffungskosten (ohne die Renovierungskosten) gibt es zusätzlich die oben beschriebene lineare AfA.

Gerade Selbstnutzer von Denkmal-Immobilien profitieren von den hohen steuerlichen Abschreibungsmöglichkeiten (zehn Jahre lang jeweils 9 Prozent der Sanierungskosten). *Denkmal-AfA*

Allerdings muss es sich dabei um Baumaßnahmen an einem bestehenden Gebäude handeln – der Neubau oder Wiederaufbau wird nicht gefördert. Grundsätzlich betroffen von dieser Sonderabschreibung sind:

❶ Baudenkmäler mit Baumaßnahmen, die nach Art und Umfang zur Erhaltung des Gebäudes als Baudenkmal oder zu seiner sinnvollen Nutzung erforderlich sind.

❷ Gebäudeteile, die für sich allein zwar nicht die Voraussetzungen für ein Baudenkmal erfüllen, aber Teil einer Gebäudegruppe oder Gesamtanlage sind, die als Einheit geschützt ist.

❸ Gefördert werden Modernisierungs- und Instandsetzungsmaßnahmen von Sanierungsgebäuden im Sinne des § 177 BauGB (Baugesetzbuch) (→CD-ROM) sowie Maßnahmen, die der Erhaltung, Erneuerung und funktionsgerechten Verwendung von geschichtlich, künstlerisch oder städtebaulich bedeutenden Gebäuden dienen.

Steuerliche Förderung für die Herstellungskosten gibt es, wenn Sie ein unrenoviertes Baudenkmal oder Sanierungsgebäude erwerben und nach dem Kauf auf eigene Verantwortung für die Durchführung der genannten Maßnahmen sorgen.

Erhaltungs-
aufwand
Anders ist es, wenn Sie ein bereits renoviertes Gebäude erwerben, an dem noch der Verkäufer die Baumaßnahmen vorgenommen hat. Dann erhalten Sie eine steuerliche Förderung nur für den Teil der Anschaffungskosten, der auf die nach Abschluss des Kaufvertrags stattgefundenen Baumaßnahmen entfällt. Wenn Sie ein Baudenkmal oder Sanierungsgebäude schon länger besitzen, können Sie die genannten Maßnahmen als Erhaltungsaufwand in vergleichbarer Weise geltend machen.

n-tv TIPP

Bei der Gemeinde fragen!

Achtung! Wiederaufbau oder Neubau werden nicht gefördert (BFH-Urteil vom 14. Januar 2004, DStR 2004 S. 945). Sprechen Sie deshalb geplante Baumaßnahmen immer vorher mit der zuständigen Denkmalschutz- bzw. Gemeindebehörde ab. Sie können die speziellen Steuervorteile für Baudenkmäler und Sanierungsgebäude nur erhalten, wenn Sie dem Finanzamt von dieser Behörde eine Bescheinigung vorlegen, in der die denkmalschutzrechtlichen Voraussetzungen für die Förderung nachgewiesen werden.

Bei intelligenter Gestaltung gibt es nach wie vor viele Möglichkeiten, neben den bereits beschriebenen anderen Vorteilen einer Immobilie auch noch Steuern zu sparen.

Die verschiedenen Steuerarten

Um das diesbezügliche Potenzial genauer ermitteln zu können, lohnt ein Blick auf die einzelnen Steuerarten, die einem Immobilieneigentümer begegnen können:

Einkommensteuer

Eine steuerpflichtige Einkommensart ist die Vermietung und Verpachtung. Um hier zu sparen, versucht der Immobilieneigentümer zuerst einmal über die Abschreibungen, solche Aufwendungen (Ausgaben) steuerlich geltend zumachen, die nur zu einem sogenannten Buchverlust, aber nicht zu einem tatsächlichen Verlust führen. Dies gelingt ganz legal, wenn die Abschreibungen höher sind als der tatsächliche Wertverlust. Bei einer Immobilie geht man davon aus, dass sie an Wert gewinnt, obwohl sie im Buch von Jahr zu Jahr an Wert verliert.

Vermietung und Verpachtung

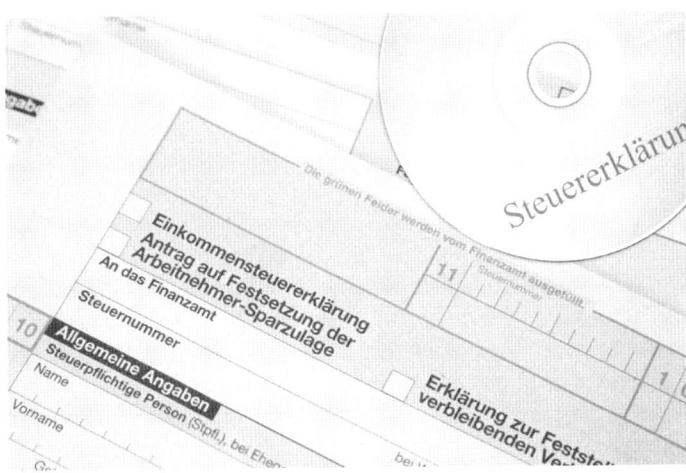

Die Einnahmen aus der Vermietung Ihrer Immobilie müssen Sie in der Einkommensteuererklärung angeben.

Wie ein solches Einnahmen-Ausgaben-Spiel mit dem Finanzamt aussehen kann, zeigt die folgende Tabelle:

Übersicht Miet- und Pachteinnahmen bzw. Werbungskosten:

Miet- und Pachteinnahmen	Werbungskosten
• Mieten (auch für Stellplätze und Garagen)	• Abschreibungen Herstellungs- bzw. Anschaffungskosten können degressiv oder linear abgeschrieben werden
• Mietumlagen der laufenden Betriebskosten: Wasserverbrauch Müllabfuhr usw.	• Instandhaltungskosten (Erhaltungsaufwand): Kosten für Reparaturen und Instandhaltungen müssen vom Herstellungsaufwand abgegrenzt werden
• Mietvorauszahlungen	• Laufende Betriebskosten: Abwasser Müllabfuhr Schornsteinfeger usw.
	• Verwaltungskosten
	• Schuldzinsen (Kosten für Zinsen des Fremdkapitals)
	• Geldbeschaffungskosten Disagio Notar- und Grundbuchgebühren Bereitstellungszinsen usw.

Grenzen der Absetzbarkeit Wer es mit dem Steuersparen übertreibt, wird schnell böse überrascht. Denn wenn eine Tätigkeit gar keinen Gewinn erzielen kann, bzw. vernünftigerweise nicht mit Gewinnen zu rechnen ist, dann nennt man das Liebhaberei. Solche Ausgaben können nicht abgesetzt werden. Dabei sind allerdings vorübergehende Verluste ebenso wie Anlaufschwierigkeiten oder Fehlinvestitionen noch kein Grund für Liebhaberei, wenn und soweit Anstrengungen unternommen werden, die schlechte Ertragslage zu verbessern. Maßgeblich ist für die Beurteilung immer die Gewinnerzielungsabsicht. Auch bei einer Erzielung von Einnahmen, die nicht über die Selbstkosten hinausgehen, kann daher Liebhaberei angenommen werden.

Vergleichbar ist auch die Situation, wenn ein Mietverhältnis nicht den marktüblichen Gepflogenheiten entspricht, wenn also beispielsweise eine deutlich zu niedrige Miete den Finanzbeamten an der Gewinnerzielungsabsicht zweifeln lässt. Dies ist häufig bei der Vermietung an Familienangehörige der Fall. Damit sämtliche Vorteile einer Immobilie als Kapitalanlage sowohl im Hinblick auf den Vermögensaufbau als auch im Hinblick auf die steuerliche Gestaltung genutzt werden können, müssen einige Punkte unbedingt beachtet werden:

Zu niedrige Miete

- Schriftlichen Mietvertrag schließen.
- Mietzahlungen tatsächlich fließen lassen. Hier sollten wirklich Kontobewegungen nachgewiesen werden. Es ist wesentlich einfacher mit dem Finanzamt zu argumentieren, wenn Sie Ihren Kindern Unterhalt in Form von Wohngeld bezahlen und diese dann tatsächlich daraus die Miete an den Vermieter überweisen, auch wenn das dann wieder Sie sind (vgl. auch Bundesfinanzhof, BFH IX R 39/ 99).
- Ortsübliche Mieten beachten. Auf der sicheren Seite ist man, wenn man wenigstens 75 Prozent der üblichen Miete verlangt, im Einzelfall können mit entsprechender Begründung auch bis zu 50 Prozent akzeptiert werden. Mieten, die weniger als die Hälfte des Üblichen betragen, werden nicht anerkannt.

n-tv TIPP

Vermietung des Kinderzimmers?

Das ist zwar wirtschaftlich gedacht, geht aber natürlich nicht. Wenn das Kind mit seinen Eltern noch eine Haushaltsgemeinschaft bildet, wenn also nur ein Zimmer im Haus vermietet wird, gibt es keine Steuervorteile. Die Trennung vom Haushalt der Eltern muss eindeutig sein (BFH B 172/ 02). Deshalb muss die Wohnung räumlich klar getrennt sein und die Eltern dürfen sich auch kein Mitbenutzungsrecht an der Wohnung vorbehalten.

Spekula-
tionsfrist
Ähnlich ärgerlich ist es, wenn man mit seinem Kapitalanlagemodell über die Spekulationssteuer stolpert. Wird eine Immobilie innerhalb von zehn Jahren nach ihrer Anschaffung wieder verkauft, fällt Spekulationssteuer an. Zu versteuern ist dabei der Gewinn aus der Differenz zwischen Kauf- und Verkaufspreis inklusive Abschreibungen und Kosten, die im direkten Zusammenhang mit dem Verkauf stehen.

Bei selbst genutzten Immobilien kann auch bei Verkäufen innerhalb der Sperrfrist eine Ausnahme von der Spekulationssteuer greifen. Dazu muss das Objekt in den letzten drei Jahren vor dem Verkauf selbst genutzt werden. Wenn also absehbar ist, dass eine Immobilie vor der Zeit verkauft werden muss, kann es lohnend sein, selbst einzuziehen. Wird eine Immobilie innerhalb der Spekulationsfrist vererbt oder verschenkt, wird die Zeit, in der das Objekt vom Vorgänger gehalten wurde, steuerlich angerechnet. Umkehrschluss: Auch nach einer Erbschaft oder Schenkung kann ein Haus noch der Spekulationsfrist unterliegen.

n-tv TIPP

Einspruch einlegen

Die Verlängerung der Spekulationsfrist von zwei auf zehn Jahre bei Immobilien ist verfassungsrechtlich bedenklich! Es sind hierzu mehrere Verfahren bei den Gerichten anhängig. Sie sollten in diesen Fällen Ihren Steuerbescheid durch Einspruch bzw. Klage offenhalten, damit Sie von positiven Entscheidungen profitieren können.

Schuldzinsen
Schuldzinsen können Sie als Werbungskosten abziehen, wenn sie mit Vermietungseinkünften zusammenhängen. Sie müssen dafür genau belegen, welche Darlehen und damit welche Zinsen zu der vermieteten Immobilie gehören.

Anstatt den Kredit zu tilgen, kann mit dem Eigenkapital somit eine Kapitalanlage gewählt werden, die eine höhere Rendite erbringt als die Schuldzinsen abzüglich der Steuerersparnis.

Die vielfältigen Gestaltungsmöglichkeiten, zu denen Zinstilgung und Steuersparmodelle verleiten, bergen den Nachteil zuneh-

mender Unübersichtlichkeit. Einige besonders beliebte und häufige Modelle sollten Sie aber schon kennen, bevor Sie sich an Ihren
Vermögensberater, Steuerberater oder Rechtsanwalt wenden.

Grundsätzlich verlangt das Finanzamt immer, dass Sie die Verwendung eines Darlehens für Ihr Vermietungsobjekt nachweisen,
bevor Sie die Zinsen absetzen dürfen. Schwierig wird das, wenn
Sie zum Beispiel mehrere verschiedene Darlehen laufen haben,
die Darlehensmittel aber nicht sofort zur Anschaffung oder Herstellung eines Mietobjektes verwenden – vielleicht weil Sie das
billig erhaltene Geld zunächst verzinslich anlegen wollen. In diesem Fall müssen Sie belegen können, mit welchem Darlehen in
welcher Höhe Sie eine bestimmte Immobilie finanziert haben. Das
gilt vor allem in den gar nicht so seltenen Fällen, wenn zugleich
auch eine selbst genutzte Immobilie mit Kredit finanziert wurde.
Allerdings ist das Finanzamt noch nicht damit zufrieden, dass Sie
vorrechnen können, dass der Gesamtaufwand für das Vermietungsobjekt die Darlehenssumme übersteigt und deshalb eine
logische Vermutung für die entsprechende Verwendung spräche
(FG München, Az. 1 K 4060/ 02).

Mehrere Darlehen

Wer während eines Jahres seine bisher vermietete Wohnung selbst
bezieht bzw. umgekehrt aus der bisher selbst genutzten Wohnung
auszieht, um diese dann zu vermieten, kann grundsätzlich Schuldzinsen nur zeitanteilig für die Monate der Vermietung absetzen.
Darüber hinaus sind aber auch Schuldzinsen als nachträgliche
Werbungskosten abziehbar, wenn mit dem entsprechenden Darlehen während der Vermietungszeit sofort abziehbare Werbungskosten finanziert wurden. Darunter fällt insbesondere der Erhaltungsaufwand wie etwa der Austausch von Fenstern und Türen oder der
Einbau einer neuen Heizungsanlage. Danach sind Schuldzinsen für
einen Kredit zur Finanzierung während der Vermietungszeit sofort
abziehbarer Werbungskosten als nachträgliche Werbungskosten
anzuerkennen – und zwar unabhängig vom Zahlungszeitpunkt und
etwaigen Veräußerungserlös der Immobilie.

*Vom Ver-
mieter zum
Selbstnutzer*

Schwierig ist auch die Berechnung bei gemischt genutzten Objekten. Denn Schuldzinsen werden nur dann als Werbungskosten
anerkannt, wenn das Darlehen tatsächlich zur Erzielung von Einkünften aus Vermietung oder Verpachtung dient.

Wird ein Gebäude, das sowohl der Vermietung als auch der
Selbstnutzung dienen soll, mit eigenen Mitteln und mit Fremdka-

*Gemischt
genutzte
Immobilie*

pital (Kredit, Darlehen) finanziert, so sind nicht alle Schuldzinsen als Werbungskosten absetzbar, wenn die gesamten Baukosten von einem Konto bezahlt werden. Dann werden die Darlehenszinsen nur insoweit als Werbungskosten bei den Einkünften aus Vermietung und Verpachtung anerkannt, als das Darlehen tatsächlich zur Herstellung der vermieteten Eigentumswohnung verwendet wurde. Das bedeutet, dass Schuldzinsen nicht zu 100 Prozent abgezogen werden können. Stattdessen erkennt das Finanzamt die Schuldzinsbelastung nur im Verhältnis der Nutzungsflächen an.

Abzugs-
fähiger
Prozentsatz
Der abzugsfähige Prozentsatz ergibt sich dann aus dem Verhältnis der selbst genutzten Wohnfläche zur vermieteten Wohnfläche. Werden 30 Prozent des Gebäudes vermietet, können auch nur 30 Prozent der Finanzierungskosten abgesetzt werden (BFH, IX R 38/00). Dabei ist entscheidend, wofür das Darlehen, für das gegenwärtig Kreditkosten entstehen, tatsächlich verwendet wird.

---

n-tv TIPP

Konten und Kosten trennen!

Versuchen Sie, das Darlehen eindeutig der Mietwohnung zuzuordnen, weil dann die Schuldzinsen im vollen Umfang abzugsfähig sind. Dazu müssen Sie die Aufwendungen für die Mietwohnung auch tatsächlich vom Darlehenskonto bezahlen und darauf bestehen, dass von Ihrer Baufirma eine getrennte Rechnungsstellung erfolgt. Aus der Kostentrennung muss hervorgehen, welcher Teil der Baukosten auf die vermietete Wohnung und welcher auf die selbst genutzte Wohnung entfällt. Das sollten Sie von Anfang an (noch vor Auftragserteilung) schriftlich verlangen, damit es nachher wegen des erhöhten Abrechnungsaufwands keinen Ärger gibt. Notfalls kann eine solche Trennung auch über ein Sachverständigengutachten geschätzt werden.

Um den Prozentsatz der abziehbaren Schuldzinsen zu ermitteln, muss das Finanzamt die anteiligen Anschaffungskosten für den vermieteten Gebäudeteil durch den aufgenommenen Darlehensbetrag teilen – und nicht etwa durch die Anschaffungskosten des

Gebäudes, die höher sind. Ihr Vorteil dabei ist, dass Sie einen größeren Teil der Schuldzinsen absetzen können als bei der sonst üblichen Nutzflächenaufteilung.

Neuerwerb einer Immobilie
Sie erwerben eine Immobilie für 400.000 € und vermieten diese zu 70 Prozent. Der vermietete Teil hat somit einen Kaufpreis von 280.000 €. Zur Finanzierung nehmen Sie ein Darlehen von 350.000 € auf, das Sie der Mietwohnung zuordnen. Bei einer Aufteilung nach Nutzflächen wären nur 70 Prozent der Schuldzinsen als Werbungskosten anzuerkennen (= 280.000 €/ 400.000 €). Nach dem neuen Urteil des BFH sind die Zinsen so weit abziehbar, wie die Anschaffungskosten des vermieteten Gebäudeteils mit dem Darlehen bezahlt werden. Dementsprechend sind 80 Prozent der Schuldzinsen dem vermieteten Gebäudeteil zuzuordnen (= 280.000 €/ 350.000 €).

Auch beim Weiterverkauf einer gemischt finanzierten Immobilie ist Vorsicht geboten.   Weiterverkauf

Wiederverkauf der Immobilie
Die Mietwohnung wird verkauft, um eine neue zu erwerben. Wenn für die Renditeimmobilie noch Darlehen zu tilgen sind, gilt es zum Rechner zu greifen, denn unter Umständen kann die Weiterführung des Darlehens teuer werden. Wenn nach dem Kauf der neuen Immobilie noch etwas vom Erlös der Mietwohnung übrig bleibt, erkennt das Finanzamt nicht mehr die gesamten Zinsen aus dem weitergeführten Darlehen an. Aus steuerrechtlicher Sicht sollten Sie dann einen neuen Kredit aufnehmen, dessen Zinsen das Finanzamt voll anerkennt. Womöglich berechnet die Bank Ihnen aber eine Vorfälligkeitsentschädigung, was die Ersparnis insgesamt wieder relativiert. Es lohnt sich aber auf jeden Fall, gründlich alle Varianten durchzurechnen.

Finanzie-
rungstipp

Wesentlich wichtiger als das Aushandeln der letzten Kommastelle bei den Zinskonditionen sind die Modalitäten, wie die Fremdfinanzierung zu tilgen ist. Die bei den meisten Banken übliche monatliche Rate (Tilgung und Zinsanteil) ist steuerlich nicht optimal. Denn in der Rate enthalten sind Tilgungsbeiträge, die steuerlich nicht abgesetzt werden können. Dabei verschiebt sich innerhalb der Rate der Zinsanteil. Denn je mehr getilgt worden ist, desto geringer wird der steuerlich absetzbare Zinsanteil. Aus steuerlicher Sicht steigt so die Finanzierungsbelastung über die Jahre ganz erheblich.

Tilgungs-
aussetzung

Sinnvoller ist es daher, eine Tilgungsaussetzung zu vereinbaren. In diesem Fall bleiben die Zinsen und damit die Steuervorteile hieraus stets gleich hoch. Die Tilgung wird in diesen Fällen über eine Kapitallebensversicherung angesammelt. Deren Erträge bzw. Wertsteigerungen sind nämlich (noch) steuerfrei. Hierzu sollten Sie sich allerdings von einem sowohl kapitalrechtlich als auch steuerrechtlich versierten Berater unterstützen lassen, der ein genau auf Ihre Bedürfnisse zugeschnittenes Modell entwickeln kann.

Bei Ihrer Steuererklärung können Sie nur den Arbeitslohn des Handwerkers, nicht aber die Materialkosten absetzen. Lassen Sie sich deshalb hierfür getrennte Rechnungen ausstellen.

Seit 1. Januar 2006 können nunmehr auch Privathaushalte bis zu 20 Prozent vom Arbeitslohn aus einer Handwerkerrechnung bei einer Modernisierung oder Renovierung geltend machen. Darunter fallen Arbeiten, die für die zu eigenen Wohnzwecken genutzte Wohnung in Auftrag gegeben werden. Beispiele sind Streichen und Tapezieren, Schadensbeseitigungen und Reparaturen oder Verlegen von Teppichboden. Dabei ist es unerheblich, ob es um regelmäßig vorzunehmende Renovierungsarbeiten oder um einmalige Erhaltungs- und Modernisierungsmaßnahmen geht.

Handwerkerrechnung

Die Absetzbarkeit bezieht sich allerdings nur auf den Arbeitslohn des Handwerkers und nicht auf Kosten für das Arbeitsmaterial. Verlangen Sie deshalb von dem beauftragten Handwerksbetrieb eine Rechnung, in der Arbeitslohn und Material genau aufgeschlüsselt werden. Eine ansonsten ja meist eher ratsame Festpreisvereinbarung ist steuerlich nicht begünstigt.

n-tv TIPP

Finanzierungsvermittlung

War Ihnen der Makler schon bei der Finanzierung des Grundstückserwerbs behilflich, kann er seine Rechnung aufteilen, nämlich in reine Maklergebühren und in Gebühren für die Finanzierungsberatung. Einigen Sie sich mit dem Makler, welcher Anteil aus der Courtage auf die Vermittlung des Grundstücks und welcher Anteil auf die Finanzierungsvermittlung/ -beratung entfällt. Diese Aufteilung muss sowohl im Maklerauftrag als auch im Kaufvertrag stehen. Auf diese Weise sind die Gebühren für die Finanzierungsberatung als Geldbeschaffungskosten im Jahr der Zahlung in voller Höhe als Werbungskosten abzugsfähig.

Privatkunden müssen diese Handwerkerrechnungen mindestens zwei Jahre aufbewahren und sie auf Anfrage dem Finanzamt zusammen mit dem Überweisungsbeleg auf das Konto des Handwerkers vorlegen. Barzahlungen – auch gegen Quittung – werden nicht berücksichtigt! Arbeiten, die etwas Neues schaffen (etwa die Errichtung eines Gartenteichs), werden steuerlich gleichfalls nicht berücksichtigt. Der Abzug (maximal 600 €) erfolgt von der Steuerschuld.

Maklergebühren sind normalerweise Teil der Anschaffungskosten und damit nicht sofort, sondern nur über die AfA abzugsfähig.

Grunderwerbsteuer

Die Föderalismusreform hat zur Folge, dass künftig nicht mehr der Bund, sondern das jeweilige Bundesland die Höhe der Grunderwerbsteuer bei einem Immobilienkauf bestimmt. Als erstes Bundesland hat Berlin angekündigt, künftig statt 3,5 nunmehr 4,5 Prozent des Kaufpreises zu verlangen. Zudem will die Hauptstadt auch die regelmäßig anfallende Grundsteuer erhöhen – ein Posten, den in der Regel Mieter über die Betriebskosten zu zahlen haben. Es ist gut möglich, dass auch andere Bundesländer dem Beispiel Berlins folgen und die Steuersätze erhöhen.

Die Grunderwerbsteuer wird einen Monat nach Bekanntgabe des Steuerbescheids zur Zahlung fällig. Dabei haben Sie verschiedene Möglichkeiten, die Zahlungsfrist zinslos zu verlängern. § 15 GrEStG (Grunderwerbsteuergesetz) (→CD-ROM) regelt die Zahlungsmodalitäten. Dabei sieht das Gesetz neben der Regelfrist von einem Monat eine Verlängerung vor, wenn:

Zinslose Verlängerung

❶ der Steuerschuldner im Ausland wohnt,

❷ es zu unvorhersehbaren Verzögerungen bei der Auszahlung der Finanzierungsmittel kommt,

❸ Zahlungsschwierigkeiten oder andere Umstände zum Scheitern des Vertrages führen können.

Wird die Verlängerung gewährt, fallen weder Stundungs- noch Säumniszuschläge an (OFD Hannover, Az. S 4537-8-StO 262).

Grunderwerbsteuer

Ist der Neubau einer Immobilie geplant, gestaltet sich die Berechnung der Grunderwerbsteuer deutlich komplizierter als beim Kauf. Häufig wird erst einmal das Grundstück gekauft und erst in einem zweiten, zeitlich abgesetzten Schritt bebaut. In diesem Fall werden lediglich Grunderwerbsteuern in Höhe des Preises für das Grundstück fällig.

Achten Sie unbedingt darauf, dass bei einem solchen Vorgehen kein direkter Zusammenhang zwischen dem Verkäufer des Grundstücks und der späteren Baufirma besteht und das Projekt anhand verschiedener Verträge und nicht als „einheitlicher Plan" abgewickelt wird. Sonst wird das Finanzamt die Grunderwerbsteuer anhand des Gesamtprojekts bewerben.

Informieren Sie sich vor dem Immobilienkauf über den amtlichen Verkehrswert. Gerade beim Kauf einer Immobilie samt Grundstück ist die saubere wertmäßige Trennung zwischen beiden Komponenten in vielerlei Hinsicht von Bedeutung. Amtlicher Verkehrswert

Auch etwaige Kosten für Sanierungsmaßnahmen sind im Kaufvertrag gesondert auszuweisen. Meist wird das vom Finanzamt jedoch nicht unwidersprochen akzeptiert. Darauf sollten Sie vorbereitet sein. Vielmehr wird das Finanzamt nämlich im Sachwertverfahren zunächst den tatsächlichen Verkehrswert von Grundstück und Immobilie ermitteln, indem es vorhandene Vergleichsdaten heranzieht. Sodann werden die ermittelten Werte für Immobilie und Grundstück in ein Verhältnis gesetzt und dieses Verhältnis auf den tatsächlichen Kaufpreis angewandt. Nur wenn Sie schon vor dem Kauf ungefähr wissen, welche Verkehrswerte das Finanzamt zugrunde legen wird, können Sie die mit Ihrem Vorhaben einhergehende Steuerbelastung realistisch kalkulieren. Sachwertverfahren

Besondere Vorsicht ist bei Instandhaltungsmaßnahmen geboten, die steuerlich erhöhte Abschreibungen versprechen, weil das Objekt im Sanierungsgebiet liegt oder dem Denkmalschutz untersteht. Hier sollte im Vorfeld bei der zuständigen Behörde nachgefragt werden, in welchem Umfang die Baumaßnahmen tatsächlich steuerlich begünstigt sind.

Der Käufer hat stets ein großes Interesse daran, dass das Grundstück möglichst mit einem geringen Wert ausgewiesen wird, denn schließlich kann er dies nicht abschreiben. Renovierungskosten sollten möglichst hoch ausgewiesen werden, da sich diese ebenfalls steuermindernd auswirken. Aus steuerlichen Gesichtspunkten ist es also ratsam, renovierungsbedürftige oder unter Denkmalschutz stehende Immobilien zu erwerben.

Grundsteuer

Eigentümer vermieteter Immobilien mit langfristigen Einnahmeausfällen – etwa durch langfristigen Leerstand – dürfen wenigstens auf Entlastung bei der Grundsteuer hoffen. Grundsteuer

Grundsätzlich ist die Grundsteuer ertragsunabhängig. Das heißt, sie fällt auch dann an, wenn Sie keinerlei Einnahmen mit Ihrer Immobilie erzielen. Ausnahmen gab es nur wenige und nur, wenn der Grundstückseigentümer die Ertragsminderung nicht zu vertreten hatte. Wenn der Mieter z. B. die Miete nicht bezahlt und Pfändungsversuche erfolglos bleiben. Leerstände dagegen wurden bislang nicht anerkannt. Das sieht der BFH (BFH-Beschluss vom 26. Februar 2007, II R 5/05, DB 2007 S. 785; Beschluss des Bundesverwaltungsgerichts vom 24. April 2007, GMS-OGB 1.07) nunmehr anders. Die Grundsteuer kann in bestimmten Fällen von Leerstand nun teilweise erlassen werden, wenn der dauerhafte Leerstand die Folge ist von

Teilweiser Erlass

❶ einem allgemeinen Bevölkerungsrückgang,
❷ einer allgemeinen negativen wirtschaftlichen Entwicklung,
❸ eines Überangebots auf dem Immobilienmarkt.

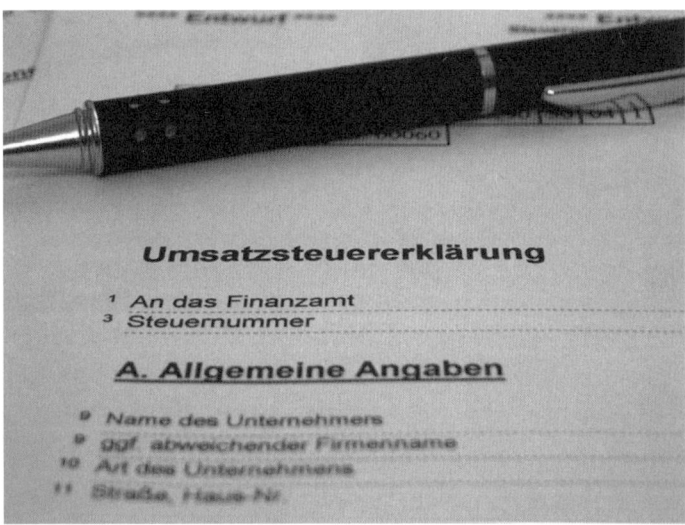

Die Umsatzsteuer betrifft nur Besitzer von Miet- und Bürohäusern.

Der Teilerlass greift bei einer Ertragsminderung von mehr als 20 Prozent. Die Grundsteuer reduziert sich in Höhe von vier Fünfteln des Anteils der Minderung.

Ertragsminderung
Ihr Ertrag schrumpft um 50 Prozent, die Grundsteuer sinkt um 40 Prozent (4/5 von 50 Prozent). Statt z. B. 1.000 € müssen Sie nur noch 800 € bezahlen.

Künftig dürften erheblich mehr Eigentümer einen Anspruch auf geringere Grundsteuer haben. Der entsprechende Antrag muss jeweils bis zum 31. März für das abgelaufene Jahr gestellt werden. Von der Entscheidung profitieren auch jene Eigentümer, die in der Vergangenheit einen teilweisen Erlass der Grundsteuer beantragt haben und deren Einsprüche bzw. Widersprüche noch ruhen.

Umsatzsteuer

Bei der Umsatzsteuer geht es vor allem um den sogenannten Vorsteuerabzug bei Wohn- und Geschäftshäusern.
Die Erhöhung der Umsatzsteuer betrifft jeden. Auch Hausbesitzer müssen seit 2007 bei Handwerkeraufträgen tiefer in die Tasche greifen. Speziell für einen Neubau müssen Bauherren künftig mehr bezahlen. Gebrauchtimmobilien werden dagegen durch die Erhöhung des Mehrwertsteuersatzes von 16 auf 19 Prozent nicht teurer, da bei einem Gebrauchtimmobilien-Verkauf keine Mehrwertsteuer anfällt. Allerdings verteuert sich die Rechnung des Maklers, der gleichfalls 19 Prozent Mehrwertsteuer auf seine Provision in Rechnung stellen muss. *Umsatzsteuer*
Nach dem Urteil des Europäischen Gerichtshofes vom 8. Mai 2003 (Az. C-269/00) können Unternehmer für ein Gebäude, das sie zum Teil betrieblich und zum Teil privat nutzten, auch für den privaten Teil die Umsatzsteuer abziehen. Die betriebliche Nutzung muss dazu mindestens 10 Prozent betragen. Nach deutschem Recht war bis dahin lediglich der Abzug für den betrieblich genutzten Teil möglich.
Der Unternehmer hat nun die Wahl: Wenn er nur den betrieblichen Teil des Gebäudes dem Unternehmen zuordnet, kann er nur den jeweiligen Teil der Vorsteuer geltend machen. Ordnet er hingegen das gesamte Gebäude umsatzsteuerlich dem Unternehmen zu, *Wahlmöglichkeit*

kann er die Vorsteuer in vollem Umfang – für 100 Prozent der Anschaffungskosten und laufenden Kosten – abziehen. Allerdings muss er die Privatnutzung als unentgeltliche Wertabgabe mit 19 Prozent Umsatzsteuer versteuern.

Ebenfalls von dieser Regelung profitieren private Bauherren von Mietshäusern mit eigener Wohnung im Mietshaus. Der Steuervorteil fällt allerdings geringer aus, da die Vermietung an Privatleute umsatzsteuerfrei ist. Der Vermieter kann aber als „Unternehmer" die selbst genutzte Wohnung dem „Unternehmensvermögen" zuschlagen. Er bekommt dann die in den Baukosten der eigenen Wohnung enthaltene Vorsteuer sofort erstattet und zahlt 19 Prozent Umsatzsteuer für die unentgeltliche Wertabgabe.

Bemessungsgrundlage Bemessungsgrundlage für die Umsatzsteuer sind die anteiligen auf die private Nutzung entfallenden laufenden Kosten sowie die anteilige Abschreibung. Die Finanzverwaltung legte zum 1. Juli 2004 fest, dass dabei nicht von einer Nutzungsdauer von 50 Jahren und einem Abschreibungssatz von 2 Prozent auszugehen sei, sondern von dem umsatzsteuerlich maßgeblichen Berichtigungszeitraum von zehn Jahren mit einem Abschreibungssatz von 10 Prozent. Innerhalb von zehn Jahren wird somit der Vorsteuerabzug auf die privat genutzten Teile des Gebäudes wieder ausgeglichen. Unter dem Strich ergibt sich so zunächst eine erhebliche Steuerersparnis, von der letztendlich aber nur ein positiver Zins- und Liquiditätseffekt verbleibt.

Vor- und Nachteile Dem Vorteil – die Vorsteuererstattung kann zur Finanzierung des Objekts verwendet werden – stehen langfristig gesehen zwei Nachteile gegenüber: Zum einen ist die private Nutzung wie schon erwähnt der Umsatzsteuer unterworfen, zum anderen muss bei einem Verkauf auch der Gewinn aus dem privaten Gebäude- und Grundstücksteil, das ja zum Betriebsvermögen gehört, versteuert werden. Da ein Berichtigungszeitraum von zehn Jahren nicht der tatsächlichen Nutzungsdauer eines Gebäudes – und damit auch nicht den tatsächlichen Kosten – entspricht, ist davon auszugehen, dass diese Regelung korrigiert werden wird.

Auch die für den Steuerpflichtigen günstige Rechtsprechung vom BFH (Bundesfinanzhof) wird leider von der Finanzverwaltung nicht beachtet, wie sich aus mehreren abweichenden Schreiben des Bundesfinanzministeriums ergibt. Hier sollten Sie sich in jedem Fall von einem Steuerberater vertreten lassen. Das Gleiche gilt für eine bis vor zehn Jahren errichtete Immobilie, die teilweise selbst genutzt wird. Auch hier können Sie noch durch den Vorsteuerberichtigungszeitraum von der günstigen Rechtsprechung profitieren.

Bauabzugsteuer

Gemäß §§ 48, 52 EStG (→CD-ROM) muss der Auftraggeber von Bauaufträgen 15 Prozent von der Rechnungssumme abziehen und direkt an das für den Auftragnehmer (Handwerker/Bauunternehmer) zuständige Finanzamt überweisen. Durch diese Maßnahme soll die Schwarzarbeit im Baugewerbe eingedämmt werden. Ob das damit gelingt, ist fraglich, zumindest aber führt es zu noch mehr Bürokratie und einer faktischen Entgeltminderung von 15 Prozent für das ausführende Unternehmen.

Zum Abzug verpflichtet sind alle Unternehmer gemäß § 2 UStG (Umsatzsteuergesetz) (→CD-ROM). Für die Bauabzugsbesteuerung ist es belanglos, ob der Auftraggeber bislang eine Umsatzsteuer-Erklärung abgegeben hat oder sich seiner Unternehmereigenschaft überhaupt bewusst war. Diese Unternehmereigenschaft besitzen also auch die sogenannten Kleinunternehmer im Sinne des § 19 UStG (→CD-ROM) und damit auch Haus- und Wohnungseigentümer, die Wohnungen fremd vermieten, unabhängig davon, ob sie dabei Umsatzsteuer/Vorsteuer erheben oder nicht. *Abzugspflicht*

Der Abzug betrifft zunächst nur Bauleistungen. Gemeint sind damit alle Leistungen im Zusammenhang mit Bauwerken im weiteren Sinne, also auch mit dem Erdboden fest verbundene Geräte wie Öltanks. Keine Bauleistung in diesem Sinne sind Planungs- und Beratungsleistungen sowie reine Wartungsleistungen, sofern dabei nicht Teile verändert, bearbeitet oder ausgetauscht werden müssen. Bei Kaufverträgen über ein zu bebauendes Objekt (Bauträgervertrag) wird der Vertrag erfasst, wenn das Bauvolumen im Verhältnis zum Grundstückskauf überwiegt. Die Regelungen gelten für alle Voraus-, Abschlags- und Schlussrechnungen. Das gilt beispielsweise auch für Reparaturen oder das Verlegen eines Parkettbodens. *Abzugsvoraussetzungen*

Eine pauschale Abrechnung anhand der Schlussrechnung genügt nicht. Gegenleistung im Sinne des Gesetzes ist vielmehr jede Zahlung des Auftraggebers (Leistungsempfängers) an den Auf- *Berechnung des Abzugs* tragnehmer (Leistenden). Bei einer nachträglichen Erhöhung der Gegenleistung ist nur der Differenzbetrag zu der vorherigen Anmeldung in dem Anmeldungszeitraum, in dem der erhöhte Betrag erbracht wurde, anzumelden (§ 48a Abs. 1 EStG) (→CD-ROM). Bei einer Minderung der Gegenleistung ist keine Berichtigung vorzunehmen.

Anmeldung und Abführung Als Auftraggeber müssen Sie den Steuerabzug bis zum 10. des Folgemonats des Rechnungsdatums (auch bei Voraus-, Teil- und Abschlagszahlungen) an das Finanzamt des Handwerkers abführen und den Steuerabzug zugleich dort anmelden. In der Anmeldung sind im Anmeldungszeitraum erbrachte Anzahlungen oder Abschlagszahlungen zu erfassen. Dabei ist für jeden Werkunternehmer eine separate Anmeldung einzureichen, selbst wenn mehrere Bauunternehmen beim gleichen Finanzamt geführt werden. In der Praxis bedeutet das, dass Sie die Adresse und Kontoverbindung des zuständigen Finanzamtes sowie die Steuernummer des Handwerkers erfragen müssen, um Ihren Pflichten überhaupt nachkommen zu können.

Schriftliche Abrechnung Im nächsten Schritt müssen Sie sodann mit dem Handwerker schriftlich über den Steuerabzug abrechnen. Dabei sind anzugeben:

❶ der Name und die Anschrift des Auftragnehmers,

❷ das Rechnungsdatum,

❸ der Rechnungsbetrag bzw. die Höhe der erbrachten Gegenleistung und der Zahlungstag,

❹ die Höhe des Steuerabzugs und das Finanzamt, bei dem der Abzugsbetrag angemeldet worden ist.

Es reicht aus, wenn der Leistungsempfänger dem Leistenden zum Zwecke der Abrechnung den dafür vorgesehenen Durchschlag der Steueranmeldung überlässt.

Ausnahmen In zwei Fällen können Sie als Auftraggeber von Bauleistungen von diesem ärgerlichen Prozedere absehen: einmal, wenn das ausführende Bauunternehmen oder der Handwerker eine sogenannte Freistellungsbescheinigung des Finanzamts vorlegt, die Sie sicherheitshalber in Kopie zu Ihren Unterlagen legen sollten. Die zweite Ausnahme betrifft sogenannte Bagatellaufträge, die wertmäßig unter bestimmten Grenzen bleiben, z. B. wenn die Bruttorechnung (inkl. USt) unter 5.000 € bleibt oder insgesamt 15.000 € pro Jahr nicht übersteigt.

Vorsicht beim Haushandwerker
Stellen Sie sich vor: Im Frühjahr ist die Heizung Ihrer Mietwohnung kaputt und Sie lassen sie für 2.000 € reparieren. Im Herbst stellt sich heraus, dass Sie eine neue brauchen, die alles in allem 14.000 € kostet. Wenn Sie den Auftrag dem gleichen Sanitärbetrieb erteilen, ist die Bagatellgrenze von 15.000 € pro Jahr überschritten und Sie haben bezüglich der längst bezahlten ersten Rechnung ein Problem. Wenn Sie also den Handwerker nicht wechseln wollen, lassen Sie sich deshalb immer (auch bei Kleinaufträgen) eine Freistellungsbescheinigung vorlegen und nehmen Sie diese zu Ihren Steuerunterlagen (mindestens die Nummer der Bescheinigung). Wer auf Nummer sicher gehen will, sollte diese Bescheinigung auch noch auf ihre Gültigkeit hin überprüfen. Dies kann beim Bundesamt für Finanzen online anhand der Freistellungsnummer geschehen.

Bei Verstoß gegen die Bauabzugsbesteuerung droht dem Auftraggeber ein Bußgeld von bis zu 25.000 €. | Bußgeld

---

n-tv TIPP

Rat und Tat in Zweifelsfällen

Ausführliche Informationen und Hilfestellungen finden Sie im Internet z. B. unter *www.steuer.bayern.de/faq/alle/1-bauabzugsteuer.htm*. Die zur Zahlung an das Finanzamt erforderlichen Informationen (zuständiges Finanzamt, Kontoverbindung) erhalten Sie auch unter *www.finanzamt.de*.

Erbschaft- und Schenkungsteuer

Bei der Erbschaft- und Schenkungsteuer geht es um die Immobilienbewertung. Da es unabhängig von Eigen- oder Fremdnutzung | Gesetzliche Neuregelung nach wie vor erheblich günstiger ist, Immobilien zu vererben statt Kapitalvermögen, lässt sich hier bereits durch geschicktes Taktieren viel Geld sparen. Allerdings nur noch bis Ende 2008. Bis dahin muss die Bundesregierung nach dem Willen des Bundesverfassungsgerichts die verfassungswidrige Besserstellung von Immobilienvermögen gesetzlich neu fassen. Wer noch von der derzeit geltenden Regelung profitieren will, sollte sich deshalb überlegen, seinen Erben Immobilien oder auch Betriebsvermögen noch zu Lebzeiten zu schenken. Für Kinder gilt ein steuerlicher Freibetrag in Höhe von momentan 205.000 €. Dieser steht alle zehn Jahre erneut in voller Höhe zur Verfügung und kann deshalb unter Umständen mehrfach ausgenutzt werden.

Notarielle Regelungen Bei solchen Schenkungen sollten auch Ihre Interessen sehr detailliert in einem Notarvertrag geregelt werden:

❶ lebenslanges Wohnrecht,
❷ lebenslanger Nießbrauch (der auch das Recht auf Mieteinnahmen sichert),
❸ Rückforderungsrecht für bestimmte Fälle,
❹ Regelungen, falls die Immobilie als Kreditsicherheit eingesetzt werden muss/soll.

Derzeit werden Immobilien bei der Ermittlung der Erbschaft- oder Schenkungsteuer nur mit einem Teil des Verkehrswertes angesetzt (durchschnittlich 50 Prozent), während Wertpapiere oder Bargeld voll versteuert werden. Wer Immobilien im Wert von 500.000 € erbt oder geschenkt bekommt, zahlt momentan daher deutlich weniger Erbschaft- oder Schenkungsteuer als der Erbe oder Beschenkte von Wertpapieren mit gleichem Wert.

Immobilien-Beteiligung Denkbar ist auch eine Immobilien-Beteiligung im Rahmen einer Schenkung. Dabei wird nicht die Immobilie als Ganzes übertragen, sondern lediglich dem Beschenkten „Miteigentum" eingeräumt. Neben der Möglichkeit, gerade bei werthaltigen Immobilien so die Freibeträge optimal auszunutzen, ergeben sich aus dieser Variante auch weitere interessante Möglichkeiten für Abschreibungen. Besprechen Sie dies mit Ihrem Steuerberater.

Überbewertung Zudem gibt es öfter als man denkt Fälle, in denen der steuerliche Wert einer Immobilie unterhalb des vom Finanzamt ermittelten Verkehrswertes liegt. Durch die Änderung im Jahressteuergesetz

2007 kann nunmehr der Immobilieneigentümer gegenüber dem Finanzamt auch einen niedrigeren als den angenommenen Verkehrswert nachweisen. Das war bislang nicht möglich. Leider kommt es vermehrt zu einer Überbewertung von Immobilien, wenn der tatsächliche Marktpreis fällt. Die Finanzbehörden gehen nämlich immer noch (per Gesetz) von den viel zu hohen Bodenrichtwerten 1996 und von einer standardisierten Wertermittlung aus, ohne die Besonderheiten Ihrer Immobilie zu berücksichtigen.

| n-tv TIPP |

Schmälerung des Wertes

Natürlich ist es grundsätzlich erfreulich, eine möglichst wertvolle Immobilie zu besitzen. Doch unter anderem folgende Punkte können den Wert Ihrer Immobilie erheblich schmälern: Altlasten, Denkmalschutz, Baulasten, Dienstbarkeiten, Erschließungskosten, Sanierungsbedürftigkeit. Sprechen Sie mit Ihrem Steuerberater oder Rechtsanwalt, wie Sie sich gegen den zu hohen Ansatz mit einem sach- und fachgerechten Wert-Gutachten wehren können.

In den folgenden Fällen lassen sich durch richtiges Ausweisen der Werte leicht mehrere Tausend Euro Steuern sparen:

Sparmöglichkeiten

- Erbschaft/Schenkung: Nachweis eines niedrigeren Verkehrswerts,
- Entnahme bzw. Einlage einer Immobilie aus bzw. in einen Betrieb,
- Kaufpreisaufteilung auf Grund und Boden, Gebäude und Modernisierung,
- Vorsteueraufteilung bei Herstellung einer Immobilie,
- Abschreibung von Immobilien in den neuen Bundesländern.

Ob die Neuregelung zu einer drastisch höheren Steuer führen wird, ist gar nicht gesagt. Primär hat das BVerfG nur die undurchsichtige und uneinheitliche Methode der Wertermittlung bemängelt. Künftig soll der tatsächliche Wert ermittelt und für die Besteuerung herangezogen werden. Ausgehend vom tatsächlichen

Wert kann der Gesetzgeber auch weiterhin Immobilien steuerlich begünstigen, wenn „Gemeinwohlgründe" dafür sprächen. Da die Regierung hier Handlungsspielraum hat, kann die Neuregelung eine höhere Immobilien-Besteuerung bringen, sie muss es aber nicht (z. B. bei höheren Freibeträgen und niedrigeren Steuersätzen). Denkbar ist auch, dass die Regierung schneller als bis Ende 2008 handelt.

Mit dem Umzug Steuern sparen

Auch der Umzug selbst kann sich positiv auf die Einkommensteuer auswirken: Dazu muss der Umzug allerdings „beruflich bedingt" sein. Wenn Sie alle den Umzug betreffenden Quittungen und Belege aufheben, können Sie viel Geld bei Ihrer Steuererklärung sparen (Werbungskosten). Als beruflich bedingt gilt Ihr Umzug, wenn

Mit den entsprechenden Belegen ist ein Umzug steuerlich absetzbar.

Beruflich bedingt

❶ die Entfernung von der Wohnung zum Arbeitsplatz deutlich verkürzt wird (Hin- und Rückfahrt um wenigstens zeitweise eine Stunde bzw. mindestens 9 km),

❷ der Umzug überwiegend betrieblichen Interessen des Arbeitgebers dient, z. B. beim Einzug in eine Dienstwohnung,

❸ es um die erste Aufnahme einer Tätigkeit beim neuen Arbeitgeber geht,
❹ wenn durch den Umzug eine doppelte Haushaltsführung been-
det wird,
❺ wenn beruflich begründet eine Zweitwohnung aufgegeben oder
bezogen wird.

Die Höhe der anerkennungsfähigen Kosten beurteilt sich nach
dem Bundesumzugskostengesetz (BUKG), das für Beamte gilt und
als Orientierungshilfe auch bei privatwirtschaftlich Beschäftigten
herangezogen wird. Über diese Vergleichszahlen hinausgehende
Forderungen müssen nachgewiesen und begründet werden. In
den meisten Fällen ist es einfacher, wenn Sie sich an die aner-
kannten Kostenarten halten:

- Beförderungs- und Reisekosten: Zum Umzugsgut gehören alle   Bundes-
  beweglichen Gegenstände in Ihrem Besitz, der Besitz aller zum   umzugs-
  Haushalt gehörenden Personen sowie die Haustiere.   kosten-
  gesetz
- Tagegeld: vom Tag des Einladens an bis zum Ausladetag, wenn
  es sich dabei um volle Reisetage handelt (maximal vier Tage).
  Hinzu kommen das Geld für eine notwendige Übernachtung
  und die Reisekosten für eine Wohnungsbesichtigung (maximal
  zwei Reisen einer Person oder eine Reise für zwei Personen in
  der jeweils billigsten Preisklasse).
- Mietentschädigungen: Wenn sich die Mieten für die alte Wohnung und die Kosten für die neue Wohnung notwendig über-
  schneiden, weil die alte wegen der Fristen noch nicht abgegeben werden kann (maximal in Höhe einer Monatsmiete).
- Wohnungsvermittlungsgebühren (Maklerkosten).
- Kosten für Herde, Öfen und Zusatzunterricht für die Kinder.

n-tv TIPP

Umzugsgeld vom Arbeitgeber?

Sollte Ihr Arbeitgeber Ihnen die Umzugskosten erstatten,
bleibt die Erstattungssumme bis zur Pauschbetragsgrenze
lohnsteuerfrei. Darüber hinausgehende Kosten gelten als
Werbungskosten.

Sonstige Umzugskosten, die geltend gemacht werden können, sind Anzeigen- und Telefonkosten für die Wohnungssuche, Trinkgelder, Montagekosten für den Herd, Öfen, Lampen, neue Rollos, Schulbücher und Umschulungskosten für die Kinder, Passänderungen, Kfz-Ummeldung, An- und Ummeldung von Telefon- und Kabelanschluss. Anerkannt werden außerdem die Kosten für die Schönheitsreparaturen in der alten Wohnung, wenn dies laut Mietvertrag der Mieter übernehmen muss. Anstelle von Einzelnachweisen können hier Pauschalen angesetzt werden.

Steuern sparen als Hauptmotiv?

Natürlich spielen bei der selbst genutzten Immobilie neben steuerlichen Faktoren vor allem auch persönliche Gründe eine wichtige Rolle. Andererseits gibt es genug Fälle, in denen Immobilien gezielt ausschließlich erworben werden, um damit Steuern sparen zu können. Meist sind das vermietete Eigentumswohnungen. Erinnern Sie sich, bei der Auswahl einer solchen Immobilie kommt es vor allem anderen auf die Rentabilität an. Das Objekt muss sich gut vermieten lassen. Will man eine Eigentumswohnung steuerlich wirkungsvoll geltend machen, ist es erforderlich, langfristig gute Mietverträge abzuschließen.

Steuerstundungsmodelle

Die sogenannten Steuerstundungsmodelle sind längst nicht mehr geeignet, Steuern zu sparen, da sie vom Finanzamt nicht mehr zur Verrechnung mit positiven Einkünften aus anderen Quellen akzeptiert werden. Der Trend geht allein aus diesem Grund eindeutig in Richtung der rentablen Anlagen.

In der Vergangenheit waren Immobilienanlagen für viele Anleger vor allem ein Steuersparmodell. Selbst übelst konstruierte geschlossene Immobilienfonds oder Schrottimmobilien fanden angesichts steuerlicher Einspar-Versprechungen und optimistischer Verkäufer noch Abnehmer. Nicht wenige unbedarfte Kleinanleger machten in den 1990er-Jahren deshalb herbe Verluste. Drückerkolonnen schwatzten Klein- und Mittelverdienern vermeintlich werthaltige Immobilien zur Kapitalanlage auf, die sich im Nachhinein als schwer vermietbare Schrottimmobilien entpuppten. In Erwartung hoher Mieten und Steuerersparnisse wurden utopische Preise bezahlt!

Den finanzierenden Banken wird heute vorgeworfen, gemeinsame Sache mit den Drückern gemacht zu haben, weil hunderttausendfach zusammen mit dem Immobilienkauf häufig auch das Darlehen vermittelt wurde. Bewegung in die Sache brachte der Europäische Gerichtshof (EuGH) mit seinem viel diskutierten Urteil: Die geprellten Anleger können den kompletten Vorgang (Immobilienkauf- und Darlehensvertrag) nicht rückgängig machen, aber die Banken müssen für die Risiken der Schrottimmobilien einstehen. Die Details hierzu seien aber Sache der nationalen Gerichte. Das Oberlandesgericht (OLG) Bremen hat die EuGH-Vorgaben dahin gehend präzisiert, dass ein geschädigter Verbraucher ein Bankdarlehen nicht zurückzahlen muss, sondern die mit diesem Geld finanzierte (Schrott-)Immobilie der Bank überlassen kann (Az. 2 U 20/02).

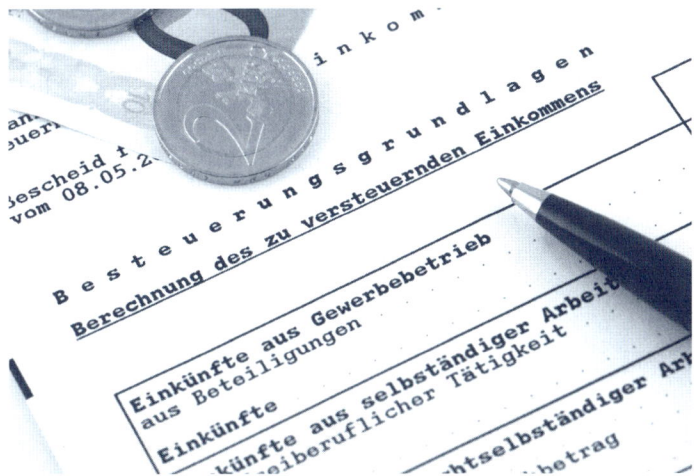

Immobilien werden meist nicht nur aus steuerlichen, sondern vielmehr aus persönlichen Gründen erworben.

Da aber solche Rückabwicklungen nur in Ausnahmefällen Erfolg versprechend sind, sollten Sie die weitreichenden und nervenaufreibenden Folgen eines solchen erbittert zu führenden Rechtsstreits ausführlich mit einem versierten Rechtsanwalt besprechen. Von anderen steuerbegünstigten Kapitalanlagen unterscheiden sich Immobilieninvestitionen dadurch, dass die steuerrelevanten

Wertsteigerung

Verluste nur Buchverluste und keine echten Vermögensminderungen sind. Denn bei guter Pflege behalten Immobilien nicht nur ihren Wert, sondern können diesen oft über die Beschaffungskosten hinaus sogar erheblich steigern. Trotzdem dürfen die Erwerbskosten des Gebäudes steuermindernd geltend gemacht werden, während die Anschaffungskosten für den Grund und Boden steuerlich irrelevant sind und daher möglichst niedrig sein sollten.

Immobilien und Inflation

Täglich liest man in der Presse von steigenden Preisen infolge der enormen Teuerungen bei Energie und Rohstoffen. Dadurch verteuert sich auch die Produktion von Waren, deren Preise dann mit einer zeitlichen Verzögerung ebenfalls anziehen werden. Notgedrungen fordern die Gewerkschaften höhere Löhne – und die wiederum verteuern Waren und Dienstleistungen.

Ob Inflationsängste für die Zukunft begründet sind oder nicht, wird sich noch zeigen. Tatsache ist, Immobilienkäufer, die jetzt noch eine ordentliche Immobilie zu günstigen Zinsen langfristig finanzieren, wären die Profiteure einer höheren Inflation. Darlehen mit zehnjähriger Festschreibung gibt es immer noch für weniger als 5 Prozent Zinssatz (je nach Anbieter und Beleihungswert), und das ist im historischen Vergleich billig. Die Spanne zwischen Zins und Inflation ist somit vergleichsweise gering. 1990 dagegen war die Inflation vergleichbar hoch (bzw. niedrig), doch damals lagen die Darlehenszinsen bei rund 8,5 Prozent.

Bereits bei einer Inflationsrate von 2 bis 3 Prozent hat der Realwert des Kapitals nach zehn Jahren rund ein Drittel verloren. Ein Darlehen, für das nur Zinsen, aber keine Tilgung gezahlt würde, hätte damit seinen realen Wert gleichfalls um dieses Drittel verringert! Bei Mehrfamilienhäusern ist die Rendite heute außerdem meist deutlich höher als die derzeitigen Zinsen, die Kaufpreise sind in vielen Städten günstig.

Den Steuerbescheid gründlich prüfen

Steuerbescheide sind nicht immer richtig. „In dubio pro fisco" kann schnell teuer werden. Doch das muss nicht sein.

Formular
auf CD-ROM

Auf diese Knackpunkte sollten Sie besonders achten:

Familienstand richtig angegeben?

Bemerkung:

....   ☐ ja   ☐ nein

Anzahl der Kinder und Kinderfreibeträge richtig wiedergegeben?

Bemerkung:

....   ☐ ja   ☐ nein

Sind alle Angaben aus der Steuererklärung richtig übertragen? Gibt es „Zahlendreher"?

Bemerkung:

....   ☐ ja   ☐ nein

Hat der Finanzbeamte alle Steuer sparenden Aufwendungen (Werbungskosten, Sonderausgaben, außergewöhnliche Belastungen) akzeptiert oder einige gestrichen?

Bemerkung:

....   ☐ ja   ☐ nein

Wurden besondere Freibeträge (z. B. für Behinderte) berücksichtigt?

Bemerkung:

.... ☐ ja ☐ nein

Sind die Steuervorauszahlungen richtig angesetzt? Arbeitnehmer vergleichen mit der Kopie ihrer Steuerkarte, Selbstständige mit den Kontoauszügen, Anleger mit den Depotunterlagen wegen Zinsabschlag bzw. Kapitalertragsteuer.

Bemerkung:

.... ☐ ja ☐ nein

Sind laufende Abschreibungen korrekt, z. B. Eigenheimförderung nach dem alten § 10e Einkommensteuergesetz, Gebäude-AfA bei Mietimmobilien, Denkmal-AfA?

Bemerkung:

.... ☐ ja ☐ nein

Das müssen Sie tun:
Nehmen Sie sich Zeit und prüfen Sie Ihren Steuerbescheid gründlich Posten für Posten. Falsche Zahlen und zu Unrecht nicht anerkannte Aufwendungen können Ihre Steuerzahlen sehr teuer werden lassen.

So könnte Ihr ausgefüllter Check aussehen:

Familienstand richtig angegeben? ☒ ja ☐ nein

Kinderfreibeträge richtig wiedergegeben? ☒ ja ☐ nein

Sind alle Angaben richtig übertragen?

Bemerkung:
Bei Einnahmen aus Vermietung und Verpachtung wurde ein zu hoher Betrag eingesetzt ☐ ja ☒ nein

Hat der Finanzbeamte alle Steuer sparenden Aufwendungen akzeptiert?

Bemerkung:
Übernachtungskosten bei den Umzugskosten
wurden nicht akzeptiert ☐ ja ☒ nein

Wurden besondere Freibeträge berücksichtigt? ☒ ja ☐ nein

Sind die Steuervorauszahlungen richtig angesetzt?

Bemerkung:
Durch den falschen Betrag bei den Einnahmen
aus Vermietung und Verpachtung muss sich ein
anderer Betrag ergeben ☐ ja ☒ nein

Sind laufende Abschreibungen korrekt? ☒ ja ☐ nein

Finanzierungshilfen vom Staat

Wer eine Immobilie kaufen, bauen oder modernisieren möchte, kann bei der Verwirklichung seines Vorhabens vom Staat Fördermittel erhalten. Sie stellen einen wichtigen Baustein bei der Finanzierung dar.

Zwar wurde zum 31. Dezember 2005 die Eigenheimzulage abgeschafft, doch gibt es zahlreiche andere Möglichkeiten der Förderung. Bund, Bundesländer und Gemeinden vergeben zinsgünstige Darlehen und Zuschüsse. Ein besonderer Schwerpunkt liegt dabei inzwischen auf der Förderung energetischer Maßnahmen.

Darlehen der KfW-Förderbank

KfW-Bankengruppe Die KfW-Bankengruppe fördert als Bank des Bundes und der Bundesländer sowohl Unternehmen als auch Privatpersonen. Ihr Ziel ist es, die Politik des Gesetzgebers zu unterstützen. Bestandteil der KfW-Bankengruppe ist die KfW-Förderbank. Sie vergibt zinsgünstige Darlehen und Zuschüsse für Bauherren, Wohnungskäufer und Eigentümer, die ein Haus oder eine Wohnung kaufen bzw. bauen wollen, ihr Haus modernisieren oder sanieren wollen. Vor allem Kredite für Energiesparer sind günstig.

Bei den Krediten sind je nach Programm Laufzeiten von bis zu 30 Jahren möglich, die Zinsbindungszeiten können bis zu 20 Jahre betragen, die tilgungsfreien Zeiten zwischen einem und fünf Jahre. Beantragen können die Programme in der Regel Selbstnutzer, Vermieter, Wohnungsunternehmen sowie Gemeinden, Kreise und sonstige öffentlich-rechtliche Körperschaften und Anstalten.

Wohneigentumsprogramm

Einen Teil ihrer Kosten für den Bau oder Erwerb von selbst genutztem Wohneigentum, egal ob alt oder neu, können Privatpersonen über ein Darlehen aus dem KfW-Wohneigentumsprogramm finanzieren. Bis zu 30 Prozent der Gesamtkosten kann der Kredit abdecken, er umfasst jedoch höchstens 100.000 €. Die Kosten müssen so bemessen sein, dass die entstehenden Belastungen durch das Einkommen des Antragstellers auf Dauer gedeckt werden können. Die maximale Kreditlaufzeit beträgt 30 Jahre bei mindestens einem und höchstens fünf tilgungsfreien Anlaufjahren.
Allerdings sind die Zinssätze im Wohneigentumsprogramm nicht so niedrig wie in vielen anderen KfW-Programmen. Meist liegen sie um 0,25 bis 0,50 Prozent unterhalb vergleichbarer Angebote von Banken. Bisweilen schaffen es Kreditvermittler im Internet und Direktbanken, noch geringere Zinssätze als die KfW zu bieten.

Wohneigentumsprogramm

Ökologisch bauen: Förderung von Neubauten

Sehr günstig sind die Kredite des Programms „Ökologisch Bauen". In diesem Programm werden die Errichtung von besonders energiesparenden Gebäuden (Energiesparhäuser mit einem Primärenergiebedarf von 40 oder 60 kWh/m^2 und Jahr sowie Passivhäuser) und der Einbau von Heizungstechnik auf Basis erneuerbarer Energien, Kraft-Wärme-Kopplung und Nah-/Fernwärme bei Neubauten gefördert. Der Förderhöchstbetrag umfasst 50.000 €.

Ökologisch bauen

CO_2-Gebäudesanierungsprogramm: Maßnahmenpakete an bereits bestehenden Gebäuden

Das CO_2-Gebäudesanierungsprogramm dient zur Finanzierung von Maßnahmen an Altbauten, die zu einer Minderung des CO_2-

Ausstoßes um mindestens 40 kg pro m² und Jahr beitragen. Es werden die Maßnahmepakete 0 bis 4 gefördert. Einzelmaßnahmen wie der Austausch von Altheizungen und Maßnahmen, die eine CO_2-Einsparung von weniger als 40 kg pro m² erreichen, werden zukünftig im Programm „Wohnraum Modernisieren" gefördert. Das Maßnahmenpaket 2 beispielsweise umfasst

CO_2-Gebäude-sanierungs-programm

❶ den Austausch der Heizung,

❷ die Wärmedämmung des Daches,

❸ die Wärmedämmung der Kellerdecke oder von erdberührten Außenflächen beheizter Räume und

❹ die Erneuerung der Fenster.

Gefördert werden bis zu 100 Prozent der Investitionskosten, maximal jedoch 50.000 € pro Wohneinheit. Die Regelungen gelten sowohl für Wohngebäude als auch für Wohnheime, Alten- und Pflegeheime, die bis zum 31. Dezember 1983 fertiggestellt wurden.

Wohnraum modernisieren: Sanierungs- und Instandsetzungsmaßnahmen

Das Programm „Wohnraum Modernisieren" fördert alle Maßnahmen, bei denen Wohnraum modernisiert oder instand gesetzt wird, mit günstigen Krediten. Dazu zählen zum einen klimaschutzrelevante Maßnahmen (ÖKO-PLUS) wie beispielsweise die Dämmung der Gebäudeaußenhülle. Diese Maßnahmen müssen die Mindestanforderungen der Energieeinsparverordnung (EnEV) einhalten. Zusätzlich zu den bisherigen ÖKO-PLUS-Maßnahmen werden auch die Erneuerung der Fenster sowie der Austausch von Einzelöfen und Nachtspeicherheizungen gefördert. Darüber hinaus werden auch allgemeine Maßnahmen (STANDARD) gefördert wie beispielsweise der An- und Ausbau von Balkonen, die Baderneuerung oder die Nachrüstung von Aufzügen.

Wohnraum modernisieren

Bei beiden Varianten werden bis zu 100 Prozent der Kosten der förderfähigen Kosten finanziert. Der Förderhöchstbetrag ÖKO-PLUS-Maßnahmen beträgt 50.000 € pro Wohneinheit, bei STANDARD-Maßnahmen gibt es maximal ein Darlehen über 100.000 €.

Solarstrom erzeugen

Die KfW fördert neben den beschriebenen Maßnahmen im Bereich Wohnimmobilien außerdem noch Investitionen in kleinere Fotovoltaikanlagen. Im Rahmen des Programms „Solarstrom Erzeugen" werden Darlehen bis zu 50.000 € vergeben. Unterstützt werden sowohl die Errichtung als auch die Erweiterung und der Erwerb von Solaranlagen sowie auch der Erwerb eines Anteils an einer Solaranlage im Rahmen einer GbR. Beteiligungen an juristischen Personen des privaten Rechts – beispielsweise an einer „Solarfonds" GmbH & Co. KG – und gebrauchte Anlagen werden jedoch nicht finanziert.

Solarstrom erzeugen

Mit einer Fotovoltaikanlage können Bauherrn in den Genuss zahlreicher Fördermittel kommen.

Den Antrag stellen

Der Antrag für einen KfW-Kredit wird über die Hausbank gestellt. Er muss immer vor Beginn eines Vorhabens, wie beispielsweise vor Abschluss eines Bauvertrags, eingereicht werden. Die Antragsformulare gibt es bei der Bank, sie können aber auch im Internet ausgefüllt und zusammen mit den Bauunterlagen bei der Bank eingereicht werden.

n-tv TIPP

Kombinierte Förderung

Die beschriebenen Förderprogramme lassen sich grundsätzlich miteinander kombinieren. Ein konsequent ökologischer Hausbau oder eine entsprechende Runderneuerung kann so zu äußerst günstigen Konditionen realisiert werden. Wer beispielsweise ein KfW-Energiesparhaus mit Fotovoltaikanlage errichten möchte, kann sowohl ein Darlehen aus dem KfW-Wohneigentumsprogramm als auch aus den Programmen „Ökologisch Bauen" und „Solarstrom Erzeugen" beantragen. Allerdings dürfen die staatlichen Fördermittel die tatsächlichen Kosten des Bauherrn nicht überschreiten.

Weiterführende Informationen bietet die Internetadresse der KfW-Förderbank: *www.kfw-förderbank.de*. Dort gibt es auch nähere Auskünfte über die Konditionen und die aktuellen Zinssätze.

Ökozuschüsse

Sanieren Sie Ihre Immobilien, können Sie von der KfW-Förderbank einen Zuschuss erhalten, den Sie nicht zurückzahlen müssen. Auch für eine Energiesparberatung, Installationen zur Nutzung erneuerbarer Energien, die Einspeisung von Sonnenenergie sowie die Verwendung natürlicher Dämmstoffe unterstützt Sie der Staat mit Geld.

Zuschüsse des CO_2-Gebäudesanierungsprogramms

Zuschuss im Rahmen der Kreditvariante: Eigentümer von selbst genutzten oder vermieteten Ein- oder Zweifamilienhäusern sowie Eigentumswohnungen, die einen KfW-Kredit des CO_2-Gebäudesanierungsprogramms aufnehmen, können einen Tilgungszuschuss erhalten. Voraussetzungen sind:

Tilgungs-
zuschuss

❶ Der Eigentümer muss eine Privatperson sein.

❷ Mit der Sanierung erreicht das Gebäude das Neubau-Niveau der EnEV.

Die Höhe des Zuschusses hängt davon ab, wie niedrig der Energieverbrauch nach der Sanierung ist:

- 12,5 Prozent, maximal jedoch 6.250 € pro Wohneinheit gibt es, wenn der Energieverbrauch der Immobilie nach der Sanierung mindestens 30 Prozent unter Neubau-Niveau liegt.
- 5 Prozent, maximal jedoch 2.500 € pro Wohneinheit gibt es, wenn der Energieverbrauch der Immobilie nach der Sanierung dem Neubau-Niveau entspricht.

Der Tilgungszuschuss wird dem Antragsteller zu einem festgelegten Zeitpunkt als Sondertilgung gutgeschrieben. Den Antrag reicht der Eigentümer direkt bei der KfW ein, und zwar vor der Sanierung.

Zuschussvariante – wenn der Antragsteller keinen Kredit aufnimmt: Eigentümer, die keinen Kredit aufnehmen, können von der Zuschussvariante des CO_2-Gebäudesanierungsprogramms profitieren. Der Zuschuss beträgt:

- 17,5 Prozent, maximal jedoch 8.750 € pro Wohneinheit, wenn der Energieverbrauch der Immobilie nach der Sanierung mindestens 30 Prozent unter Neubau-Niveau liegt,
- 10 Prozent, maximal jedoch 5.000 € pro Wohneinheit, wenn der Energieverbrauch der Immobilie nach der Sanierung dem Neubau-Niveau entspricht,
- 5 Prozent, maximal jedoch 2.500 € pro Wohneinheit, wenn der Energieverbrauch der Immobilie das Neubauniveau zwar nicht erreicht, aber dennoch ein Maßnahmepaket durchgeführt wird, das zu einer erheblichen Energieeinsparung führt.

Zuschuss ohne Kredit

Energiesparberatung vor Ort

Für Haus- und Wohnungseigentümer, die Energie sparen und in den Umweltschutz investieren wollen, gibt es Hilfe vom Bund. Sie können im Rahmen der „Vor-Ort-Beratung" eine Energiesparberatung durch einen Fachmann oder eine Fachfrau in Anspruch nehmen und vom Bundesministerium für Wirtschaft und Technologie einen Zuschuss zu den Beratungskosten erhalten. Der Zuschuss beträgt für Ein- und Zweifamilienhäuser 175 € und für Wohnhäuser mit mindestens drei Wohneinheiten 250 €.

Vor-Ort-Beratung

Voraussetzung für den Zuschuss ist, dass die Baugenehmigung für die Wohngebäude vor 1984 (alte Bundesländer) oder 1989 (neue Bundesländer) erteilt wurde. Zudem darf die Gebäudehülle anschließend nicht aufgrund späterer Baugenehmigungen zu mehr als 50 Prozent durch Anbau oder Aufstockung verändert worden sein und mehr als die Hälfte der Gebäudefläche muss zu ständigen Wohnzwecken genutzt werden.

Die Beratung darf nur von qualifizierten Beratern durchgeführt werden, die auch den Antrag stellen. Eine Liste von Beratern finden Sie im Internet unter *www.bafa.de.*

Erneuerbare Energien

Erneuerbare Energien

Im Rahmen des Marktanreizprogramms des Bundesministeriums für Umwelt, Naturschutz und Reaktorsicherheit unterstützt das Bundesamt für Wirtschaft und Ausfuhrkontrolle (BAFA) Maßnahmen zur Nutzung erneuerbarer Energien. Die Basisförderung umfasst Solarkollektoranlagen bis 40 m^2 installierter Bruttokollektorfläche, von automatisch beschickten Biomasseanlagen (Pelletheizungen) bis 100 kW Nennwärmeleistung und von handbeschickten Scheitholzvergaserkesseln von 15 bis 30 kW Nennwärmeleistung. Förderfähig sind Vorhaben, die ab dem 16. Oktober 2006 begonnen wurden und zum Zeitpunkt der Antragstellung fertiggestellt sind. Wer einen Antrag stellen möchte, sollte sich also bereits bei der Auswahl der Anlage informieren, ob diese die Voraussetzungen für eine Förderung erfüllt. Anträge und nähere Informationen unter *www.bafa.de.*

Geld für erzeugten Strom

Gemäß dem Erneuerbare-Energien-Gesetz (EEG) müssen Energieversorger jede ins öffentliche Netz eingespeiste kWh Solarstrom über eine Laufzeit von 20 Jahren mit einem bestimmten Betrag vergüten. Wohneigentümer, die eine Solaranlage installieren lassen, können also Geld für erzeugten Strom bekommen.

Für Strom aus Fotovoltaikanlagen, die 2007 ans Netz gegangen sind, erhält der Betreiber 37,96 ct/kWh als Vergütungssatz, und zwar über den gesamten Vergütungszeitraum. Wird die Anlage später installiert, fällt die Einspeisevergütung geringer aus: Für 2008 installierte sind es 35,49 ct/kWh und 2009 33,18 ct/kWh. Befinden sich die Anlagen auf dem Gebäude oder sind sie fassadenintegriert, gibt es mehr:

Fotovoltaikanlagen

Anlagen auf Dachflächen und Lärmschutzwänden			
Jahr der Inbetriebnahme	Bis einschl. 30 kW in ct/kWh	Ab 30 kW in ct/kWh	Ab 100 kW in ct/kWh
2006	51,80	49,28	48,74
2007	49,21	46,82	46,30
2008	46,75	44,48	43,99
2009	44,41	42,26	41,79

Fassadenanlagen			
Jahr der Inbetriebnahme	Bis einschl. 30 kW in ct/kWh	Ab 30 kW in ct/kWh	Ab 100 kW in ct/kWh
2006	56,80	54,28	53,74
2007	54,21	51,82	51,30
2008	51,75	49,48	48,99
2009	49,41	47,26	46,79

Dämmstoffe

Auch für den Kauf und Einsatz von Naturdämmstoffen für die Wärme- und Schalldämmung können Bauherren einen Zuschuss erhalten. Im Rahmen des Markteinführungsprogramms „Dämmstoffe aus nachwachsenden Rohstoffen" fördert die Bundesregierung beispielsweise Materialien aus Schafwolle, Hanf, Flachs und Getreidegranulat. Das Programm endet allerdings am 31. Dezember 2007. Der Zuschuss des Bundesverbraucherministeriums beträgt je nach Kategorie 25 oder 35 €/m³ Dämmmaterial. Bauherren können den Antrag – mit Originalrechnung und Zahlungsnachweis – innerhalb von drei Monaten nach dem Kauf bei der Fachagentur Nachwachsende Rohstoffe stellen (Fachagentur Nachwachsende Rohstoffe, Hofplatz 1, 18276 Gülzow, Tel.: 0 38 43/69 30-0, *www.fnr.de*, *www.naturdaemmstoffe.info*).

Naturdämmstoffe

Um auch Familien den Erwerb einer Immobilie zu ermöglichen, erhalten Sie staatliche Zuschüsse.

Förderung von Familien – die Wohnraumförderung

Wohnraum-
förderung

Selbstnutzer von Immobilien können von den Bundesländern zinsgünstige Darlehen, monatliche Aufwendungshilfen oder direkte Baukostenzuschüsse, die nicht zurückgezahlt werden müssen, erhalten. Der Bund und die Länder übernehmen außerdem Bürgschaften und die Gemeinden stellen verbilligtes Bauland zur Verfügung. Geregelt ist dies im Wohnraumförderungsgesetz (WoFG) (→CD-ROM). Nicht nur Neubau-Eigenheime, sondern auch der Kauf sowie die Modernisierung und Instandsetzung bereits vorhandenen Wohnraums werden gefördert, ebenso wie der Kauf eines Grundstückes über Erbbaupacht.

Förderkriterien

Im WoFG sind lediglich die Rahmenbedingungen, die Einkommensgrenzen und die Förderkriterien für die Vergabe der Mittel festgelegt, über die genaue Ausgestaltung der Fördergramme und die entsprechenden Richtlinien entscheiden jedoch die einzelnen Bundesländer selbst.

Im Rahmen der Föderalismusreform wurde die Zuständigkeit für die Gesetzgebung zur sozialen Wohnraumförderung zum 1. September 2006 vom Bund auf die Länder übertragen. Ab 1. Januar

2007 sind Bundesfinanzhilfen für die soziale Wohnraumförderung nicht mehr möglich. Soweit das Wohnraumförderungsgesetz des Bundes nicht durch landesrechtliche Regelungen ersetzt wird, bleibt es in dem jeweiligen Bundesland weiterhin gültig.

Die Zielgruppe sind vor allem Familien oder Alleinerziehende mit zwei oder mehr Kindern oder Haushalte, in denen wegen der Behinderung eines Haushaltsangehörigen oder aus sonstigen Gründen ein besonderer baulicher Bedarf besteht.

Wer kann einen Antrag stellen?

Ob Sie zur Gruppe der Förderberechtigten gehören, hängt von Ihrem Gesamteinkommen ab. Nach § 9 des WoFG (→CD-ROM) darf das Gesamteinkommen des Haushaltes des Antragstellers bestimmte Grenzen nicht überschreiten. Es setzt sich aus den Jahreseinkommen aller im Haushalt lebenden Personen abzüglich bestimmter Frei- und Abzugsbeträge zusammen:

* Einpersonenhaushalte 12.000 €,
* Zweipersonenhaushalte 18.000 €,
* für jeden weiteren zum Familienhaushalt zählenden Angehörigen erhöht sich die Einkommensgrenze um 4.100 €,
* für jedes zum Haushalt zählende Kind erhöht sich die Grenze um weitere 500 €.

Frei- und Abzugsbeträge

Die Bundesländer sind gemäß WoFG jedoch ausdrücklich ermächtigt, bei der Förderung selbst genutzten Wohneigentums von diesen Grenzen aufgrund örtlicher und regionaler wohnungswirtschaftlicher Verhältnisse abzuweichen. In vielen Bundesländern können Sie mit Kulanz rechnen, wenn Sie über der Einkommensgrenze liegen. Zum Teil werden auch noch Fördermittel gewährt, wenn der Antragsteller die Einkommensgrenze um 40 oder 50 Prozent überschreitet.

Wenn Sie eine Förderung erhalten wollen, darf Ihr Wohneigentum bestimmte Wohnflächengrenzen nicht überschreiten. Auch diese Grenzen können jeweils die Bundesländer selbst festlegen. Eine weitere Bestimmung besagt, dass Fördermittel nur für Vorhaben gewährt werden dürfen, die noch nicht begonnen wurden. Wenn

Wohnflächengrenzen

Sie also vorhaben, einen Antrag zu stellen, sollten Sie dies frühzeitig vor Abschluss des Kauf- oder Bauvertrags machen.
Zudem spielen sehr detaillierte bautechnische und andere Faktoren eine Rolle bei der Vergabe der Fördermittel. So wird beispielsweise niemand gefördert, der schon Wohneigentum besitzt
oder bereits gefördert wurde.

n-tv TIPP

Antrag rechtzeitig stellen

Es gibt keinen Rechtsanspruch auf die Förderung. Selbst der
Bauherr oder Eigenheimerwerber, der alle Fördervorausset-
zungen erfüllt, kann noch nicht sicher davon ausgehen, dass
er auch eine Förderung erhält. Da bei der Bewilligung auch
die Reihenfolge der abgegebenen Anträge eine Rolle spielt
und die jährlichen Mittel je nach finanzieller Ausstattung des
Bundeslandes begrenzt sind, können diese im Laufe des Jahres verbraucht sein und zu spät gestellte Anträge deshalb
abgewiesen werden – der Antragsteller sollte also möglichst
frühzeitig mit der Bewilligungsstelle in Kontakt treten.

Ermittlung des Einkommens

Für die Ermittlung des Gesamteinkommens des Haushalts wird
das Jahreseinkommen jedes Haushaltsangehörigen herangezogen. Abgezogen werden davon:

Einkommens-
grenzen

❶ der Arbeitnehmer-Pauschbetrag von 920 € oder gegebenenfalls höhere Werbungskosten bzw. die Betriebsausgaben bei-
Selbstständigen,
❷ jeweils noch ein pauschaler Betrag von 10 Prozent für die Ent-
richtung von Steuern und Einkommen, Beiträgen zur gesetzlichen Kranken-, Pflege- und Rentenversicherung.

Die so errechneten Jahreseinkommen werden addiert. Von diesem
Gesamteinkommen können dann unter anderem folgende Frei-
und Abzugsbeträge abgerechnet werden:

- 4.000 € bei jungen Ehepaaren bis zum Ablauf des fünften Jahres nach dem Jahr der Eheschließung, wenn beide Ehepartner unter 40 Jahre alt sind,
- 600 € für jedes Kind unter zwölf Jahren bei Alleinerziehenden, die wegen Erwerbstätigkeit oder Ausbildung nicht nur kurzfristig vom Haushalt abwesend sind,
- Aufwendungen zur Erfüllung gesetzlicher Unterhaltsverpflichtungen,
- bis zu 600 € von den Einkünften eines zum Haushalt gehörenden Kindes, wenn das Kind über 16 Jahre alt ist und das 25. Lebensjahr noch nicht vollendet hat,
- 4.500 € bei einem schwerbehinderten Haushaltsangehörigen mit einem Behinderungsgrad von 100 bzw. wenigstens 80, wenn dieser häuslich pflegebedürftig ist,
- 2.100 € bei einem schwerbehinderten Menschen mit einem Behinderungsgrad unter 80, wenn dieser häuslich pflegebedürftig ist.

PRAXISBEISPIEL

Ermittlung des Haushaltseinkommens
Die Einkommensgrenzen können wesentlich höher liegen, als im WoFG festgeschrieben ist. In Nordrhein-Westfalen kann eine Familie mit zwei Kindern für den Bau oder Ersterwerb eines Eigenheims noch mit einem Bruttoeinkommen von 59.491 € ein Förderdarlehen erhalten.

Bruttojahreseinkommen	59.491 €
Werbungskosten oder Arbeitnehmerpauschbetrag	−920 €
Zwischensumme	58.571 €
10 % Pauschale Steuern	−5.857 €
10 % Pauschale Krankenversicherung	−5.857 €
10 % Rentenversicherung	−5.875 €
Anrechenbares Haushaltseinkommen	41.000 €
Maßgebliche Einkommensgrenze für Baudarlehen Fördermodell A	42.006 €

Die Familie kann ein Darlehen von 75.000 € beantragen (Grund-pauschale 45.000 € + Kinderbonus 5.000 € je Kind + Stadtbonus – nur bestimmte Städte – 20.000 €).

So stellen Sie einen Antrag

Antrag-stellung

Interessierte können sich bei den zuständigen Gemeinde- oder Kreisverwaltungen oder direkt bei den die Darlehen verwaltenden Landeskreditanstalten des jeweiligen Bundeslandes über die einzelnen Förderprogramme und deren genauer Ausgestaltung (z. B. genaue Voraussetzungen, Höhe der Darlehen, Verzinsung und Tilgung oder Angaben zu Baukostenobergrenzen und Wohn-flächengrenzen) informieren. Diese Stellen sind in der Regel auch für die Annahme und die Bewilligung der Anträge zuständig. Ob der Antrag direkt bei der Landeskreditanstalt oder bei den ent-sprechenden für den Bauort/Standort zuständigen Förderstellen eingereicht wird, ist von Bundesland zu Bundesland individuell geregelt.

Die Bundesländer unterstützen Bauherren oder Käufer in der Regel mit günstigen Darlehen, nicht zurückzahlbare Zuschüsse werden inzwischen seltener vergeben. In der höchsten Förderstu-fe kann mit Darlehen von 50.000 € oder mehr gerechnet werden. Die Höhe der Kredite hängt manchmal auch von der Region, in der das Objekt liegt, ab. So kann die Förderung für Objekte in Bal-lungsgebieten, für die höhere Grundstückspreise und Baukosten anfallen, höher sein als für Objekte in anderen Gebieten. Mehr Geld gibt es auch, wenn der Erwerber eine öffentlich geförderte Mietwohnung bewohnt hatte und diese durch den Umzug ins Eigenheim frei wird.

Kombinierte Förderung

Wenn Sie Fördermittel Ihres Bundeslandes in Anspruch nehmen, könne Sie zusätzlich auch noch ein Darlehen der KfW erhalten. Hier gibt es vonseiten der KfW und bei den eigentlichen Landes-fördermitteln keine Einschränkungen. Einige Bundesländer bieten jedoch zusätzliche Programme an, die bereits aus KfW-Mitteln bestehen, und bei denen eine weitere Förderung durch die KfW nicht möglich ist.

Förderung von Mietwohnraum

Vermieter können für die Finanzierung von Mietobjekten ebenfalls Fördermittel nach dem Wohnraumförderungsprogramm erhalten. Wer die Förderung erhält, unterliegt jedoch einer Mietpreisbindung sowie Veräußerungs- und Verfügungsbeschränkungen. Zu den Voraussetzungen gehört, dass die Wohnungen für einen definierten Personenkreis (beispielsweise Familien mit Kindern, Senioren oder Schwerbehinderten) zur Verfügung gestellt und festgelegte Einkommensgrenzen, Wohnraumgrenzen sowie Miethöhengrenzen berücksichtigt werden. Die genauen Regelungen legen jedoch die Bundesländer fest, die Programme variieren hier ebenso wie bei der Förderung der Selbstnutzer von Bundesland zu Bundesland.

Beschränkungen für Vermieter

Und so gilt auch für Vermieter: Informationen über die einzelnen Förderprogramme wie etwa genaue Voraussetzungen, Höhe der Darlehen, Verzinsung und Tilgung, Angaben zu Baukostenobergrenzen und Wohnflächengrenzen erhält man bei den zuständigen Gemeinde- oder Kreisverwaltungen oder direkt bei den die Darlehen verwaltenden Landeskreditanstalten.

Kommunale Fördermittel

Kommunen vergeben ebenfalls Fördermittel an Bauherren oder Immobilienbesitzer, und zwar über das Bund-Länder-Programm zur Städtebauförderung. Wenn eine Stadt oder eine Gemeinde in dieses Programm aufgenommen worden ist, kann der Immobilienerwerber Mittel daraus erhalten. Voraussetzung ist: Die Immobilie muss in einem geförderten Sanierungsgebiet liegen.

Kommunen vergeben außerdem noch Gelder im Rahmen des Bund-Länder-Programms „Die soziale Stadt". Dieses wurde mit dem Ziel ins Leben gerufen, die Wohn- und Lebensqualität insbesondere in Stadtteilen mit besonderem Entwicklungsbedarf zu verbessern. Darüber hinaus gibt es auch Kommunen, die eigene Förderprogramme auflegen. Gelder aus diesen Programmen können Immobilienerwerber unabhängig von anderen öffentlichen Mitteln erhalten.

Bund-Länder-Programm

Nähere Informationen darüber gibt es im Rathaus der jeweiligen Gemeinde oder Stadt.

Der Lastenzuschuss

Lasten-
zuschuss

Den Lastenzuschuss, eigentlich Wohngeld, können auch Bauherren oder Immobilienerwerber, die zwar Darlehen und Zuschüsse erhalten, aber trotzdem nicht für ihre Kosten allein aufkommen können, beziehen. Unterschreitet ihr Einkommen bestimmte Grenzen, haben Eigentümer einer selbst genutzten Immobilie sogar einen Rechtsanspruch darauf. Sie werden so mit den Mietern gleichgestellt, die einen Mietzuschuss beanspruchen können, und beziehen Wohngeld nach den geltenden Regeln. Die Höhe des Lastenzuschusses hängt von der Familiengröße, dem Familieneinkommen und der Höhe der monatlichen Belastungen ab. Vor allem Selbstnutzer von Eigentumswohnungen, die durch Arbeitslosigkeit, eine länger dauernde Krankheit oder Berufs- bzw. Erwerbsunfähigkeit Einkommenseinbußen in Kauf nehmen müssen, sollten diese staatliche Hilfe in Anspruch nehmen. Der Lastenzuschuss ist bundesweit einheitlich geregelt und muss beim jeweiligen Wohngeldamt beantragt werden. Der Bewilligungsabschnitt beträgt zwölf Monate. Danach wird geprüft, ob der Zuschuss auch weiterhin erforderlich ist.

Wohngeld

Die Regelungen zum Wohngeld wurden im Zuge der Hartz-IV-Gesetze geändert. Seit dem 1. Januar 2005 erhalten Personen, die Arbeitslosengeld II, Sozialgeld, Sozialhilfe, Grundsicherung, Hilfe zum Lebensunterhalt nach dem Bundesversorgungsgesetz oder Kinder- bzw. Jugendhilfe beziehen, kein Wohngeld mehr, da Wohnkosten künftig zusammen mit dieser Leistung gewährt werden. Wenn ein oder mehrere Familienmitglieder des Haushaltes keine der vorstehenden Leistungen erhalten, so besteht nur für diese Personen weiterhin ein Anspruch auf Wohngeld. Nur dann kann ein Antrag auf Wohngeld gestellt werden.

Die Bausparförderung

Mit der Bausparförderung will der Staat den Kauf oder den Bau einer Immobilie unterstützen. Da sich sowohl die Bausparförderung über die Wohnungsbauprämie als auch über die Arbeitnehmersparzulage vor allem auf die Ansparphase bezieht, handelt es sich eigentlich um eine Ansparförderung. Sie sind deshalb vor allem für diejenigen interessant, die ihren Wunsch nach dem Eigenheim nicht sofort, sondern erst in der Zukunft realisieren wollen und die Zuschüsse somit langfristig in die Finanzierung des Kaufvorhabens einplanen.

Bei der Wohnungsbauprämie erhalten Bausparer seit dem 1. Januar 2004 jährlich maximal eine Prämie von 45,06 €, was 8,8 Prozent des zu fördernden Maximalbetrages entspricht. Nach Ablauf von sieben Jahren werden die Beträge dem Bausparkonto gutgeschrieben. Dies geschieht unabhängig davon, ob die Gelder tatsächlich zum Kauf oder Bau von Wohnungen verwendet werden. Ledige, die über mehr als 25.600 € zu versteuerndes Einkommen (Verheiratete über mehr als 51.200 €) im Jahr verfügen, erhalten jedoch keine Bausparprämie. Im Prinzip können alle Erwerbstätigen – auch Selbstständige – die Wohnungsbauprämie nutzen. Sie kann bereits ab dem 16. Lebensjahr in Anspruch genommen werden.

Wohnungsbauprämie

Über einen Bausparvertrag und die Nutzung der vermögenswirksamen Leistungen leistet der Staat Unterstützung beim Erwerb von Immobilieneigentum.

Der Prämienantrag muss jedes Jahr beim Finanzamt abgegeben werden. Die Antragsfrist beträgt zwei Jahre und kann etwa für das Jahr 2006 bis zum 31. Dezember 2008 beantragt werden.

Vermögenswirksame Leistungen

Öffentlich gefördertes Sparen

Für das Sparen mit vermögenswirksamen Leistungen können Arbeitnehmer seit dem 1. Januar 1999 Zulagen aus zwei verschiedenen Fördertöpfen erhalten. Zum einen wird das Sparen in Form von Vermögensbeteiligungen, beispielsweise Aktien, zum anderen das Bausparen gefördert. Seit dem 1. Januar 2004 sind auch hier Änderungen bezüglich der Höhe und des zu fördernden Höchstbetrages und der Zulage wirksam. Zahlt ein Arbeitnehmer über seinen Arbeitgeber den zulagenbegünstigten Höchstbetrag von nun 470 € vermögenswirksam in einen Bausparvertrag ein, gibt der Bund 9 Prozent auf die jährliche Sparleistung – also bis zu 43 € – dazu. Für Verheiratete beträgt der zulagenbegünstigte Höchstbetrag 940 € und der maximale Förderbetrag 86 €. Eine Voraussetzung in den Genuss der Zulage zu kommen besteht darin, dass die festgelegten Einkommensgrenzen nicht überschritten werden. Alleinstehende Arbeitnehmer dürfen nicht mehr als 17.900 € im Jahr verdienen, verheiratete nicht mehr als 35.800 €.

n-tv TIPP

Doppelt kassieren

Die doppelte Förderung eines Sparbetrages mit Bausparprämie und Arbeitnehmersparzulage ist grundsätzlich nicht möglich, allerdings können Sie beide Zulagen nutzen, wenn Sie jährlich innerhalb eines Bausparvertrags zusätzlich zu den 430 € noch 450,60 € ansparen. Ledige erhalten so eine maximale staatliche Förderung von 88,60 €, Verheiratete von 177,20 €.

✔ RECHTS-CHECK

Wann erhalten Sie eine Wohnraumförderung?

Wer nach dem Wohnraumförderungsgesetz gefördert werden
möchte, muss bestimmte Grundsätze berücksichtigen und darf
festgelegte Einkommensgrenzen nicht überschreiten.

Formular
auf CD-ROM

☐ **Haben Sie den Antrag vor Baubeginn oder Kauf gestellt?**
Es gibt keinen Rechtsanspruch auf die Förderung. Da es jedes
Jahr nur ein begrenztes Kontingent gibt, sollten Sie einen Antrag
möglichst früh stellen.

☐ **Planen Sie ein angemessenes Bauvorhaben?**
Das Bauvorhaben muss angemessen sein. Luxusbauten werden
nicht gefördert – die Baukosten dürfen bestimmte Schwellen-
werte nicht überschreiten. Zudem gelten je nach Bundesland bestimmte Wohnflächengrenzen.

☐ **Sind Sie schon Eigentümer?**
Wer schon eine Immobilie besitzt oder bereits gefördert wurde,
erhält keine Förderung.

☐ **Planen Sie eine ausreichende Eigenbeteiligung?**
In der Regel muss der Antragsteller ein Eigenkapital von 10 bis
15 Prozent vorweisen können. Doch in manchen Bundesländern
kann der Anteil auch als Eigenleistungen erbracht werden.

☐ **Ist Ihr Lebensunterhalt gesichert?**
Nach Abzug der Kredit- und Bewirtschaftungskosten muss für
die Familie genug Lebensunterhalt übrig bleiben.

Das müssen Sie tun:
Gehen Sie die Checkliste Schritt für Schritt durch und prüfen
Sie, ob eine Wohnraumförderung für Sie infrage kommt.

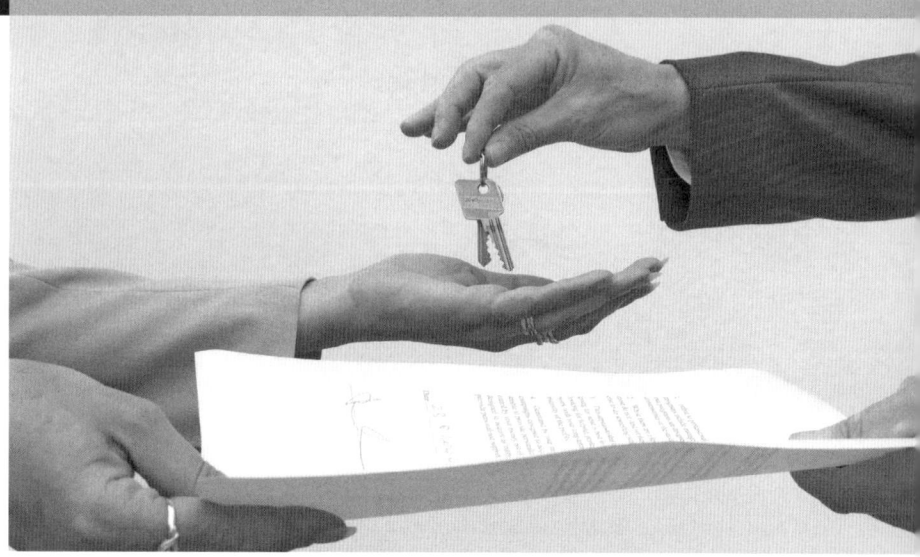

Wenn die Immobilie verkauft werden soll

Das Versilbern einer Immobilie will gut vorbereitet sein. Wollen Sie Hindernisse auf dem Weg zum Verkauf vermeiden, sollten Sie vorab genügend Zeit investieren, um sich mit den Gegebenheiten des Marktes und der richtigen Vorgehensweise bei der Vermarktung eines Objekts vertraut zu machen.

Zum einen müssen Sie einen marktgerechten Preis für Ihr Objekt ermitteln. Darüber hinaus sollten Sie sich Kenntnisse darüber aneignen, welche Instrumente der Werbung es beim Immobilienverkauf gibt und wie Sie diese gezielt nutzen.

Die Bewertung

Angebotspreis Wer eine Immobilie verkaufen möchte, muss entscheiden, ob er dies über einen Makler abwickeln lassen oder selbst ausführen möchte. Doch unabhängig davon, welchen Weg Sie wählen, die richtige Vorbereitung ist ein wichtiger Faktor des erfolgreichen Verkaufs. Denn bevor Sie das Objekt anbieten können, müssen

Sie es bewerten, um einen passenden Angebotspreis festlegen zu können. Dies ist auch notwendig, wenn Sie einen Makler mit dem Verkauf beauftragen wollen, denn nur so können Sie die Bewertung des Maklers nachvollziehen und einschätzen beziehungsweise ihm gegenüber Ihre eigene Kaufpreisforderung durchsetzen.

Auf den Wert von Immobilien wirken sich die Lage, die Bauart und der Zustand aus. Doch sind diese Faktoren nicht beständig, sondern unterliegen fortlaufend Schwankungen, denn was heute als attraktiv gilt, kann schon nach einiger Zeit uninteressant sein. Und auch die allgemeine Situation auf dem Immobilienmarkt wirkt sich natürlich auf die erzielbaren Preise aus.

Für welchen Preis eine Immobilie an den Mann oder die Frau gebracht werden kann, hängt nicht davon ab, was diese einmal gekostet hat, wie sie ausgestattet ist oder wie viel in sie investiert wurde, sondern ausschlaggebend ist in erster Linie die Attraktivität der Lage und die sich daraus ergebende Nachfrage sowie die zu erzielenden Preise für vergleichbare Objekte. Doch auch der allgemeine Zustand des Objekts muss berücksichtigt werden, um Wertminderungen oder notwendige Investitionen einschätzen zu können. *(Lage und Zustand)*

Für die Bewertung ergibt sich daraus zum einen die Notwendigkeit, eine ehrliche Bestandsaufnahme der Immobilie vorzunehmen, die auch alle Mängel berücksichtigt. Zum anderen müssen Sie möglichst viele Informationen über die regionale Marktsituation und die dort erzielten Verkaufspreise vergleichbarer Objekte recherchieren. Laien sollten die Schätzung des Wertes der Immobilie aber professionellen Gutachtern überlassen. Dies bietet eine gute Basis für die Festlegung eines Angebotspreises. Zudem ist der Profi sicherer in seinen Einschätzungen und sein Gutachten hat eine größere Überzeugungskraft als ein selbst erstelltes.

Das Gutachten eines Bausachverständigen empfiehlt sich bei Anzeichen von Bauschäden oder -mängeln an der Immobilie. Vieles davon kann der ungeübte Laie nicht erkennen und zu spät entdeckte unvermeidbare Sanierungsmaßnahmen sind teuer und können den Wert der Immobilie mindern. Der Sachverständige ermittelt die Schäden, kalkuliert die Kosten für deren Beseitigung und leistet energetische Beratung und Planung, mit dem Ziel einen guten Energiepass auszustellen. *(Professionelle Gutachten)*

Mit der Bewertung der Immobilie können Sie den Gutachteraus-schuss oder einen Immobilienbewertungsgutachter beauftragen. Der Gutachterausschuss setzt sich aus unabhängigen Experten zusammen und ist eine neutrale und vom Gericht anerkannte Instanz.

Kosten Die Kosten für ein Gutachten durch den Gutachterausschuss kön-nen regional sehr unterschiedlich sein, während sich Immobilien-bewertungsgutachter und Sachverständige an einer einheitlichen Honorartabelle orientieren. Bei Wertgutachten hängt der Preis von der Schwierigkeitsstufe und der Höhe des Verkehrswertes ab.

n-tv TIPP

Ortsansässiger Gutachter

Wählen Sie nach Möglichkeit einen Gutachter, der ortsansäs-sig und tatsächlich unabhängig und nicht selbst als Makler tätig ist, da sich sonst dessen Eigeninteresse auf das Ergeb-nis des Gutachtens auswirken kann.

Der Verkehrswert

Sachwert, Ertragswert, Vergleichs-wert Ziel bei der Bewertung der Immobilie ist es, den Verkehrswert des Objektes zu schätzen. Der Verkehrswert ist der Preis, der bei ei-nem Verkauf des Objektes unter normalen Umständen zu erzielen ist. Um ihn zu ermitteln, müssen sich Gutachter an vorgegebene Verfahren halten. Es gibt drei Verfahren, über die der Verkehrs-wert ermittelt wird: das Sachwert-, das Ertragswert- und das Ver-gleichsverfahren. Der im Rahmen der ersten beiden Verfahren errechnete Sachwert beziehungsweise Ertragswert ist noch nicht mit dem Verkehrswert gleichzusetzen. Diesen stellt der Gutachter fest, indem er vom Sach- oder Ertragwert noch marktbereinigende Zu- oder Abschläge ableitet. Das dritte Verfahren, das Vergleichs-wertverfahren, wird beim Bodenwert, bei unbebauten Grundstü-cken sowie auch bei Einfamilienhäusern und Eigentumswohnun-gen, vorausgesetzt es sind genügend Vergleichsobjekte vorhan-den, eingesetzt.

Für die Bewertung benötigt der Gutachter eine Reihe von Informa-tionen, die er von öffentlichen Stellen erhält. Einige davon sind kostenpflichtig, andere nicht. Der Gutachterausschuss hält zahlreiche Statistiken bereit und unterschiedliche Ämter informieren über Anschlussgebühren, Belastungen, Denkmalschutz, Zuschnitt und Lage des Grundstücks oder die Planungen für die Gestaltung der Umgebung.

Der Gutachterausschuss ist eine der wichtigsten Anlaufstellen, um konkrete Informationen zum Grundstücksmarkt einzuholen. Er setzt sich aus unabhängigen Experten zusammen und kann räumlich einer anderen Behörde angegliedert sein. Sein Zuständigkeitsbereich erstreckt sich in der Regel auf Landkreise oder kreisfreie Städte. Ihm kommen folgende Aufgaben zu: `Gutachterausschuss`

- Kaufpreissammlung,
- Bestimmung der Bodenrichtwerte,
- Erstellung von Daten wie Liegenschaftszinssätze, Indexreihen, Vergleichsfaktoren, Umrechnungskoeffizienten oder Mietwertübersichten,
- Erstellen von Grundstücksmarktberichten,
- Verfassen von Einzelgutachten.

Vergleichswertverfahren

Das Vergleichswertverfahren ist sehr realitätsnah, da der Wert der Immobilie anhand von Objekten in ähnlicher Lage und ähnlichem Zustand ermittelt wird. Gutachter wenden es daher gern an. Für private Verkäufer stellt es eine geeignete Methode dar, die eigene Kaufpreisforderung festzulegen.

Es wird häufig bei unbebauten Grundstücken verwendet. In der Regel dient der Bodenrichtwert als Grundlage. Ein unmittelbarer Vergleichswert für Grundstücke kann aber nur berechnet werden, wenn folgende Faktoren übereinstimmen: `Unbebaute Grundstücke`

- Ortslage,
- Grundstückslage,
- Art und Maß der baulichen Nutzung,
- Größe des Grundstücks sowie Zuschnitt,
- Infrastruktur,
- Himmelsausrichtung,
- Bevölkerungsstruktur.

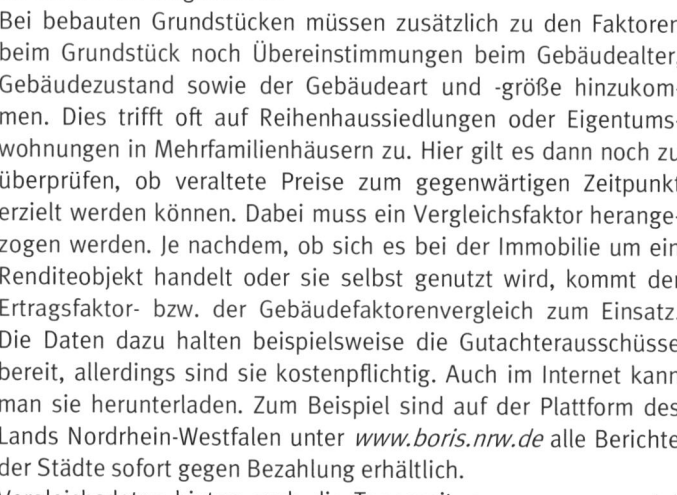

Bei Abweichungen davon können Zu- oder Abschläge vorgenommen werden. Sind sie allerdings zu hoch, gelten die Grundstücke als nicht mehr vergleichbar.

Vergleichs-faktor
Bei bebauten Grundstücken müssen zusätzlich zu den Faktoren beim Grundstück noch Übereinstimmungen beim Gebäudealter, Gebäudezustand sowie der Gebäudeart und -größe hinzukommen. Dies trifft oft auf Reihenhaussiedlungen oder Eigentumswohnungen in Mehrfamilienhäusern zu. Hier gilt es dann noch zu überprüfen, ob veraltete Preise zum gegenwärtigen Zeitpunkt erzielt werden können. Dabei muss ein Vergleichsfaktor herangezogen werden. Je nachdem, ob sich es bei der Immobilie um ein Renditeobjekt handelt oder sie selbst genutzt wird, kommt der Ertragsfaktor- bzw. der Gebäudefaktorenvergleich zum Einsatz. Die Daten dazu halten beispielsweise die Gutachterausschüsse bereit, allerdings sind sie kostenpflichtig. Auch im Internet kann man sie herunterladen. Zum Beispiel sind auf der Plattform des Lands Nordrhein-Westfalen unter *www.boris.nrw.de* alle Berichte der Städte sofort gegen Bezahlung erhältlich.

Vergleichsdaten bieten auch die Tageszeitungen, vorausgesetzt die Objektart und die Lage entsprechen sich. Doch beachten Sie: Hier erfahren Sie nur etwas über die Preisforderungen der Verkäufer, welche Preise diese dann tatsächlich erzielen, können Sie daraus noch nicht schlussfolgern. Insofern taugen diese Daten nur als Richtwerte und Grundlage für weitere Recherchen.

Vergleichsobjekte müssen sich sehr ähnlich sein.

Sachwertverfahren

Bei Immobilien, die keine Ertragsziele verfolgen und für die kein Vergleichswert ermittelt werden kann, wird das Sachwertverfahren angewendet. Es kommt also vor allem bei selbst genutzten Objekten zum Einsatz. Für den Sachwert wird die Bausubstanz errechnet und mit dem Bodenwert addiert.

Normalherstel-lungskosten
Zunächst ermittelt der Gutachter die Normalherstellungskosten des Gebäudes. Er verwendet dazu Tabellen mit Preisen für die Bruttogeschossfläche, die bezogene Wohn- und Nutzfläche oder den umbauten Raum. Stimmt das Datum der Tabelle nicht mit dem Wertstichtag überein, muss er eine Korrektur mithilfe des Baukostenindizes des Statistischen Bundesamtes vornehmen. So werden die Normalherstellungskosten berechnet:

umbauter Raum
* Kubikmeterpreis im Basisjahr
* Korrektur Bauveränderung für Bewertungstag
± Zu- oder Abschläge für einzelne Bauteile
+ Baunebenkosten
= Normalherstellungskosten

Die Normalherstellungskosten müssen anschließend durch Abzüge für die Alterswertminderung, Baumängel sowie Bauschäden und andere Wertfaktoren korrigiert werden. Aus dieser Rechnung ergibt sich der Herstellungswert: *Herstellungswert*

Normalherstellungskosten
– Altersminderung
– Baumängel und Bauschäden
± andere Wertfaktoren
= Herstellungswert

Zum Herstellungswert addiert der Gutachter den Bodenwert und einen pauschalen Wert für die Außenanlagen und nimmt an dem so errechneten Sachwert dann noch auf der Marktlage basierende Zu- oder Abschläge vor.

PRAXISBEISPIEL

Ermittlung des Sachwerts eines Einfamilienhauses
Ein Grundstück hat einen Bodenwert von 93.000 €, der umbaute Raum beträgt 680 m^3, die Restnutzungsdauer ist 35 Jahre. Für die Baukosten pro m^3 wird mit 180 € ein Erfahrungswert zugrunde gelegt. Zusätzlich zu den Baukosten müssen die Baunebenkosten berücksichtigt werden. Sie werden in der Regel anhand einer Pauschale (15 Prozent der Baukosten) ermittelt. Drei Prozent der Bau- und Baunebenkosten werden für die Außenanlagen veranschlagt. So rechnet der Gutachter:

Baukosten: 122.400 € (180 € * 680 m^3)
+ Baunebenkosten: 18.360 € (122.400 € * 0,15)
+ Kost. für Außenanl.: rund 4.200 € ((122.400 € + 18.360 €)*0,03)
= Herstellungskosten: 144.960 €

203

Alterswert-
minderung

Die Alterswertminderung für das 35 Jahre alte Gebäude wird anhand der Abschreibungstabelle des örtlichen Gutachterausschusses ermittelt; sie beträgt 41,80 Prozent. So ergibt sich eine Alterswertminderung von rund 60.600 € (144.960 € * 0,4180). Die Herstellungskosten minus der Alterswertminderung ergeben den Zeitwert der Immobilie:

Zeitwert

Herstellungskosten:	144.960 €
– Alterswertminderung:	60.600 €
= Zeitwert:	rund 84.000 €

Zum Zeitwert muss der Wert für Sonderbauteile und sonstige Gebäude wie beispielsweise Garagen addiert werden, da diese nicht in den Herstellungskosten berücksichtigt sind, um so den Gesamtbauwert zu ermitteln. Im Beispiel ist der Zeitwert mit dem Gesamtwert identisch. Der Sachwert des Hauses ergibt sich nun aus dem Gesamtbauwert und dem Bodenwert.

Sachwert

Gesamtbauwert:	84.000 €
+ Bodenwert:	93.000 €
= Sachwert:	177.000 €

Vom Sachwert nimmt der Gutachter aufgrund seiner Marktkenntnisse noch einen Abschlag nach unten vor und schätzt so den Verkehrswert des Einfamilienhauses zum Stichtag auf 170.000 €.

Ertragswertverfahren

Jahres-
rohertrag

Vermietete Immobilien werden auf Basis der Mieteinnahmen geschätzt, hier kommt das sogenannte Ertragswertverfahren zur Anwendung. Ein wichtiger Faktor bei der Berechnung ist der Jahresrohertrag. Dieser setzt sich aus den nachhaltig erzielbaren Mieteinnahmen – nicht den tatsächlich erzielbaren Mieten – abzüglich der Betriebskosten zusammen. Ausschlaggebend dabei sind die ortsüblichen durchschnittlichen Mieten für vergleichbare Objekte. Vom Jahresrohertrag werden dann die nicht umlagefähigen Bewirtschaftungskosten (Verwaltungskosten, Instandhal-

tungskosten, Mietausfallwagnis) abgezogen und so der Jahresreinertrag errechnet.

Errechnung des Jahresreinertrages
Eine vermietete Eigentumswohnung mit einer Gesamtmietfläche
von 95 m^2 erzielt eine ortsübliche Miete von 8 €/m^2 und Monat.
Der Jahresrohertrag beträgt also 9.120 €:

95 * 7 € = 665 €
665 € * 12 = 7.980 € (Jahresrohertrag)

Vom Jahresrohertrag müssen nun die nicht umlagefähigen Bewirtschaftungskosten abgezogen werden. Da hierfür keine konkreten
Daten vorliegen, werden Pauschalsätze angewandt:

Verwaltungskosten:	1 WE * 230 €	230 €
+ Instandhaltung:	95 m^2 * 13 €	1.235 €
+ Mietausfallwagnis:	2,5% von 9.120 €	228 €
= umlagefähige Bewirtschaftungskosten:		1.693 €

Vom Jahresrohertrag werden nun die addierten umlagefähigen
Bewirtschaftungskosten abgezogen und so der Jahresreinertrag
berechnet:

Jahresrohertrag:	7.980 €	Jahres-reinertrag
– Bewirtschaftungskosten:	1.693 €	
= Jahresreinertrag:	6.287 €	

Im nächsten Schritt wird der Gebäudereinertrag bzw. bei Woh- Gebäude-reinertrag
nungen der Gebäudeertragsanteil berechnet. Da bei Grundstü-
cken angenommen wird, dass diese unvergänglich sind, bei Gebäuden hingegen von einer begrenzten Nutzungsdauer ausgegangen wird, muss der Gutachter gemäß Wertermittlungsrichtlinie
die Verzinsung des Bodenwertes vom Jahresreinertrag abziehen.
Grundlage dafür kann eine pauschale Annahme sein, von Vorteil
sind aber Vergleichsdaten des Gutachterausschusses.

Den Gebäudeertragsanteil berechnen

Für die oben angegebene Eigentumswohnung weist der Gutachterausschuss den Bodenwert auf Basis der Wohnfläche aus – er beträgt 250 €/ m². Der Bodenwert beläuft sich somit auf:

95 m² * 250 € = 23.750 €

Um die Bodenwertverzinsung zu berechnen, muss der Bodenwert mit dem vom Gutachterausschuss mitgeteilten Liegenschaftszinssatz multipliziert werden:

23.750 € * 0,040 = 950 €

Der Gebäudeertragsanteil ergibt sich, indem vom Jahresreinertrag die Bodenwertverzinsung abgezogen wird:

Gebäude-ertragsanteil		
Jahresreinertrag:	6.287 €
– Bodenwertverzinsung:	950 €
= Gebäudeertragsanteil:	5.337 €

Der Gebäudeertragsanteil bildet die Grundlage für die Berechnung des Gebäudeertragswerts, der wiederum addiert mit dem Bodenwert den Gesamtertragswert der Immobilie ergibt.

Da der Gebäudeertragsanteil ein auf ein Jahr bezogener Wert ist, muss nun die Verzinsung dieses Wertes berücksichtigt werden, was mithilfe des Liegenschaftszinssatzes des Gutacherausschusses und der Restnutzungsdauer der Immobilie geschieht. Bei Wohnimmobilien wird üblicherweise von einer pauschalierten Gesamtnutzungsdauer von 80 oder 90 Jahren ausgegangen. Die Restnutzungsdauer ergibt sich, indem das tatsächliche Alter der Immobilie von der Gesamtnutzungsdauer abgezogen wird.

Ertragsver-vielfältiger Anhand beider Werte – Restnutzungsdauer und Liegenschaftszinssatz – liest der Gutachter in einer Tabelle (Anlage 5 der Wertermittlungsrichtlinie) den sogenannten Ertragsvervielfältiger ab und multipliziert diesen mit dem Gebäudeertragsanteil.

Gebäudeertragswert und Gesamtertragswert berechnen

Die Eigentumswohnung ist 29 Jahre alt und hat somit eine Restnutzungsdauer von 51 Jahren (80 Jahre Gesamtlebensdauer − 29 Jahre Alter), der Liegenschaftszinssatz gemäß Gutachterausschuss beträgt 4 Prozent. In der Tabelle des Ertragsvervielfältigers ergeben beide Werte einen Vervielfältiger von 21,04. Der Gebäudeertragswert beträgt somit:

5.337 € * 21,04 = rund 112.000 €

Der Gesamtertragswert für das Objekt errechnet sich schließlich aus dem Bodenwert und dem Gebäudeertragswert:

Bodenwert:	23.750 €
+ Gebäudeertragswert:	112.000 €
= Gesamtertragswert:	135.750 €

Vom Gesamtertragswert muss der Gutachter nun noch wertverändernde Einflüsse wie Reparaturkosten abziehen. In diesem Beispiel ist das nicht notwendig. Unter Berücksichtigung der derzeitigen Marktlage wägt der Gutachter noch ab, ob er Zu- oder Abschläge vornehmen muss, und entscheidet sich für einen glatten, nach unten gerundeten Wert. Er schätzt den Gesamtwert der vermieteten Eigentumswohnung auf einen Preis von rund 130.000 €.

Wertverändernde Einflüsse

Herkömmlicher Verkauf oder Bieterverfahren

Eine Alternative zum normalen Verkauf stellt das Bieterverfahren dar. Bei diesem folgt auf eine mehrwöchige Werbekampagne nur ein Besichtigungstermin. Zu diesem finden sich alle Interessenten ein. Der Verkäufer nennt weder eine konkrete Preisforderung noch Mindestgebote, sondern am Ende der Besichtigung oder der anschließenden Gebotsfrist geben die Interessenten ihr Gebot ab. Es liegt in den Händen des Verkäufers, auf Basis des besten Angebotes zu verhandeln bzw. dieses anzunehmen oder abzulehnen.

Schneller Verkauf Durch das Bieterverfahren lässt sich der Verkauf von Immobilien beschleunigen. Während bei der Veräußerung über das herkömmliche Verfahren sechs bis zwölf Monate ins Land ziehen können, bis diese abgewickelt ist, lässt sich dieser Zeitraum beim Bieterverfahren durch die zeitliche Begrenzung verkürzen. Ziel eines solchen Verfahrens ist ein schnellerer Verkaufsabschluss, manchmal sogar innerhalb von drei Monaten.

Gebote unter Marktwert Bedenken, dass sich die Gebote der Interessenten aufgrund der fehlenden Preisforderung ausschließlich unterhalb des Marktwertes bewegen, sind unbegründet, denn aufgrund der Vielzahl der anwesenden Interessenten entsteht eine Konkurrenzsituation. Echte Interessenten müssen davon ausgehen, dass andere Anwesende ebenfalls Gebote abgeben, und sehen sich deshalb in der Regel dazu veranlasst, Gebote auf Marktpreisniveau oder sogar darüber abzugeben.

Bieterverfahren über Makler Möchten Sie einen Makler damit beauftragen, Ihre Immobilie im Bieterverfahren zu veräußern, sollten Sie darauf achten, dass dieser sich mit dem Verfahren gut auskennt und es bereits praktiziert hat. So vermeiden Sie eine unsachgemäße Durchführung, die unter Umständen zu Haftungsproblemen führen könnte.

Die richtige Vermarktung

Ebenso wichtig wie die Festlegung eines markttauglichen Angebotspreises ist die richtige Vermarktung des Objekts. Nur wenn Sie wissen, wie Sie werbewirksame Exposés erstellen, wo und wie Sie ansprechende Anzeigen schalten, werden Sie Ihre Immobilie erfolgreich verkaufen. Die Kenntnisse darüber sollten Sie sich auch aneignen, wenn Sie über einen Makler verkaufen wollen, um im Vorfeld dessen Kompetenz vergleichen und beurteilen zu können.

Erstellung eines Exposés

Bevor Sie den Verkaufsprozess in Gang setzen, müssen Sie ein Exposé erstellen. Dieses stellt das Grundinstrument bei der Vermarktung einer Immobilie dar. Ein Exposé liefert nicht nur alle Detailinformationen zur Immobilie, sondern soll ein möglichst umfassendes positives Bild des Objekts vermitteln und den Leser so neugierig machen, dass er das Objekt besichtigen möchte. Gewünscht ist vor allem das Interesse von Käufern, für die die Rahmenbedingungen passen. Besichtigungstermine, zu denen Interessenten nur aufgrund der blumigen Beschreibung kommen, nützen dem Verkäufer wenig.

Aufgrund dessen sollte ein Exposé möglichst schlicht, aber aussagekräftig sein. Verzichten Sie auf Charakterisierungen wie „einzigartig", „traumhaft" oder „erstklassig" auch dann, wenn Sie selbst fest davon überzeugt sind, dass sie auf das Objekt zutreffen. Da solche Begriffe bei jedem Menschen andere Assoziationen auslösen, besteht die Gefahr, beim Leser Erwartungshaltungen zu schüren, die hinterher enttäuscht werden. Die Folge wäre, dass der Interessent gegenüber dem Angebot eine negative Grundhaltung entwickelt und sich nur noch schwer von dieser abbringen lässt. Eventuell verabschiedet er sich gedanklich sofort von dem Objekt, obwohl es eigentlich – zumindest aufgrund der Rahmenbedingungen wie Lage oder Größe – für ihn infrage gekommen wäre.

Charakterisierungen vermeiden

Darüber hinaus hilft das Exposé dem potenziellen Käufer, das Gesehene im Gedächtnis zu behalten. In der Regel sehen Käufer, ehe sie sich entscheiden, eine Vielzahl von Objekten an und ein anschauliches, aufrichtiges Exposé unterstützt die Erinnerung an ein positives Angebot.

---

n-tv TIPP

Eigenen Stil entwickeln

Schreiben Sie nicht einfach bei anderen Anbietern ab, denn gute Exposés gibt es nur selten. Entwickeln Sie lieber Ihren eigenen Stil, und beschäftigen Sie sich ausführlich damit, wie ein werbewirksames Exposé aufgebaut wird.

Ein Exposé besteht aus verschiedenen Teilen. Folgende Angaben sollte es enthalten:

- Lage,
- Größe (Grundstücksfläche, Wohnfläche),

Notwendige Angaben

- Ausstattung (Baujahr, Bauausführung, Heizungsart, Art der Warmwasserversorgung, Türen, Fenster, Bodenbelege, Art und Umfang der Verfliesung in Bad und WC, Einbauten in der Küche, evtl. sonstige Einbauten wie Holzdecken, Einbauschränke, Bademöbel, Art der Wärmedämmung, Dachdeckung, Treppenausführung, Gartenanlage mit Einfriedung),
- Baubeschreibung,
- Art,
- Hausgeld,
- Bezugstermin,
- Kaufpreis.

Anzeigen richtig formulieren und gestalten

Anzeigen in Zeitungen oder Zeitschriften sind das klassische Instrument, um potenzielle Immobilienkäufer anzusprechen.

Auffällige Gestaltung

Die Gestaltung: Um nicht in der Flut der Konkurrenzangebote unterzugehen, kommt es in erster Linie darauf an, dass die Anzeige auffällt und somit dem Leser ins Auge springt. Dies erreichen Sie in erster Linie durch das Format und die Gestaltung der Anzeige. Fließtextanzeigen sind nicht empfehlenswert, da diese billig wirken. Besser ist es, eine sogenannte gestaltete Anzeige zu schalten – also den Text mit einem Rahmen zu versehen und eventuell farblich hinterlegen zu lassen. Wählen Sie die Form der Anzeige so, dass sie sich deutlich von den anderen Angeboten abhebt. Sind andere gestaltete Anzeigen rechteckig umrahmt, können Sie beispielsweise einen runden Rahmen wählen.

Keine Bilder

Verzichten Sie darauf, Bilder oder Grundrisse abzubilden, da stark verkleinerte Abbildungen nur schwer zu erkennen sind, was wiederum einen eher negativen Effekt beim Anschauen auslöst. Außerdem verteuert so etwas die Anzeige unangemessen. Verwenden Sie diese Elemente lieber im Exposé, das Sie dem Interessenten auf Nachfrage zukommen lassen.

Der Anzeigentext: Auch in Zeitschriften- oder Zeitungsanzeigen sollten Sie auf Floskeln, blumige Beschreibungen oder „originelle" Überschriften verzichten. Am besten ist es, die Anzeige anhand des Exposés zu formulieren. So gehen Sie auch sicher, dass die Angaben in beiden Texten übereinstimmen. Von Vorteil für den Lesefluss ist es, nicht dem sonst bei Anzeigen üblichen „Ab-küfi" – Abkürzungsfimmel – zu verfallen. Formulieren Sie statt-dessen ganze Sätze, so können Sie auch mehr Informationen transportieren.

Das wichtigste Suchkriterium der Interessenten in Printmedien ist die Lage, erst danach folgen die Objektart, die Größe und die Aufteilung. In den Kopf der Anzeige gehört als Überschrift deshalb die Lage der Immobilie – bei überregionalen Zeitungen der Ort, bei regionalen der Stadtteil. Die Angabe der Vorwahlnummer ist ungeeignet, auch die Zimmerzahl (zum Beispiel 4-Zimmer-Wohnung) gehört nicht in die Überschrift. Falls der Anzeigenteil des Mediums nicht nach Objektarten unterscheidet, sollte mit etwas Abstand die Objektart folgen und in der nächsten Zeile die Größe und die Aufteilung stehen. Dann folgen weitere Angaben zum Angebot (wie nähere Lagebeschreibung, Ausstattung, Gar-ten, Garagen oder Stellplätze) und mit etwas Abstand die Preis-forderung.

Aufbau der Anzeige

n-tv TIPP

Keine Zusätze zum Preis

Verzichten Sie auf Zusätze zum Preis wie „Schnäppchen" oder Ähnliches, da dies kein gutes Licht auf das Objekt wirft. Bedenken Sie, dass Angaben wie „VB" oder „VHB" – Ver-handlungsbasis – den Eindruck erwecken, der Preis sei zu hoch angesetzt und damit den Interessenten geradezu zu Preisverhandlungen auffordern.

Zum Schluss fordern Sie den Interessenten zur Kontaktaufnahme auf und stellen alle dafür nötigen Daten zur Verfügung (Telefon, Fax, E-Mail-Adresse).

Falls Sie Ihre Immobilie über das Internet anbieten, sollten Sie am Ende der Anzeige darauf hinweisen und die entsprechende Ho-mepage und gegebenenfalls die dortige Id- oder Objektnummer einfügen. Allerdings weigern sich manche Zeitungsverlage aus Konkurrenzgründen, den Hinweis auf fremde Portalbetreiber ab-zudrucken. Versuchen sollten Sie es jedoch wenigstens.

Verweis aufs Internet

Werbung über Internetbörsen

Die Werbung im Internet über eines der Immobilienportale ist inzwischen sehr verbreitet. Hier können Sie Ihre Immobilie in Bild und Wort anbieten. Zwar ist die Anzeigenschaltung in Printmedien immer noch die üblichste Form, die Immobilie zu vermarkten, doch ist die Darstellung des Objekts im Internet für die überregionale Verbreitung des Angebotes unverzichtbar. Dies vor allem auch vor dem Hintergrund, dass immer mehr Interessenten überregional suchen.

Inzwischen bieten auch zahlreiche Internetportale Hilfe beim Immobilienverkauf an.

Eintrag in Masken
Bei Internetportalen müssen Sie die Daten zur Immobilie in vorgefertigte Masken eingeben, die dann zu Seiten mit Ihrem Angebot umgewandelt werden. Von Vorteil ist es, bei der Eingabe so viele Felder wie möglich auszufüllen, denn je mehr Angaben Sie machen, desto mehr Suchkriterien zu Ihrem Objekt sind vorhanden und desto mehr Interessenten klicken auf Ihr Angebot.

Im Medium Internet sind Bilder ebenso wichtig wie der Text, deshalb ist es unverzichtbar auch Fotos und Grundrisszeichnungen ins Portal einzustellen. Im Idealfall fügen Sie auch noch Lage- und Stadtpläne hinzu.

n-tv TIPP

Die richtigen Portale

Um möglichst viele Interessenten anzusprechen, sollten Sie
Portale, die überregional bekannt sind wie beispielsweise
www.immobilienscout24.de, *www.immonet.de* oder
www.planethome.de wählen. Kleinere, unbekanntere Portale
sind nur dazu geeignet, eine Immobilie regional anzubieten.
Auch viele lokale Tageszeitungen bieten Onlineanzeigen in
Ihren Internetportalen.

Bei vielen Internetportalen haben die Nutzer die Möglichkeit,   Preisangaben
Angebote nach Preishöhe zu selektieren. Meist ist der Filter eine
bestimmte Preisspanne, beispielsweise „100.000 bis 150.000" €.
Dies sollten Immobilienverkäufer bei der Festlegung des Ange-
botspreises berücksichtigen. Wenn Sie beispielsweise eine Woh-
nung für 153.000 € anbieten, so wird diese bei der Suche nach
Objekten bis 150.000 € nicht angezeigt werden, sondern dementsprechend in der Ergebnisliste der nächsthöheren Preisklasse
auftauchen.
Das hat eventuell zur Folge, dass sich weniger Interessenten Ihr
Angebot anschauen und somit die Chance, einen potenziellen
Käufer zu finden, verringert. Es kann also von Vorteil sein, den
Angebotspreis den Preisspannen des Portals und dem Suchver-
halten der Interessenten anzupassen. Der Nachteil dabei: Sie
verzichten von vornherein auf einen Teil Ihrer Preisforderung.

n-tv TIPP

Angebotspreis aufsplitten

Überprüfen Sie, ob Sie den Preis eventuell aufsplitten können, um so ein geringeres Angebot machen zu können. Soll
beispielsweise eine Eigentumswohnung mit einem Stellplatz
verkauft werden, können die Forderungen für den Wohnraum
und den Stellplatz in zwei Preise aufgeteilt werden. Voraussetzung dafür ist jedoch, dass für beide Angebotsbestandtei-

le separate Grundbuchblätter bestehen. Auch bei Einbauten oder Sonderausstattungen, die mit dem Objekt verkauft werden sollen, können Sie so vorgehen. Für die Interessenten hat dies sogar den Vorteil, dass das Angebot übersichtlicher und dadurch leichter nachvollziehbar wird. Wichtig ist aber: Die Preise, die im Internetangebot und der Zeitungsanzeige angegeben sind, sollten übereinstimmen.

Besichtigungen durchführen

Das Exposé ist erstellt, die Anzeigen sind geschaltet und das Angebot ins Internetportal gestellt. Nun führen Sie die ersten Besichtigungen durch. Wie diese verlaufen, hängt auch davon ab, wie ehrlich Sie das Objekt beschrieben haben. Wurden keine falschen Erwartungen geweckt, wird in der Regel auch eine entspannte und positive Atmosphäre herrschen. Bedenken Sie außerdem, dass Sie die Immobilie für die Besichtigung entsprechend vorbereiten sollten, damit die Interessenten von Anfang an einen positiven Gesamteindruck bekommen:

Alles gut vorbereiten

- Beseitigen Sie alle Mängel wie beispielsweise defekte Klingeln, Beleuchtungen oder klemmende Fenster.
- Auch Garten, Balkon, Terrasse und Treppenhaus sollten in gepflegtem Zustand präsentiert werden.
- Sorgen Sie dafür, dass gut gelüftet ist.
- Ist künstliches Licht notwendig, sollten Sie dieses einschalten, bevor die Interessenten eintreffen.

Verkäuferverhalten

Doch auch Ihr Verhalten als Verkäufer wirkt sich auf die Stimmung aus. Von Vorteil ist es, die Besichtigung wertfrei durchzuführen und darauf zu verzichten, den Interessenten sämtliche Einzelheiten der Immobilie zu zeigen und dabei ausführlich die Vorteile hervorzuheben. So vermeiden Sie es, den Eindruck zu erwecken, den potenzielle Käufer „zutexten" und das Objekt schönreden zu wollen. Stattdessen sollten Sie den Interessenten Zeit und Raum geben, sich selbst umzusehen und dann auf konkret gestellte Fragen antworten. Für die Besichtigung einer Wohnung sollte mindestens eine halbe Stunde, für die eines Hauses eine Stunde eingeplant werden.

Nicht gerade förderlich für die Stimmung ist es auch, den Interessenten zu salopp, mit aufgesetzter Geschäftsmanier oder unangemessener Vertrautheit zu begegnen. Bedenken Sie, dass sich zu einer Besichtigung meist ganz normale Menschen einfinden, denen gegenüber Sie sich natürlich verhalten können.

Gegengebote von Interessenten sollten Sie erst einmal kommentarlos hinnehmen, auch wenn diese weit entfernt von Ihren eigenen Preisvorstellungen liegen. So kann es sich bei dem Gebot zunächst um einen ersten „Versuchsballon" handeln, den der Interessent startet, und er zeigt sich später entgegenkommender. Zudem relativiert sich bei manchen Interessenten die Einschätzung über den Wert einer Immobilie, wenn Sie sich erst mehrere Objekte angesehen haben. Mit einem kategorischen Nein oder einer abwertenden Reaktion in solchen Situationen verhindern Sie eventuell eine erneute Verhandlung oder Kontaktaufnahme.

Geben Sie den Interessenten alle wichtigen Unterlagen an die Hand.

Nach einer Besichtigung sollten Sie einem potenziellen Käufer nicht „hinterherlaufen". Bei echtem Interesse wird sich dieser in der Regel innerhalb der nächsten ein oder zwei Wochen melden, um einen erneuten Besichtigungstermin zu vereinbaren oder über den Preis zu sprechen. Erst wenn dieser Zeitraum verstrichen ist, macht es Sinn, selbst aktiv zu werden und sich in Erinnerung zu bringen. Interessenten, die sich nur einmal gemeldet haben oder bei einer Besichtigung waren, sollten Sie allerdings nur dann noch einmal kontaktieren, wenn sich an Ihrem Angebot etwas Erwähnenswertes geändert hat – in der Regel also, wenn Sie Korrekturen am Angebotspreis vorgenommen haben.

Verkauf über den Makler

Wer die Vermarktung der Immobilie nicht selbst durchführen möchte, kann einen Makler mit dem Verkauf des Objekts beauftragen. Naheliegend dabei wäre es, einfach das nächstbeste Maklerbüro an der Ecke auszuwählen, doch ist davon abzuraten. Stattdessen sollten Sie sich gezielt auf die Suche begeben. Für den Erfolg der Veräußerung der Immobilie ist dies unerlässlich.

Doch auch wenn Sie es dem Makler überlassen wollen, Ihr Objekt zu verkaufen, so sollten Sie sich als Verkäufer über Angebot und Nachfrage auf dem Markt im Klaren sein und mit den wichtigsten Aspekten der Vermarktung von Immobilien auseinandergesetzt

Angebot und Nachfrage kennen

haben. Denn nur so können Sie die Leistungsfähigkeit eines Maklers überhaupt einigermaßen realistisch beurteilen und müssen nicht blind dessen Einschätzungen vertrauen.
Es gibt einige Kriterien, anhand deren Sie das Wirken eines Maklers unter die Lupe nehmen können:

Gute Makler – schlechte Makler

Gute Makler kennen den hiesigen Markt und können die Verkaufschancen von Immobilien einschätzen. Sie wissen, welche Preise zu erzielen sind, wie sie die zu vermittelnden Objekte durch entsprechende Werbung präsentieren und mit potenziellen Käufern umgehen müssen. Sie konfrontieren den Verkäufer mit ihrer Einschätzung über den Wert des Objekts, auch wenn dieser 20 Prozent oder mehr unter der Verkaufspreisvorstellung dessen liegt. Erfolgreiche Makler werden eher einen Vertrag ablehnen, als ihren Objektbestand mit überteuertem Wohnraum zu belasten.

Objektbestand Ein paar Worte zum Objektbestand: Die Tatsache, dass ein Maklerbüro eine Vielzahl von Objekten anbietet, spricht nicht unbedingt für den Erfolg desselben, sondern eher dafür, dass es ständig neue Aufträge annimmt, aber kaum Angebote vermittelt werden. Für die einzelnen Objekte bleibt so weniger Geld aus dem Werbebudget des Maklers übrig, und auch die Zeit, die dieser für die Bewerbung einsetzen kann, verringert sich. Natürlich hängt die zu bearbeitende Menge von Objekten auch von der Anzahl der im Büro arbeitenden Makler ab. Experten gehen davon aus, dass ein Makler ungefähr 15 bis 20 Objekte angemessen betreuen kann. Diesem Richtwert wird in der Praxis zwar kaum ein Maklerunternehmen entsprechen, doch sollten Sie bei der Auswahl trotzdem darauf achten, dass sich der Bestand des Maklers in einem gewissen Rahmen bewegt.

Speziali- Es empfiehlt sich außerdem, ein Maklerbüro auszuwählen, das
sierung sich spezialisiert hat oder über Fachabteilungen verfügt, da ein Makler unmöglich in allen Marktbereichen gleich kompetent sein kann. Meiden Sie deshalb Firmen, die alles anbieten, was es auf dem Immobilienmarkt gibt – vom Grundstück, über die kleine Ferienwohnung, die Luxusvilla bis hin zum Gewerbeobjekt. Wählen Sie stattdessen lieber ein Büro, das sich entweder auf Wohn-

oder Gewerbeimmobilien beschränkt oder in Abteilungen, die verschiedene Objektarten verwalten, untergliedert ist.

Von entscheidender Bedeutung für einen erfolgreichen Verkauf von Immobilien ist natürlich die Qualität der Werbung, die der Makler für die zu vermittelnden Objekte betreibt. Bei der Auswahl des Maklers sollten Sie deshalb prüfen, ob er in passenden Medien wirbt, wie die Exposés und Anzeigen gestaltet sind, ob diesen ein Wiedererkennungswert innewohnt oder wie oft die Anzeigen geschaltet werden. *Qualität der Werbung*

Nicht zu unterschätzen ist auch der Aspekt, wie gut der Makler für Kaufinteressenten erreichbar ist. Landen Anrufe mehrfach auf dem Anrufbeantworter oder der Mailbox, verlieren die potenziellen Käufer schnell das Interesse und somit verringern sich die Chancen des Verkaufs. Gute Maklerbüros sind deshalb nicht nur mit modernster Kommunikationstechnologie ausgestattet, sondern geben den Interessenten jederzeit die Möglichkeit, zu den in der Branche üblichen Öffnungszeiten persönlich mit ihnen in Kontakt zu treten. *Erreichbarkeit*

Bei der Auswahl des Maklers sollten Sie grundsätzlich auf die genannten Kriterien achten und mehrere Maklerbüros einer kritischen Prüfung unterziehen. Meiden sollten Sie Makler, die sofort konkrete Angaben machen, in welchem Zeitraum Sie Ihr Objekt vermitteln werden oder Ihnen einen bestimmten zu erzielenden Kaufpreis versprechen.

---

n-tv TIPP

Testen Sie den Makler!

Erstellen Sie sich für das Beratungsgespräch eine Liste mit allen Fragen, die Sie dem Makler stellen möchten, und lassen Sie sich Beispiele für Exposés und Anzeigen vorlegen. Gibt der Makler Ihnen im Vorhinein keinen Einblick in seine Vermarktungsstrategie, können Sie Freunde oder Bekannte bitten, bei ihm als Verkaufsinteressenten aufzutreten, sich gezielt nach ein oder zwei Objekten zu erkundigen und Exposés zuschicken zu lassen.

Die Zeit vor der konkreten Beauftragung eines Maklers sollten Sie auch dazu nutzen, um sich über Ihre Kaufpreisforderung klar zu werden. Wie bereits beschrieben kommen für die Bewertung einer Immobilie bestimmte Methoden infrage.

Einen ersten Anhaltspunkt dafür, ob der von Ihnen oder einem Gutachter ermittelte Verkehrswert marktgerecht ist, liefert die erste grobe Schätzung des Maklers bei der Vorbesichtigung oder Vorberatung. Erfolgreich arbeitende Makler, und nur einen solchen sollten Sie in Erwägung ziehen, kennen die auf dem Markt gezahlten Kaufpreise sehr genau und lassen dieses spezifische Wissen in die Bewertung einfließen. Den tatsächlichen Angebotspreis entwickeln Sie später gemeinsam mit dem Makler. Dieser ergibt sich aus dem tatsächlich zu erzielenden Marktpreis plus einem 5- bis 10%igen Aufschlag, der als Spielraum für spätere Verhandlungen mit dem Käufer hinzugerechnet wird.

Welche Vertragsformen gibt es?

Ein Maklerauftrag hat Folgen für beide Parteien. Deshalb ist es wichtig, dass sich Immobilienverkäufer darüber im Klaren sind, welche Formen von Verträgen es gibt und welche Rechte und Pflichten sich daraus für sie ergeben. In der Regel können Sie wählen zwischen dem normalen Maklerauftrag und dem Makleralleinauftrag. Eine weitere Variante ist der qualifizierte Makleralleinauftrag; dieser enthält zusätzliche Individualklauseln.

Normaler Maklervertrag

Normaler Maklerauftrag: Beim normalen Maklerauftrag ist der Makler befugt, das Objekt anzubieten und zu verkaufen. Verkauft er das Objekt oder weist er nach, dass er dem Käufer den ersten Hinweis auf dessen Verkäuflichkeit gegeben hat (Erstnachweis), so hat er Anspruch auf die vereinbarte Provision. Als Verkäufer haben Sie das Recht, selbst tätig zu werden, um einen Kunden zu finden. Führen diese Aktivitäten zu einem Verkauf, ohne dass der Makler den Erstnachweis führen kann oder tätig geworden ist, brauchen Sie keine Provision zu zahlen. Sie können auch weitere Makler mit dem Verkauf beauftragen. Ein normaler Maklerauftrag über den Verkauf von Grundstücken oder Eigentumswohnungen muss nicht schriftlich abgeschlossen werden.

Makleralleinauftrag: Schließen Sie einen Makleralleinauftrag mit dem Makler ab, bedeutet dies, dass Sie nur diesen einen Makler damit beauftragen dürfen, Ihr Objekt zum Verkauf anzubieten. Daraus ergibt sich, dass es Ihnen untersagt ist, weiteren Maklern Aufträge zu erteilen. Auch beim Makleralleinauftrag ist es Ihnen erlaubt, selbst Verkaufsanstrengungen zu unternehmen. Gemäß Makleralleinauftrag müssen Makler für den Auftaggeber intensiv aktiv werden, sie sind jedoch nicht verpflichtet, andere Geschäfte gegenüber dem Alleinauftrag zurückzustellen. Makleralleinaufträge bedürfen der Schriftform.

Nur ein Makler beauftragt

Qualifizierter Makleralleinauftrag: Der qualifizierte Makleralleinauftrag enthält zusätzliche Individualklauseln – also Klauseln, die zwischen den Vertragsparteien außerhalb des Vertrags individuell festgelegt werden. Sind die Individualklauseln standardisiert, sind sie als AGB (Allgemeine Geschäftsbedingungen) oder Formularvertrag zu werten und somit unwirksam. Solche Verträge sollten nur nach juristischer Beratung abgeschlossen werden. In der Praxis wird in den Zusatzklauseln häufig das Selbstvermarktungsrecht des Verkäufers eingeschränkt. Schließt dieser dann einen Verkauf am Makler vorbei ab, ohne dass der Käufer eine Provision zahlt, muss der Verkäufer Schadensersatz in Höhe der vollen Provision leisten.

Zusätzliche Individualklauseln

---

n-tv TIPP

Vorab sorgfältig prüfen

Unterschreiben Sie einen Maklerauftrag, binden Sie sich einige Monate. Üblicherweise wird eine Vertragslaufzeit von sechs Monaten als sinnvoll angesehen. Sie sollten darauf achten, dass sich der Vertrag nach Ende der Vertragslaufzeit nicht automatisch verlängert. Um spätere Streitigkeiten mit dem Makler zu vermeiden, sollten Sie alle Inhalte des Vertrags vor dem Unterschreiben sorgfältig lesen, also auch das Kleingedruckte. Eventuell können Sie den Vertrag auch durch einen Rechtsanwalt oder bei der Verbraucherzentrale überprüfen lassen.

Die Maklercourtage

Die Maklercourtage — auch Maklerlohn oder Maklerprovision genannt – wird in der Regel prozentual am Gegenstandswert des Notarvertrags erhoben, doch auf Festbeträge können vereinbart werden. Sie wird grundsätzlich fällig, wenn ein Kaufvertrag abgeschlossen wurde, also nicht erst bei Kaufpreiszahlung, Bezug der Immobilie oder Ähnlichem.

Wurde im Maklervertrag nichts anderes vereinbart, wird die Courtage fällig, wenn die folgenden Voraussetzungen gegeben sind:

Fälligkeit
- mündlicher oder schriftlicher Maklervertrag,
- der Makler hat die Immobilie vermittelt oder eine Nachweisleistung erbracht,
- der Makler hat eine typische Tätigkeit entfaltet, die zum Abschluss des Hauptvertrages geführt hat; diese Tätigkeit war ursächlich für den Vertragsabschluss.

Wer die Zahlung der Courtage leisten muss, ist in den Bundesländern unterschiedlich geregelt. In der Mehrheit der Bundesländer teilen sich Verkäufer und Käufer die Courtage, in den anderen Ländern leistet der Käufer die gesamte Provision.

n-tv TIPP

Courtage verhandeln

Über die Höhe der Maklercourtage sollten Sie verhandeln. Denn die von Maklern geforderte „ortsübliche" Provision liegt im Schnitt um 20 Prozent über der tatsächlich gezahlten Courtage. Dies hat eine vom Bundesverbraucherschutzministerium geförderte Studie des Vereins „wohnen im eigentum" aus dem Jahr 2006 ergeben.

✓ RECHTS-CHECK

Kaufvertrag für eine Immobilie

Immobilienkaufverträge erstellt der Notar

Der Notar erstellt ein Kaufvertragsmuster, das gesetzlichen Ansprüchen genügen muss und daher nur bedingt gestaltet werden kann. Je nachdem, wer welche Art von Immobilie von wem kauft, können Kaufverträge trotzdem sehr stark voneinander abweichen.

Formular
auf CD-ROM

Diese Themen sollte ein Immobilienkaufvertrag regeln:

Vertragsparteien
☐ Käufer, Verkäufer mit vollständiger Adresse etc.
☐ Bei mehreren Käufern: In welchem Verhältnis stehen sie zueinander (gemeinsames Eigentum, anteilig?)

Bemerkung

....

Vertragsgegenstand
☐ Kaufobjekt (Beschreibung, Grundbuch- Nr., Flurstück, Parzelle, bei WEG: WEG-Teilbeschreibung)
☐ Baujahr
☐ Garten
☐ Zubehör (z. B. Einbauküche)
☐ Wohnraum/ Gewerberaum (ggf. anteilig in m^2 oder %)
☐ Verbunde Rechte (Wegerecht, Grunddienstbarkeiten)

Bemerkung

....

Kaufgrundlagen
☐ Baupläne
☐ Bei Bauprojekten: Beschreibung der Ausstattung
☐ Sonstige Unterlagen (Prospekte etc.)
☐ Zusicherungen/ Garantien des Verkäufers

Bemerkung

....

Kaufpreis
☐ Höhe des Kaufpreises
☐ Ggf. mit oder ohne Umsatzsteuer
☐ Fälligkeit des Kaufpreises
☐ Ggf. Verwendung des Kaufpreises (z. B. Grundbuchbereinigung)
☐ Vertragskostenübernahme (Notar, Grundbuch)
☐ Ggf. Kaufpreisabwicklung über Notaranderkonto
☐ Fristenplan für Teilzahlungen

Bemerkung

....

Eigentumsübergang
☐ Grundbuchfreigabe
☐ Tatsächliche Übergabe des Objekts
☐ Ggf. Fertigstellung bis wann?
☐ Vertragsstrafe bei nicht rechtzeitiger Übergabe?

Bemerkung

....

Schlussbestimmungen
☐ Salvatorische Klausel
☐ Aufführung der Vertragsanlagen mit genauer Bezeichnung
☐ Nebenabreden (insbesondere solche, die ihrerseits keiner
   notariellen Beurkundung bedürfen, z. B. Details zum Bau)

Bemerkung

....

Das müssen Sie tun:
Mit dieser Checkliste können Sie den Kaufvertrag zu Ihrer
Immobilie überprüfen. Achten Sie darauf, dass alle notwen-
digen Angaben auch wirklich im Entwurf und der endgültigen
Ausfertigung enthalten sind.

Immobilienengagement im Ausland

Ein Traumhaus im Ausland entspricht den Wünschen vieler Menschen. Doch nicht nur die Reize des Landes locken, sondern manchmal auch niedrigere Lebenshaltungskosten, ein für Krankheiten förderliches Klima und günstige Immobilienpreise.

Gründe für Auslandsimmobilien

Wie das Berliner Empirica Institut ermittelte, haben etwa 500.000 Deutsche diesen Schritt bis heute gemacht. Die meisten davon zieht es nach Spanien, Italien, Frankreich oder Österreich. Es sind häufig Seniorenhaushalte oder Ehepaare nach der Familienphase, die dort ein Feriendomizil erwerben. Daneben gibt es noch zwei weitere Gruppen: Erstens die Betuchten, die ihren Erstwohnsitz ins Ausland verlagern, um Steuern zu sparen, und zweitens die Gruppe der Rentner, die ihre heimische Immobilie versilberten, um ihren Lebensabend im eigenen Heim im Ausland zu verbringen. Doch inzwischen tragen sich auch immer mehr Normalverbraucher ohne größeres Vermögen mit dem Gedanken, ein Haus im Ferienland zu kaufen. Und: Eine kleine Zahl Vermögender investiert zunehmend in Renditeobjekte im Ausland. Schnell tauchen dann folgende Fragen auf: Wie kann ich ein passendes Objekt finden? Wie kann ich die Immobilie finanzieren? Wie ist der organisatorische Ablauf?

Auslandsimmobilie – pro und kontra

Jeder Immobilienerwerb will gut vorbereitet sein; dies trifft insbesondere bei Auslandsimmobilien zu. Es gibt zwei Strategien beim Erwerb: Interessierte können entweder so weit wie möglich alles selbst erledigen wie Objektsuche und -kauf oder von Anfang an auf Spezialisten wie Immobilienmakler und Finanzierungsfachleute setzen. Die Entscheidung hängt sicherlich von der Zeit ab, die man selbst zur Erledigung der Formalitäten und Suche hat, zum anderen aber auch von den Kenntnissen der landestypischen Verhältnisse.

n-tv TIPP

Grundlegende Sprachkenntnisse wichtig

Wenn Sie nicht im deutschsprachigen Ausland eine Immobilie erwerben wollen, dann sind grundlegende Kenntnisse der Landesprache wichtig. Man kann nicht immer voraussetzen, dass Verkäufer oder Beamte Deutsch können. Zwar gibt es inzwischen auch viele deutsche oder Deutsch sprechende Immobilienmakler oder Notare in den Urlaubsländern, doch sollten Sie sich trotzdem mit den wichtigsten Vokabeln rund um die Immobilie auskennen.

Bevor Sie sich auf die Suche nach dem Ferien- oder Anlageobjekt bzw. der Altersresidenz begeben, sollten Sie sich intensiv mit dem Für und Wider der Kapitalanlage beschäftigen. Natürlich ist es schön, eine Ferienimmobilie zu besitzen, die man sich nach seinen Wünschen an einem Ort, der einem gefällt, einrichten kann. Man fühlt sich im Urlaub quasi wie zu Hause. Doch gibt es auch einige Punkte, die der Käufer bedenken sollte: Was passiert, wenn sich der Charakter der Wohngegend ändert? Ist beispielsweise zu erwarten, dass das Feriengebiet erst noch für Feriendomizile erschlossen wird, kann auch der zunächst schöne Blick in die Landschaft bald der Vergangenheit angehören. Ist das Umfeld des

Vor- und Nachteile

Domizils auch noch gut, wenn ich mich als Senior dort aufhalte? Oder kann ich auch einen Verlust verkraften, falls ich meine Immobilie einmal verkaufen muss? Möchte ich mein Ferienobjekt außerhalb meiner Ferienzeit vermieten? Falls ich das Objekt als Altersruhesitz erwerbe, ist das Gebäude auch seniorengerecht? Beim Anlageobjekt stellt sich die Frage, wie wird die weitere wirtschaftliche Entwicklung der Region prognostiziert? Schließlich gilt es auch noch all jene Punkte zu beachten, die schon beim Kauf einer Immobilie in Deutschland wichtig sind.

Investition vorbereiten Es gibt also viele Fragen, die vor dem Erwerb einer Immobilie geklärt werden müssen, schließlich sollen Sie sich mit der Investition auch noch in einigen Jahren wohlfühlen.

Die Suche nach dem passenden Objekt

Objektsuche Wer sich für eine Region interessiert, um dort ein Feriendomizil oder eine Auslandsimmobilie als Kapitalanlage zu kaufen, der sollte sich zunächst einmal über die Preise vor Ort informieren. Für den ersten Überblick sollten Sie sich die örtliche Presse und Informationen aus den Schaufensterangeboten der Immobilienmakler beschaffen. Auch eine Recherche bei großen Internetportalen ist hilfreich. So bekommen Sie ein Gefühl für die Preise am Ort und können auch wesentlich selbstbewusster mit Immobilienmaklern oder Eigentümern verhandeln.

n-tv TIPP

Wahre Schnäppchen sind selten

Wahre Schnäppchen sind in den meisten Urlaubsregionen nicht mehr zu machen. Falls dennoch eine preiswerte Immobilie feilgeboten wird – egal ob von privat oder über Immobilienmakler – kann dies einen teuren Haken haben, beispielsweise weil der Eigentümer sich bislang um Steuerzahlungen gedrückt hat. Diese muss dann der Neueigentümer leisten. Deshalb sollten Sie bei sehr günstigen Angeboten auch kritisch sein und sich alle wichtigen Unterlagen zeigen lassen oder einen Rechtsanwalt beauftragen, der dies für Sie übernimmt.

Im nächsten Schritt sollten Sie sich ein Kaufpreislimit setzen. Wichtig dabei zu wissen: Es kommen noch weitere Kosten für Notare, Grundbucheintragungen und weitere Kaufnebenkosten hinzu, die von Land zu Land unterschiedlich sind. Wer einen Makler zum Kauf einschaltet, muss gegebenenfalls mit der Maklercourtage rechnen. *Kaufpreislimit*

Wer nun gezielt nach einer Immobilie sucht, der hat prinzipiell die gleichen Möglichkeiten wie in Deutschland:

- eigene Suche vor Ort,
- Immobilienmakler,
- Internet.

Eigene Suche vor Ort

Die Suche einer Immobilie im Ausland gestaltet sich etwas aufwendiger als in Deutschland, da die Transparenz des Marktes für den Käufer häufig geringer ist. Um trotzdem ein interessantes Haus oder eine Wohnung zu finden, sind meist gute Sprachkenntnisse erforderlich. Wer beispielsweise am Urlaubsort viel unterwegs ist, kann auch Immobilien finden, die direkt vom Eigentümer angeboten werden. In einigen Ländern ist es durchaus üblich, entsprechende Schilder, die einen Verkauf ausweisen, auf dem Grundstück anzubringen.

Ist das Objekt gefunden, muss noch ein Notar gesucht werden, der die notwendige Eigentumsübertragung vornimmt und gleichzeitig Eintragungen in Registern oder Grundbüchern veranlasst. *Eigentumsübertragung*

Weitere Aufgaben wie Anmeldung bei Strom, Gas, Wasser stehen auf dem Programm. Suche und Papierkram können schnell so viel Zeit erfordern, dass der „Urlaub" in der neuen Ferienwohnung oder im Haus erst mal auf der Strecke bleibt. Deshalb ist diese Vorgehensweise auch nur etwas für Käufer, die Spaß daran haben, möglichst alles selbst zu erledigen oder die auf Freunde oder Verwandte vor Ort zurückgreifen können, die sie bei Suche und Kaufabwicklung unterstützen.

Auf zwei Angebote sollte noch verwiesen werden, die Verbraucher im Urlaub häufig angeboten werden, und vielen Verbraucherschützern ein Dorn im Auge sind:

- Timesharing,
- Bauerwerbermodelle.

Timesharing: Timesharing wird auch häufig unter den Bezeichnungen Ferienwohnrecht, Teilzeiteigentum, Teilzeitnutzungsrecht oder Wohnnutzungsrecht angeboten. Dabei bietet ein Unternehmer seinen Kunden ein befristetes Nutzungsrecht für mindestens drei Jahre an einer Immobilie. Dabei erwirbt er das Recht, das Haus, die Wohnung oder das Zimmer einen bestimmten Zeitraum – meist bezogen auf ein Jahr – zu nutzen. Dafür leistet er eine bestimmte Kaufsumme.

Hinzu kommen noch wie bei einer Wohneigentümergemeinschaft anteilmäßig die Nebenkosten und noch eine Servicepauschale für die Verwaltung der Ferienanlage. Timesharing-Modellen sollten Sie grundsätzlich mit einer gewissen Skepsis begegnen. Zum einen sind die Kaufpreise relativ hoch, zum anderen die zukünftigen Betriebs- und Instandhaltungskosten nicht vorhersehbar. Zudem fehlt es an Flexibilität, wie sie bei einem eigenen Objekt gegeben ist – man ist stets an bestimmte Zeiten gebunden. Da diese Timesharing-Modelle zum Teil auch zu Recht in Verruf geraten sind, sah sich die EU veranlasst, Verbraucher speziell zu schützen (Richtlinie 1994/47/EG). Allerdings gilt der Schutz nur für Verträge ab 36 Monate, unseriöse Anbieter legen dem gutgläubigen Käufer deshalb gerne Verträge mit einer Dauer von 35 Monaten vor.

n-tv TIPP

Die Falle

In vielen Ferienregionen Europas warten Verkäufer mit Timesharing- oder Bauerwerbermodellen auf unbedarfte Kunden. Lassen Sie sich nie zu vorschnellem Handeln drängen. Gerne haben die anbietenden Unternehmen ihren Hauptsitz an auffälligen Standorten wie beispielsweise den Caymaninseln. Ziehen Sie vor dem Erwerb besser erfahrene, ortsansässige Notare oder Berater hinzu. Ebenfalls sollte man auch keine Vorauszahlung leisten oder Vorverträge unterschreiben.

Erwerbermodelle: Diese Form des Eigentumserwerbs ist auch im Ausland üblich und wird häufig auch als Bauerwerbermodell oder Bauherrenmodell bezeichnet. Hierbei wird beispielsweise per Bebauungsprojekt eine Ferienanlage erstellt, wobei der Käufer eine Wohnung oder ein Haus kauft. Die Finanzierung wird über den Initiator abgeschlossen. Durch die starke Bindung hinsichtlich Bauausführung und Finanzierung ergeben sich immer wieder Probleme, zumal die Baufinanzierung bei diesen Modellen häufig nicht günstig ist.

Auf die Baufinanzierung achten

Immobilienmakler

Wesentlich einfacher gestaltet es sich in vielen Fällen, einen Immobilienmakler einzuschalten. In vielen Urlaubsregionen, beispielsweise auf den Balearen oder den Kanarischen Inseln, haben sich inzwischen zahlreiche deutsche Immobilienmakler niedergelassen, deren Angebote unter Umständen vorab schon in Deutschland eingesehen und besprochen werden können. Die Aufgaben eines Immobilienmaklers im Ausland sind mit denen in Deutschland nicht immer vergleichbar und hängen von den landestypischen Gegebenheiten ab. In jedem Fall kümmert sich der Makler um die Beschaffung passender Objekte, ist behilflich bei den landestypischen Formalitäten und kann in vielen Fällen auch hinsichtlich der Finanzierung behilflich sein. Unterschiede gibt es zum Teil bei der Bezahlung des Maklers. So gibt es Länder, in denen die Courtage zwischen Verkäufer und Käufer geteilt oder ganz vom Verkäufer übernommen wird. Größere Immobilienmakler geben zum Teil auch eigene Kataloge heraus, die an vielen Auslagestellen zu finden sind.

Deutsche Makler vor Ort

---

n-tv TIPP

Vorsicht beim Hauskauf am Urlaubsort

Auch wenn die Urlaubssonne dazu verleitet, hier am liebsten sofort eine Immobilie zu erwerben. Überstürzen Sie nichts! Lassen Sie sich nicht von einem Immobilienmakler zu einem Spontankauf überreden. Und: In vielen Ländern gilt beispielsweise eine Unterzeichnung eines Vorvertrags zum Kauf der Immobilie als bindend.

Erwerb in Deutschland

Auslandsimmobilien können auch von Deutschland aus erworben werden. Große Anbieter sind dabei die Landesbausparkassen. Diese haben in der Regel ein umfassendes Angebot der wichtigsten Urlaubsregionen parat.

Ein seriöser Immobilienmakler wird Sie auch immer auf mögliche Risiken beim Kauf eines Objektes aufklären. In der Regel besitzen diese auch umfangreiches Recherchematerial zu den Objekten.

Internet

Wer eine Immobilie sucht, kommt inzwischen am Internet kaum noch vorbei. Hier kann man sich einen sehr guten Überblick über Preise und die Qualität der angebotenen Immobilien in seiner bevorzugten Region machen. Meistens werden allerdings nur Ferienimmobilien angeboten, Kapitalanlageobjekte sind eher selten.

Schutzgemeinschaft

Wer sich für ein Objekt in Spanien, Frankreich und Italien interessiert, dem sei *www.das-ev.de* ans Herz gelegt. Die Schutzgemeinschaft Auslandsimmobilien e. V. hat sich die Beratung insbesondere für diese drei Länder auf die Fahne geschrieben.

Die Finanzierung

Ist die Immobilie gefunden, kommt es zum nächsten Schritt: Die Finanzierung muss auf die Beine gestellt werden. Für Käufer, die bereits ein Haus oder eine Wohnung in Deutschland ihr Eigentum nennen, gibt es bei dem Erwerb in vielen Ländern die Möglichkeit, in zwei Varianten zu finanzieren:

• Finanzierung über eine deutsche Bank oder Bausparkasse, wobei das Objekt in Deutschland als Sicherheit in die Finanzierung eingebracht wurde,
• Finanzierung im Ausland zu den dort bestehenden Bedingungen.

Finanzierung über deutsche Institute

Nicht immer muss ein Ferienhaus vor Ort finanziert werden, sondern kann auch über deutsche Kreditgeber erfolgen. In vielen

Fällen funktioniert dies allerdings nur über das eigene Haus oder die eigene Wohnung. Dies soll heißen, das Haus zu Hause dient als Sicherheit, um die Finanzierung über einen hiesigen Anbieter zu gewährleisten. Dazu muss das Heim praktisch schuldenfrei sein. Dann können die Grenzgänger aus der Auslandsfinanzierung ganz leicht eine Inlandsfinanzierung machen.

Es wird eine Hypothek auf das Haus oder die Wohnung aufgenommen mit dem Ziel, die Auslandsimmobilie zu bezahlen. Praktisch gesehen wird das eigene Haus in Deutschland so ein zweites Mal finanziert. Das hat einen entscheidenden Vorteil: Der Käufer braucht sich so nicht mit den Gepflogenheiten bei der Finanzierung im Ausland zu beschäftigen. Das spart nicht nur Zeit, sondern auch Geld – beispielsweise für Notare oder Gerichte sowie für Wertgutachten für das Haus und Beleihungsgrenzen für das Objekt der Begierde. Außerdem kann über diesen Weg auch ein besonders günstiger Anbieter wie ein Discount-Finanzierer gesucht werden. Doch diesen Vorteil können nur Hauseigentümer ausnutzen. Wer Mieter ist, ein Haus mit erheblichen Lasten hat oder eines, das die Banken nicht als Sicherheit akzeptieren, muss einen anderen Weg gehen. Grundsätzlich ist es jedoch egal, ob das eigene Haus als Sicherheit herhält oder das Feriendomizil den Gegenwert für die Finanzierung erbringt, bis zum Rentenalter sollte das Haus oder Appartement abbezahlt sein. Da eine Immobilie im Ausland meistens erst in späteren Lebensjahren erworben wird, ist es notwendig, eine relativ hohe Tilgung zu vereinbaren, um dies zu gewährleisten.

Finanzierung aus Deutschland

n-tv TIPP

Finanzierung in Deutschland

In jedem Fall sollten Sie zunächst überprüfen, ob eine Finanzierung über ein deutsches Kreditinstitut möglich ist, da dies auch vom Ablauf her einfacher ist. Besonders Bausparkassen haben hier umfangreiche Angebote.

Doch es gibt für solche Fälle auch eine Alternative: die Finanzierung über einen deutschen Kreditgeber. Finanziert werden kann sowohl über ein Hypothekendarlehen wie auch ein Bauspardarle-

Hohes Eigenkapital

hen. Dabei gibt es Finanzierer, die im gesamten Euroraum tätig sind, andere beschränken sich nur auf einzelne Länder. Überseeische Finanzierungen sind die Ausnahme und sollten gegebenenfalls direkt bei Kreditinstituten erfragt werden. In der Regel kümmern sich die Anbieter auch um alle Formalitäten rund um den Kauf des Ferienhauses, also Kaufvertrag, Gutachter, Grundbucheintragung und Hypothekenbestellung. Diese Dienstleistungen müssen natürlich extra honoriert werden. Das kann über einen Zinsaufschlag oder als direkte Zahlung deklariert werden. Gegebenenfalls tritt das Finanzinstitut auch als Bürge gegenüber einem ausländischen Finanzierer auf. Allerdings hat das auch seinen Preis. Ein Immobilienerwerber im Ausland muss mehr Eigenkapital aufweisen als bei einer hiesigen Baufinanzierung – 40 Prozent, bei manchen Anbietern auch 50 Prozent, sollten es schon sein.

n-tv TIPP

Mieteinnahmen und Ferienimmobilien

Soll das Ferienhaus zeitweise vermietet werden, sollten die Einkünfte keine Grundlage für die Finanzierung darstellen, da die Einnahmen nur schwer zu kalkulieren sind. Vielmehr sollte das Geld eher in der Urlaubszeit verbraucht werden oder als Rücklage für künftige Renovierungen oder Modernisierungen dienen.

Wer also in seinem Urlaubsland fündig geworden ist, sollte im nächsten Schritt mit einem Kreditgeber Kontakt aufnehmen, um die „Formalitäten" auf den Weg zu bringen. Dazu müssen die Objektunterlagen eingereicht werden. Danach lässt der Baufinanzierer ein Wertgutachten erstellen, um den Beleihungswert zu ermittelt. Etwa 60 Prozent der Kreditsumme kann der Anbieter zur Verfügung stellen. Nach etwa drei Monaten sollten der Vorlauf für die Finanzierung und der Kauf des Feriendomizils abgeschlossen sein.

Finanzierung im Ausland

Wer den Weg über eine deutsche Bank oder Bausparkasse nicht gehen will oder kann, wird schnell feststellen, dass die Finanzierung über das Ausland einige Probleme schafft, die eine Finanzierung erheblich verteuern können.

So wird der Käufer in vielen Ländern registrieren müssen, dass die Darlehenszinsen zum Teil deutlich über dem Niveau in Deutschland liegen. Wer sein Traumhaus nicht im Euro-Raum gefunden hat, für den besteht ein Fremdwährungsrisiko, denn das aufgenommene Darlehen unterliegt Währungsschwankungen.

Währungs-schwankungen

Lassen Sie sich nicht von ausländischen Lockangeboten bei der Finanzierung einer Immobilie im Ausland täuschen, damit sind oft Risiken verbunden.

Das kann die Finanzierung zum Platzen bringen, im günstigsten Fall jedoch auch dazu führen, eine Immobilie zum Schnäppchenpreis zu finanzieren. Wer über diesen Weg zum Traumhaus kommen will, sollte sich gegen Fremdwährungsrisiken mit Fremdwährungsbonds oder speziellen Zertifikaten absichern. Das verteuert allerdings die Finanzierung zusätzlich. Ein weiteres Manko: In manchen Ländern gibt es nur einen variablen Zinssatz bei der Baufinanzierung, auch hierin liegt ein erhebliches Risiko. Und in manchen Ländern wie Spanien ist es sehr schwierig, die tatsächlich anfallenden Finanzierungskosten zu ermitteln. So schlagen Gutachterkosten oder Gebühren für den Grundbuchauszug schon zu Buche, bevor die Banken überhaupt in konkrete Kreditverhandlungen eintreten. Ein weiterer Posten, der eine Immobilienfinanzierung im Ausland verteuert, sind die Kosten für den organisatorischen Ablauf der Finanzierung wie beispielsweise für Überweisungen.

Sprachkenntnisse sind notwendig Wer sich davon nicht abschrecken lässt, für den gibt es in den einzelnen Ländern noch einige schärfere Bedingungen als in Deutschland. So ist in Spanien der Kaufpreis beim Notarbesuch bereits fällig, in Österreich spätestens zwei Wochen nach dem Termin. Außerdem gibt es einige Hemmschuhe bei der Finanzierung im Ausland. So können gut mehrere Wochen bis zu mehreren Monaten verstreichen, bis die Finanzierung tatsächlich steht. Dann muss diese Zeit mit teuren Zwischenkrediten überbrückt werden. Zudem sind einschlägige Sprachkenntnisse erforderlich und manchmal muss noch ein Dolmetscher oder Übersetzer für den Kaufvertrag engagiert werden. Ein paar Tipps zum Kauf vorweg:

Tipps zum Kauf
- Gewiefte und manchmal auch betrügerische Immobilienmakler verkaufen Grundstücke, Rohbauruinen, Häuser ohne Baugenehmigungen, mit denen der Käufer hinterher nicht viel anfangen kann.
- Das Objekt der Begierde sollte genauestens unter die Lupe genommen und Folgendes vorweg in Erfahrung gebracht werden: Sind Um- oder Anbauten rechtlich möglich? Gibt es Nutzungseinschränkungen? Wie ist der Instandhaltungsaufwand der Immobilie? Ändert sich demnächst die Flächennutzung in der Nähe (beispielsweise in Form einer neuen Schnellstraße, die das romantische Tal durchschneiden soll)? Oder in der Türkei: Droht die Enteignung, wenn ein neues Naturschutzgebiet ausgewiesen wird?
- In einigen Ländern müssen erhebliche Finanzierungsnebenkosten gezahlt werden, informieren Sie sich dazu frühzeitig.
- Bestehen Sie vor der Bezahlung des Domizils unbedingt auf einer Eintragung ins Grundbuch oder eines entsprechenden Registers, damit Sie ganz sichergehen, dass das Haus nicht von betrügerischen Maklern doppelt verkauft werden kann.

- Ein weiteres Problem: Viele Ferienhauserwerber unterschätzen die Unterhaltskosten. So können Gärten, Swimmingpool und ein individuell gestaltetes Haus ganz erhebliche Folgekosten verursachen.

n-tv TIPP

Setzen Sie auf Fachleute

Wer bereit ist, im Ausland mehrere Hunderttausend Euro für eine Immobilie auszugeben, sollte nicht am falschen Ende sparen. In vielen Fällen ist die Konsultation eines Spezialisten notwendig, um für die Kaufentscheidung letzte Sicherheit zu haben. Hier kommen neben Notaren und Rechtsanwälten auch Steuerberater als Ansprechpartner infrage.

Auslandsimmobilien in ausgewählten Ländern

Im Folgenden soll ein Überblick über die Situation beim Erwerb von Immobilien in bestimmten Ländern gegeben werden. Im Fokus stehen zum einen die Nachbarländer, zum anderen die Länder, wo bevorzugt Ferienimmobilien erworben werden. Osteuropa wird bei der Betrachtung außen vorgelassen, da hier erst wenige Immobilien an Deutsche gegangen sind. Dies liegt zum Teil noch an den Beschränkungen, die es vor dem Beitritt der osteuropäischen EU-Beitrittsländer gab. Grundsätzlich aber ein paar Hinweise vorab:

- Überprüfen Sie immer die Eigentumsverhältnisse der Immobilie und lassen Sie sich den Verkehrswert des Objektes bestätigen. *Machen Sie sich schlau*
- Bei Immobilien aus zweiter Hand kontrollieren Sie das Baulastverzeichnis und lassen Sie sich bestätigen, dass auf dem Objekt keine Steuerschuld lastet.
- Bei Neubauten ist die Einsicht in die Baugenehmigungen notwendig.
- Informieren Sie sich rechtzeitig über Kaufnebenkosten und über die zu zahlenden Steuern.
- Bei Renditeobjekten ist außerdem ein Nachweis über den erzielbaren und tatsächlichen Mietzins wichtig.

- Machen Sie sich außerdem außerhalb der EU mit den Einreisebestimmungen insbesondere der Visumsbeantragung vertraut.
- Und: Machen Sie sich frühzeitig Gedanken zum Thema „Vererben oder Verschenken?" und sprechen Sie Notare und Steuerberater dazu frühzeitig an.

Ein Hinweis zu der folgenden Länderdarstellung: Die Grunderwerbsteuer, obwohl eine Steuer, wird immer unter dem Punkt Kaufnebenkosten und nicht unter dem Unterpunkt Steuern behandelt. Gleiches gilt auch für Erbschaft-/Schenkungsteuer, die im Unterpunkt Vererben/Schenkung behandelt wird. Und das Thema „Finanzierung" wird nur allgemein abgehandelt, da dies von vielen individuellen Gegebenheiten abhängt.

Belgien

Der Immobilienkauf: Es gibt keine Beschränkungen beim Erwerb von Immobilien durch EU-Ausländer. Angebote erhält man über die Tagespresse, Makler und zum Teil auch über Notare, Ferienimmobilien auch über darauf spezialisierte Ferienhausgesellschaften. Vorverträge mit Immobilieneigentümern zum Kauf sind bindend. Der Kauf wird vor einem belgischen Notar besiegelt. Das Kaufverfahren kann auch in deutscher Sprache abgewickelt werden.

n-tv TIPP

Eintragung ins öffentliche Register

Veranlassen Sie den Notar, eine Grundbucheintragung sofort vorzunehmen. Mit der Eintragungsbestätigung ist der Kauf- . vorgang abgeschlossen, sodass das Objekt nicht an Dritte veräußert werden kann.

Kaufnebenkosten: In Belgien zahlt der Verkäufer die Maklercourtage. Mit etwa 15 Prozent an Kaufnebenkosten muss gerechnet werden. Die Grundbuchgebühren betragen ab etwa 500 €, Notarkosten von 1,5 bis 2 Prozent fallen an und die Grunderwerbsteuer von 12,5 Prozent ist zu leisten.

Finanzierung: Wohneigentum ist auch vereinzelt über deutsche Banken und Bausparkassen finanzierbar. Eine Hypothek inklusive der Nebenkosten wird über den Notar in eine Hypothekenurkunde als Grundpfandrecht eingetragen.

Alternative: Ferienhausgesellschaft

Steuern: Die Grunderwerbsteuer beträgt grundsätzlich 12,5 Prozent des Kaufpreises. Außerdem muss noch eine regional unterschiedliche Grundsteuer gezahlt werden und es fällt ein sogenanntes Kastereinkommen an, das bei der Einkommensteuer berücksichtigt wird.

Versicherungen: In Belgien bestehen keine Pflichtversicherungen. Daher liegt es im Ermessen des Erwerbers, sich um einen ausreichenden Versicherungsschutz zu kümmern.

Vererben/Schenkung: Vererbung und Schenkung sind ohne Einschränkungen möglich.

Dänemark

Immobilienkauf: Es gibt keine Erwerbsbeschränkungen von Immobilien durch EU-Ausländer in Dänemark. Allerdings muss der Käufer in Dänemark seinen Hauptwohnsitz haben, bei nur zeitweiliger Nutzung kann der Käufer durch den Staat auch wieder zum Verkauf gezwungen werden. Vorverträge zwischen Käufer und Verkäufer sind bindend. Der Kaufvertrag wird vor einem dänischen Rechtsanwalt geschlossen. Die Eintragung ins Grundbuch findet über ein örtliches Zivilgericht statt.

n-tv TIPP

Erwerbsgenehmigung erforderlich

Jeder Ausländer, der in Dänemark eine Immobilie erwerben möchte, braucht dafür eine Genehmigung des Justizministeriums.

Kaufnebenkosten: Die Maklercourtage zahlt der Verkäufer. Es muss mit Kaufnebenkosten von etwa 2 bis 3 Prozent gerechnet werden. Auf die Grundbuchkosten entfallen 1 Prozent, auf Rechtsanwaltskosten 0,5 bis 1,5 Prozent und die Grunderwerbsteuer 0,6 Prozent. In einigen Landesteilen werden die Rechtsanwaltsgebühren auch zwischen Käufer und Verkäufer geteilt.

Haupt-
wohnsitz
notwendig

Finanzierung: Eine Finanzierung über ein deutsches Institut ist für Wohneigentum vereinzelt möglich.

Steuern: Neben der Grunderwerbsteuer fällt auch die Grundsteuer an, die bis zu 1 Prozent der Kaufsumme beträgt.

Versicherungen: In Dänemark bestehen keine Pflichtversicherungen. Daher liegt es im Ermessen des Erwerbers, sich um einen ausreichenden Versicherungsschutz zu kümmern. Allerdings gibt es hier eine Einschränkung. Solange sich das Objekt in der Finanzierungsphase befindet, muss eine Feuerversicherung abgeschlossen werden.

Vererben/Schenkung: Eine Immobilie kann ohne Einschränkungen vererbt oder verschenkt werden.

Frankreich

Immobilienkauf: Es gibt keine Beschränkungen beim Immobilienerwerb durch EU-Ausländer in Frankreich. Ein Kaufvorvertrag ist bindend, eine Anzahlung von 10 Prozent der Kaufpreissumme ist dabei üblich. Ein Vorvertrag, auch beim Erwerb von gebrauchten Immobilien, sollte durch einen Notar ausgefertigt werden. Der spätere notarielle Kaufvertrag wird ins Grundbuch eingetragen. Ein Notar darf in Frankreich auch Immobilien vermitteln.

n-tv TIPP

Achtung Vorverträge!

Bereits ein formloser Vorvertrag auf einem Zettel gilt in Frankreich als bindend.

Kaufnebenkosten: Die Maklercourtage zahlt der Verkäufer. Kaufnebenkosten unterliegen einer hohen Schwankungsbreite, je nachdem, ob es sich um einen Neu- oder Altbau handelt, betragen sie zwischen 8 und 22,7 Prozent des Kaufpreises. Die Grundbucheintragung beträgt 0,1 Prozent, die Grunderwerbsteuer 4,89 Prozent bei Altbauten und 19,6 Prozent bei Neubauten und die Notargebühren umfassen 3 Prozent.

Interessenten sollten in Frankreich vorsichtig sein: Eine kleine Notiz auf einem Zettel genügt in der Regel schon und die Immobilie gehört Ihnen.

Finanzierung: Eine Finanzierung über deutsche Institute ist vereinzelt möglich, deutsche Sparkassen tun dies auch zusammen mit ihren französischen Kollegen von der Caisse d'Espargne. Eine Kreditabsicherung findet durch die Eintragung einer Hypothek ins Grundbuch statt. Für französische Notare gelten keine Gebietsbegrenzungen. Deshalb empfiehlt es sich, einen der Notare aus dem Elsass oder aus Lothringen zu wählen, da diese in der Regel über gute deutsche Sprachkenntnisse verfügen.

Notar als Vermittler

Steuern: Neben der Grunderwerbsteuer fällt auch die Grundsteuer an. Als Berechnungsbasis dient nicht der Kaufpreis, sondern der Mietwert. Außerdem gibt es noch die Wohnsteuer, die auch auf

Basis des Mietwertes berechnet und wie auch die Grundsteuer von der jeweiligen Gemeinde festgelegt wird.
Die Wohnsteuer kann dabei hoch sein. Falls die Immobilie binnen 22 Jahren verkauft wird, fällt auch noch eine Spekulationssteuer an, die bis zu einem Drittel des Wertzuwachses betragen kann. Für Selbstnutzer gibt es noch ein Bonbon: Es fällt keine Einkommensteuer an.

Versicherungen: In Frankreich bestehen keine Pflichtversicherungen. Daher liegt es im Ermessen des Erwerbers, sich um einen ausreichenden Versicherungsschutz zu kümmern.

Immer französisches Erbrecht

Vererben/Schenkung: Immobilien unterliegen in Frankreich immer dem französischen Erbrecht. Dieses stellt Verwandte in ihren Rechten besser als in Deutschland. Kindern steht grundsätzlich ein Pflichterbteil zu. Die Erbschaftsteuer für Familienmitglieder beträgt zwischen 5 und 20 Prozent. Der Ehepartner ist von der gesetzlichen Erbfolge ausgeschlossen. Bei Erben ohne Verwandtschaftsverhältnis liegt die Steuer bei 60 Prozent.

Griechenland

Immobilienkauf: Es gibt grundsätzlich keine Erwerbsbeschränkungen für EU-Ausländer. Allerdings besteht in einigen Grenzgebieten zu anderen Ländern ein Erwerbsverbot. Manchmal gibt es auch Vorverkaufsrechte durch den Staat. Ein Vorvertrag wird in Griechenland nicht verwendet.

n-tv TIPP

Beim Grundstückskauf ist Vorsicht geboten

Wer sich für ein Grundstück in Griechenland interessiert, um dies zu bebauen, sollte darauf achten, dass dieses nicht in einem Waldschutzgebiet liegt, da es sonst nicht bebaubar und damit praktisch wertlos ist. Außerdem müssen Grundstücke mindestens 4.000 m^2 groß (in einigen Gebieten auch deutlich größer) sein, um bebaut werden zu können.

Kaufnebenkosten: Der Verkäufer zahlt die Maklercourtage. Die Kaufnebenkosten lassen sich nicht genau prozentual beziffern, da die Rechtsanwaltsgebühr für eine Grundstücksübertragung mit mindestens 2.000 € zu Buche schlägt. Die Grundbucheintragung kostet etwa 0,4 Prozent der Kaufpreissumme, Notargebühren etwa 2 Prozent, die Grunderwerbsteuer liegt zwischen 7 und 11 Prozent.

n-tv TIPP

Die Grundstücksersitzung

Das Grundbuchwesen in Griechenland bewegt sich nicht auf deutschem Niveau. Zwar werden Grundstücke auf einem Lageplan durch einen Ingenieur festgelegt und ein personenorientiertes Grundbuch geführt. Jedoch besteht erst Rechtssicherheit beim Kauf durch das sogenannte Grundstücksersitzen, indem der Eigentümer ein Grundstück mindestens 20 Jahre besitzt.

Finanzierung: Grundsätzlich ist eine Finanzierung über deutsche Banken oder Bausparkassen vereinzelt möglich, allerdings nur durch Sicherheiten in Deutschland.

Steuern: Die Grundsteuer beträgt bis zu 3 Prozent. Eine Spekulationssteuer von bis zu 25 Prozent kann bei Verkäufen anfallen.

Versicherungen: In Griechenland bestehen keine Pflichtversicherungen. Daher liegt es im Ermessen des Erwerbers, sich um einen ausreichenden Versicherungsschutz zu kümmern.

Vererben/Schenkung: Je nach Familienstand und Verwandtschaftsgrad fällt bei Schenkung oder Vererbung eine Schenkungsteuer von 5 bis 65 Prozent an. Allerdings gelten – wie beim Erwerb — in manchen Grenzgebieten für Ausländer Beschränkungen beim Vererben oder Schenken von Immobilien.

Großbritannien

Immobilienkauf: Für EU-Ausländer bestehen keine Erwerbsbeschränkungen. Vorverträge werden in Großbritannien grundsätzlich nicht geschlossen. Zum Immobilienerwerb ist ein Rechtsanwalt notwendig, der den umfassenden Papierkram erledigt, der gleichzeitig als Treuhänder für die Übermittlung der Kaufsumme dient. Und auch ein Wertgutachten sollte eingeholt werden.

n-tv TIPP

Kein einheitliches Immobilienrechtssystem

Beachten Sie, dass es zwischen einzelnen Landesteilen wie beispielsweise Schottland oder England unterschiedliche Auffassungen im Immobilienrecht gibt. Fragen Sie deshalb auch vor dem Kauf Spezialisten zu diesem Thema, die Sie bei besonderen Fragestellungen beraten können.

Kaufnebenkosten: Grundsätzlich zahlt der Verkäufer die Maklercourtage. Es fallen Nebenkosten in Höhe von 1,4 bis 5,4 Prozent des Kaufpreises an. Außerdem fällt eine Registergebühr (Grundbuch) in Höhe von etwa 0,4 Prozent an. Rechtsanwaltskosten betragen etwa 1 Prozent und die Grunderwerbsteuer 0 bis 4 Prozent je nach Wert des Objektes.

Finanzierung: Eine Finanzierung über deutsche Banken, Sparkassen oder Bausparkassen ist gegen hiesige Sicherheiten vereinzelt möglich.

Informieren Sie sich auch im Immobilienteil der örtlichen Presse.

Steuern: Es fällt keine Grundsteuer und Spekulationssteuer an.

Versicherungen: In Großbritannien bestehen keine Pflichtversicherungen. Daher liegt es im Ermessen des Erwerbers, sich um einen ausreichenden Versicherungsschutz zu kümmern.

n-tv TIPP

Versicherungen mit Auflagen

In Großbritannien ist es üblich, dass die Versicherungsunternehmen bestimmte Auflagen oder Ausschlüsse vornehmen, beispielsweise wenn Gebäude als Ferienimmobilien genutzt werden.

Vererben/Schenkung: Es gibt keine Einschränkungen beim Vererben oder Schenken von Immobilien. Die Erbschaftsteuer beträgt bis zu 40 Prozent.

Italien

Immobilienkauf: Es gibt keine Beschränkung beim Erwerb von Immobilien. Vorverträge sind üblich und bindend, eine Anzahlung in Höhe von bis zu 30 Prozent gilt als normal. Tritt der Käufer dennoch vom Vertrag zurück, so ist die Anzahlung in der Regel fällig. Das italienische Immobilienregister ist dem deutschen Grundbuch nicht vergleichbar, da es nicht die gleiche rechtliche Stellung aufweist. Der notarielle Kaufvertrag besiegelt den Kaufvorgang und die Eigentumsübertragung.

n-tv TIPP

Nur mit Steuer- nummer

Steuernummer unerlässlich

Für jedes Rechtsgeschäft brauchen Sie in Italien eine Steuernummer, die Sie über das Bezirkssteueramt erhalten.

Kaufnebenkosten: Der Verkäufer zahlt die Maklercourtage. Die Nebenkosten betragen zwischen 7 und 18 Prozent des Kaufpreises. Die Registereintragung kostet zwischen 4 bis 10 Prozent bei Ferienimmobilien, hinzukommt die Grunderwerbsteuer in Höhe von 3 bis 8 Prozent.

Finanzierung: Eine Finanzierung über deutsche Banken oder Sparkassen oder Bausparkassen ist vereinzelt möglich.

Steuern: Die Grundsteuer beträgt zwischen 4 und 7 Prozent, die Spekulationssteuer bis zu 8 Prozent, die Erbschafts- oder Schenkungsteuer bis zu 33 Prozent.

Versicherungen: In Italien bestehen keine Pflichtversicherungen. Daher liegt es im Ermessen des Erwerbers, sich um einen ausreichenden Versicherungsschutz zu kümmern.

Vererben/Schenkung: Das Vererben oder Verschenken der Immobilie ist uneingeschränkt möglich.

Niederlande

Immobilienkauf: Grundsätzlich gibt es in den Niederlanden keine Erwerbsbeschränkungen für EU-Ausländer. Allerdings können viele Gebäude nur als Erstwohnsitz erworben werden. Vorverträge sind bindend. Der Kaufvertrag muss vor einem holländischen Notar geschlossen werden, der auch die Eintragung ins Immobilienregister vornimmt. Ferienhäuser, die durch Ferienhausgesellschaften angeboten werden, dürfen nicht ganzjährig bewohnt werden.

Ferienhausgesellschaften

Kaufnebenkosten: Die Maklercourtage beträgt bis zu 2 Prozent des Kaufpreises. Die Kaufnebenkosten liegen bei etwa 7 bis 10 Prozent. Registerkosten ab 100 €, Notargebühren 0,7 bis 3,3 Prozent, Grunderwerbsteuer 6 Prozent.

Finanzierung: Eine Finanzierung über deutsche Banken oder Sparkassen oder Bausparkassen ist vereinzelt möglich.

Steuern: Die Grundsteuern werden von den Kommunen festgelegt, sie betragen etwa bis zu 6 Prozent. Eine Spekulationssteuer fällt nur an, wenn ein vermietetes Objekt veräußert wird.

Versicherungen: In den Niederlanden bestehen keine Pflichtversicherungen. Daher liegt es im Ermessen des Erwerbers, sich um einen ausreichenden Versicherungsschutz zu kümmern.

Vererben/Schenkung: Es kann das holländische Recht über Vererbung oder Schenkung zur Anwendung kommen, wenn der Erblasser oder Schenker mindestens fünf Jahre in den Niederlanden seinen Hauptwohnsitz hatte.

Österreich

Immobilienkauf: Der Erwerb von Immobilien in Österreich durch EU-Ausländer unterliegt bestimmten Beschränkungen. Vorverträge sind aufgrund der Erwerbsbeschränkungsregeln nicht ratsam. Erst durch die Eintragung ins Grundbuch ist der Eigentümerwechsel vollzogen.

---

n-tv TIPP

Erwerbsgenehmigung erforderlich

Ein Immobilienkauf ist für Ausländer in Österreich genehmigungspflichtig. Da die Bundesländer hier eigene Gestaltungsfreiheit haben, gibt es auch unterschiedliche Erwerbsbeschränkungen. Ausgestellt wird die Genehmigung durch die Ausländergrundverkehrsbehörde. Hierzu sollten Sie einen Notar oder Makler befragen.

Erwerbsgenehmigungspflichtig

Kaufnebenkosten: Die Maklercourtage beträgt rund 6 Prozent des Kaufpreises und wird normalerweise zwischen Käufer und Verkäufer geteilt. Die weiteren Kaufnebenkosten liegen bei etwa 6,3 Prozent. Eine Grundbucheintragung kostet 1 Prozent, die Notargebühren betragen 1,8 Prozent und die Grunderwerbsteuer 3,5 Prozent.

Finanzierung: Eine Finanzierung über deutsche Banken, Sparkassen oder Bausparkassen ist vereinzelt möglich. Liegt das erworbene Objekt in einem Beschränkungsgebiet, so wird eine Risikoprämie veranschlagt, da die Gebäude schwerer zu veräußern sind.

Steuern: Die Grundsteuer beträgt 1 Prozent. Eine Spekulationssteuer fällt nicht an. Die Erbschaft- und Schenkungsteuer liegt zwischen 2 und 60 Prozent.

Versicherungen: In Österreich bestehen keine Pflichtversicherungen. Daher liegt es im Ermessen des Erwerbers, sich um einen ausreichenden Versicherungsschutz zu kümmern.

Vererben/Schenkung: Immobilien können grundsätzlich ohne Einschränkungen vererbt oder verschenkt werden.

Portugal

Immobilienkauf: Grundsätzlich gibt es für EU-Ausländer keine Einschränkungen beim Erwerb von Immobilien. Es ist nur ein beglaubigter Vorvertrag gültig mit Eigentumsvormerkung im Grundbuch. Die endgültige Eigentumsübertragung wird durch einen (notariellen) Kaufvertrag in Kraft gesetzt und muss im Grundbuch registriert werden.

Beglaubigter
Vorvertrag

n-tv TIPP

Überprüfen Sie alle Unterlagen!

Lassen Sie sich vom Eigentümer alle Unterlagen vorlegen, die eine Baugenehmigung und Wohngenehmigung ausweisen, um die Rechtsgültigkeit durch einen Fachmann überprüfen zu lassen.

Kaufnebenkosten: Der Verkäufer bezahlt die Maklercourtage. Die Nebenkosten sind für Grunderwerbsteuer und Grundbucheintrag bis 162.000 € gestaffelt. Danach fallen einheitlich 10 Prozent an. Anwaltskosten müssen mit rund 1.500 € veranschlagt werden, Notargebühren liegen bei 0,45 Prozent und die Stempelsteuer bei 0,8 Prozent.

Finanzierung: Eine Finanzierung über deutsche Banken oder Sparkassen oder Bausparkassen ist vereinzelt möglich.

Steuern: Die Grundsteuer beträgt zwischen 0,7 und 1,3 Prozent, bei Objekten bis 150.000 € entfällt die Steuer. Die Spekulationssteuer beträgt 24 Prozent, bei Wiederanlage in Immobilien binnen zwei Jahren entfällt die Spekulationssteuer. Erbschaft- und Schenkungsteuer betragen bis zu 50 Prozent.

Versicherungen: In Portugal bestehen keine Pflichtversicherungen. Daher liegt es im Ermessen des Erwerbers, sich um einen ausreichenden Versicherungsschutz zu kümmern.

Vererben/Schenkung: Immobilien können grundsätzlich ohne Einschränkungen vererbt oder verschenkt werden.

Schweiz

Immobilienkauf: In der Schweiz gelten für EU-Ausländer Erwerbsbeschränkungen. Eine Bewilligung bei den Kantonsbehörden muss beantragt werden, es sei denn, es handelt sich beim Erwerber um einen Grenzgänger, der einen Zweitwohnsitz erwerben möchte, oder um einen Ausländer mit einer gültigen Aufenthaltserlaubnis. Reine Kapitalanlagen zur Vermietung sind Ausländern untersagt. Das Kaufverfahren einschließlich der Grundbucheintragung ist mit dem Ablauf in Deutschland vergleichbar.

n-tv TIPP

Ferienwohnungen zum Teil kontingentiert

Keine Kapitalobjekte möglich

In einigen Kantonen gelten auch Beschränkungen beim Erwerb von Ferienwohnungen, es sind dann in Feriengebieten nur bestimmte Kontingente für Ausländer frei. Ohne rechtskräftige Bewilligung bleibt ein Kauf unwirksam.

Kaufnebenkosten: Notarkosten betragen mindestens 300 sfr, die Grundbucheintragung etwa 2 Prozent und die Grunderwerbsteuer zwischen 1 und 3 Prozent, die zwischen Käufer und Verkäufer geteilt wird.

Finanzierung: Eine Finanzierung über deutsche Banken, Sparkassen oder Bausparkassen ist vereinzelt möglich.

Steuern: Die Grundsteuer beträgt zwischen 0,5 und 3 Prozent, zum Teil fällt auch noch eine Liegenschaftssteuer in Höhe von 0,3 bis 3 Prozent des Verkehrswertes an. Je nach Kanton liegt die Spekulationssteuer bei 52,05 Prozent, die Erbschaft- und Schenkungsteuer beträgt zwischen 2 und 6 Prozent.

Versicherungen: In der Schweiz sind Gebäude- und Feuerversicherungen Pflichtversicherungen für Eigentümer, ansonsten liegt es im Ermessen des Erwerbers, sich um einen ausreichenden Versicherungsschutz zu kümmern.

Vererben/Schenkung: Immobilien können grundsätzlich ohne Einschränkungen vererbt oder verschenkt werden.

Spanien

Immobilienkauf: Grundsätzlich gibt es für EU-Ausländer keine Einschränkungen beim Erwerb von Immobilien, allerdings bestehen außerhalb urbanisierter Zonen beispielsweise auf bestimmten Inseln und bei Landschaftsschutzgebieten Beschränkungen. Vorverträge, auch nur mündlich, sind in Spanien gültig. Wichtig sind außerdem Belege über Baugenehmigungen, Nutzungsrechte und Steuerzahlungen. Beim Kauf ist ein sofortiger Eintrag ins Grundbuch wichtig, nur dieser bietet Schutz gegen den Verkauf an Dritte. Ein Vorvertrag ist bindend und es werden Anzahlungen fällig.

Mündlicher
Vertrag zählt

| n-tv TIPP |

Keine vermieteten Wohnungen kaufen

Achten Sie beim Immobilienerwerb in Spanien darauf, dass die Wohnung mietfrei ist. In Spanien haben Mieter sehr starke Rechte, sodass Sie sonst lange darauf warten müssten, die Wohnung einmal selbst zu benutzen.

Kaufnebenkosten: Es fällt eine Maklercourtage von 7 Prozent an, die der Verkäufer bezahlt. Die Kaufnebenkosten liegen bei 9 bis 10 Prozent. Die Grundbucheintragung beläuft sich auf 1,5 Prozent, die Notargebühren ebenfalls auf 1,5 Prozent und die Grunderwerbsteuer schlägt mit 7 Prozent bei Neubauten und 6 Prozent bei gebrauchten Immobilien zu Buche.

Finanzierung: Eine Finanzierung über deutsche Banken, Sparkassen oder Bausparkassen ist vereinzelt möglich.

Steuern: Die Grundsteuer in Spanien beträgt etwa 0,2 bis 0,3 Prozent. Eine Spekulationssteuer (Wertzuwachssteuer) ist zu zahlen in Abhängigkeit der Haltedauer und dem jetzigen Markt- bzw. Verkaufswert.

Versicherungen: In Spanien bestehen keine Pflichtversicherungen für Eigentümer, ansonsten liegt es im Ermessen des Erwerbers, sich um einen ausreichenden Versicherungsschutz zu kümmern.

Vererben/Schenkung: Immobilien können grundsätzlich ohne Einschränkungen vererbt oder verschenkt werden. Bei Schenkungen fällt allerdings zusätzlich noch die Wertzuwachssteuer an.

USA

Immobilienkauf: In den USA wird ein Objekt in der Regel über einen Makler erworben. Außerdem sollte ein Rechtsanwalt eingeschaltet werden, da eine Vielzahl von Formalitäten durchgeführt werden müssen. Wichtig sind die vorzulegenden Eigentumsnachweise. Bei Verkauf sollten die Eigentumsverhältnisse sofort ins Grundbuch eingetragen werden.

n-tv TIPP

Eigentums-
versicherung

Achten Sie auf die Eigentumsversicherung

In den USA gibt es eine Versicherung gegen Rechtsmängel aus Eigentumsübertragung. Diese muss mit allen korrekten Daten vom Verkäufer vorliegen.

Kaufnebenkosten: Die Maklercourtage übernimmt der Verkäufer. Die Rechtsanwaltsgebühren liegen etwa bei 1,5 Prozent des Kaufpreises.

Finanzierung: Eine Finanzierung über deutsche Banken, Sparkassen oder Bausparkassen ist vereinzelt möglich.

Die eigene Suche nach einer Immobilie ist in den USA in der Regel nicht üblich.

Steuern: Die Grundsteuer beträgt etwa 1 bis 2 Prozent des Kaufpreises. Beim Verkauf wird eine Spekulationssteuer (bis zu 20 Prozent) sowie eine Quellensteuer in Höhe von 10 Prozent auf den Verkaufspreis fällig. Ohne Spekulationsgewinne kann auch die Quellensteuer entfallen. Die Erbschaft- und Schenkungsteuer kann bis zu 55 Prozent betragen. Durch das deutsch-amerikanische Doppelbesteuerungsabkommen wird die Erbschaftsteuer in Deutschland angerechnet.

Versicherungen: In den USA bestehen keine Pflichtversicherungen für Eigentümer. Ansonsten liegt es im Ermessen des Erwerbers, sich um einen ausreichenden Versicherungsschutz zu kümmern.

Vererben/Schenkung: Immobilien können grundsätzlich ohne Einschränkungen vererbt oder verschenkt werden.

n-tv TIPP

Besonderheit: Erwerb als juristische Person

In den USA ist es möglich, eine Gesellschaft zu gründen, welche die Immobilie kauft; dies bringt Vorteile im Schadenfall und im Rahmen der Erbschaftsteuer mit sich. Lassen Sie sich hierzu von einem amerikanischen Rechtsanwalt beraten.

Immobilienerwerb im Ausland

Wege zur richtigen Immobilie

Formular
auf CD-ROM

Die folgende Vorgehensweise ermöglicht es Ihnen, die richtige Entscheidung zu treffen. So soll sichergestellt werden, dass Sie die passende Immobilie finden und daran in Zukunft viel Freude haben werden.

Diese Fragen sollten Sie sich stellen:

Welche Art der Immobilie möchten Sie erwerben?

Haus ☐

Eigentumswohnung ☐

Zu welchem Zweck möchten Sie die Immobilie kaufen?

Hauptwohnsitz ☐

Feriendomizil ☐

Altersruhesitz ☐

Renditeobjekt ☐

In welchem Land möchten Sie das Objekt erwerben?
Diese Frage ist sehr wichtig, da Sie in vielen Ländern außerhalb der EU auch eine Aufenthaltserlaubnis brauchen. Dieses Problem sollte bereits vor dem Kauf bedacht und auch entsprechende Auskünfte bei der Länderbotschaft eingeholt werden.

Aufenthaltserlaubnis erforderlich? ☐ ja ☐ nein

Begrenzung der Aufenthaltsdauer? ☐ ja ☐ nein

Wann liegen vermutlich alle Unterlagen vor? ....

Sind die gesetzlichen Regelungen bekannt?

Haben Sie sich mit den landestypischen Regelungen vertraut gemacht, die den Erwerb und die Vermietung einer Immobilie am ausgewählten Ort regeln?

Grundsteuer (ggf. Wohnsteuer)	☐
Einkommensteuer	☐
Erbschaftsteuer	☐
Nutzungsbeschränkungen	☐
Erwerbsbeschränkungen	☐
Vermietungsbeschränkungen/ -ausschlüsse	☐

Wie soll eine geeignete Immobilie gefunden werden?

In eigener Regie	☐
Über einen Makler	☐
Über sonstige Vermittler	☐

Haben Sie die wichtigsten Unterlagen eingesehen?

Baulastenverzeichnis	☐
Grundbuch/ Register	☐
Bebauungsplan/ Flächennutzungsplan	☐
Wertgutachten	☐
Ggf. Versicherungsunterlagen	☐

Liegen beglaubigte Übersetzungen vor?

Falls Sie nicht über ausreichende Sprachkenntnisse verfügen, sollten Sie alle wichtigen Unterlagen auch in beglaubigten Übersetzungen vorliegen haben. ☐

Wie hoch sind die Preise in der Erwerbsregion?

Informieren Sie sich über die Preise in der Erwerbsregion. Dazu sollten Sie vorab recherchieren.
Befragen Sie dazu örtliche Makler ☐

Studieren Sie Aushänge ☐

Durchforsten Sie das Internet nach vergleichbaren Objekten ☐

Bilden Sie daraufhin Ihr Kaufpreislimit ....

Sind die Kaufnebenkosten bekannt?
Ermitteln Sie die Kaufnebenkosten, die auf den Kauf-
preis noch aufgeschlagen werden müssen. Lassen
Sie sich dazu die Berechnungen vorlegen. ....

Ist die Finanzierung gesichert?
Der nächste wichtige Punkt ist die Klärung der Finanzierung. Haben Sie zu diesem Zweck schon deutsche Finanzinstitute kontak-
tiert?

Hausbank ☐

Bausparkassen ☐

Finanzvermittler ☐

Internetfinanzierer ☐

Was können Sie an Eigenkapital einbringen?
Was können Sie in die Finanzierung einbringen, um den meist
geforderten Eigenkapitalanteil von 40 bis 50 Prozent zu erreichen?

Eigene lastenfreie Immobilie oder Grundstück ☐

Wertpapierdepot ☐

Bausparvertrag ☐

Edelmetalle ☐

Verwandtendarlehen/ Schenkung ☐

Kapitalbildende Lebensversicherung ☐

Verkauf der eigenen Immobilie in Deutschland ☐

Wie steht es um den Versicherungsschutz der Immobilie?
Kümmern Sie sich schon frühzeitig um einen ausreichenden Versicherungsschutz Ihrer Immobilie und informieren Sie sich über
notwendige Pflichtversicherungen.

Pflichtversicherungen ☐ ja ☐ nein

Wohngebäudeversicherung	☐ ja ☐ nein
Hausratversicherung	☐ ja ☐ nein
Glasversicherung	☐ ja ☐ nein
Weiter Personen- oder Sachversicherungen	☐ ja ☐ nein

Das müssen Sie tun:
Wenn Sie alle Punkte beachten und die notwendigen Informationen einholen, sind Sie über den Kauf einer Auslandsimmobilie gut informiert und können dadurch die Tragweite Ihrer Investition besser abschätzen.

Glossar

Annuitätendarlehen: Darlehen, bei dem der Darlehensnehmer das Darlehen mit jährlich konstanten Raten, die sich aus den Zins- und Tilgungsleistungen ergeben, zurückzahlt. Diese Jahresbelastung wird Annuität genannt.

Bauleistung: Bauleistungen sind von Dritten ausgeführte Leistungen, die der Herstellung, Instandsetzung, Instandhaltung, Änderung oder Beseitigung von Bauwerken dienen. Sie können allerdings auch in Eigenverrichtung ausgeführt werden; hier spricht man dann von Eigenleistung.

Bauträgervertrag: Ein Bauträger ist gleichzeitig Bauherr eines Neubaus und Verkäufer des dazugehörigen Baugrunds. Es handelt sich bei einem Vertrag also um einen kombinierten, einen gemischt atypischen Vertrag. Ein Bauträger erstellt in eigenem Namen auf eigene Rechnung Gebäude. Der Verkauf erfolgt erst während oder nach der Fertigstellung.

Bauvertrag: Ein Bauvertrag ist rechtlich ein Werkvertrag im Sinne des § 631 BGB. Er verpflichtet den (Werk-)Unternehmer, eine versprochene Leistung zu erbringen und den Auftraggeber im Gegenzug, diese Leistung zu vergüten.

Bonität: Die Bonität bezeichnet die Zahlungsfähigkeit eines Kreditnehmers. Banken bewerten die Kreditwürdigkeit sowohl anhand wirtschaftlicher als auch persönlicher Kriterien.

Effektivzins: Der Effektivzins enthält die tatsächlichen Preisbestandteile, also die Kosten eines Kredits, und berücksichtigt neben dem Nominalzins z. B. die Zinsbindungszeit, das Disagio, den Tilgungssatz, Bearbeitungsgebühren usw. Jedoch sind nicht alle Kosten in ihm berücksichtigt, denn Banken erheben noch Nebenkosten, die sie nicht in den Effektivzins hineinrechnen müssen wie z. B. Schätzkosten oder Bereitstellungs- und Bauzeitzinsen.

Eigenkapital: Als Eigenkapital im Rahmen einer Baufinanzierung bezeichnet man, die einem Darlehensnehmer – neben dem Darlehen – für die Finanzierung einer Immobilie zur Verfügung stehen.

Erwerbs- und Nutzungsbeschränkung: In vielen Ländern bestehen Erwerbs- und Nutzungsbeschränkungen, auch innerhalb der EU. Damit soll verhindert werden, dass in bestimmten Regionen sich nur Ausländer ansiedeln und so die Marktpreise in die Höhe treiben. In anderen Ländern gibt es Nutzungsbeschränkungen, so muss dort der Hauptwohnsitz genommen werden, oder es kann nur ein Feriendomizil erworben werden.

Fremdkapital: Das Fremdkapital setzt sich aus allen Finanzierungsmitteln zusammen, die der künftige Bauherr oder Käufer als Kredit oder langfristiges Darlehen bei Kreditinstituten aufnimmt.

Gutachterausschuss: Ein Gutachterausschuss ist unabhängig und selbstständig und regional angesiedelt. Gutachterausschüsse führen Kaufpreissammlungen, ermitteln Bodenrichtwerte und erstellen Grundstücksmarktberichte. Auch Verkehrswertgutachten von bebauten und unbebauten Grundstücken erstellen sie.

KfW-Förderbank: Die KfW-Förderbank ist Bestandteil der KfW-Bankengruppe, einer Bank des Bundes und der Bundesländer. Sie vergibt zinsgünstige Darlehen und Zuschüsse für Bauherren, Wohnungskäufer und Eigentümer, die ein Haus oder eine Wohnung kaufen oder bauen wollen, ihr Haus modernisieren oder sanieren wollen.

Makleralleinauftrag: Schließt der Verkäufer mit dem Makler einen Makleralleinauftrag ab, bedeutet dies, dass er nur diesen einen Makler damit beauftragen darf, das Objekt zum Verkauf anzubieten. Es ist ihm untersagt, weiteren Maklern Aufträge zu erteilen. Der qualifizierte Makleralleinauftrag enthält zusätzliche Individualklauseln – also Klauseln, die zwischen den Vertragsparteien außerhalb des Vertrags individuell festgelegt werden.

In der Praxis wird häufig das Selbstvermarktungsrecht des Verkäufers eingeschränkt.

Maklerauftrag: Beim normalen Maklerauftrag ist der Makler befugt, das Objekt anzubieten und zu verkaufen. Der Verkäufer kann mehreren Maklern gleichzeitig einen Auftrag über das Objekt erteilen. Verkauft der Makler das Objekt, oder weist er nach, dass er dem Käufer den ersten Hinweis auf dessen Verkäuflichkeit gegeben hat (Erstnachweis), so hat er Anspruch auf die vereinbarte Provision.

Maklercourtage: Der Maklerlohn für das ursächliche Zustandekommen eines Kauf- oder Mietvertrags zwischen den Vertragsschließenden. Die Courtage ist erfolgsabhängig und wird in der Regel prozentual am Gegenstandswert des Notarvertrags erhoben.

Miteigentumsanteil: Der Miteigentumsanteil beschreibt, zu wie vielen Teilen einem Eigentümer eines Sondereigentums (Eigentumswohnung) das Gemeinschaftseigentum (alle Bestandteile des Gebäudes außer den Eigentumswohnungen) mitgehört.

Nominalzins: Der Nominalzinssatz ist der Zinssatz, mit dem die Nominalschuld verzinst wird. Er bildet jedoch nicht die tatsächlich zu zahlenden Zinsen ab, da er nicht die Nebenkosten des Kredits berücksichtigt.

Tilgung: Die Tilgung ist der Betrag, mit dem ein Kreditnehmer seine Schulden ratenweise zurückbezahlt. Überwiegend wird im Immobilienbereich noch mit jährlichen Raten von 1 oder 2 Prozent des Anfangskredites zurückgezahlt, außer bei Bausparkassen. Bei Bausparkassen sind es rund 7 Prozent.

Verkehrswert: Der Verkehrswert einer Immobilie ist der Preis, der bei einer Veräußerung unter normalen Umständen zu erzielen ist.

Nützliche Adressen und Websites

Hier finden Sie Tipps und Hinweise, wo Sie sich zu bestimmten Themenbereichen zusätzlich informieren können. Alle genannten Hinweise stellen in keiner Weise Wertungen oder Rangfolgen dar. Sämtliche Tipps und Angaben wurden vom Autor nach bestem Wissen und Gewissen zusammengetragen. Für die Richtigkeit der Nennungen wird keine Haftung übernommen. Stand der genannten Daten ist Oktober 2007.

Adressen

Haus & Grund Deutschland, Zentralverband der Deutschen Haus-, Wohnungs- und Grundeigentümer e. V.
Mohrenstr. 13
10117 Berlin
Tel.: 0 30/ 20 21 6-0
Fax: 0 30/ 20 21 6-555
E-Mail: zv@haus-und-grund.net
www.haus-und-grund.net

Interessenverband von Immobilienbesitzern mit Informationen zu vielen Themen rund um die eigenen vier Wände.

Bundesverband deutscher Wohnungs- und Immobilienunternehmen (GdW)
Mecklenburgische Straße 57
14197 Berlin
Tel.: 0 30/ 82 403-0
Fax: 0 30/ 8 24 03-1 99
E-Mail: mail@gdw.de
www.gdw.de

Vertritt kommunale, genossenschaftliche, kirchliche, private, landes- und bundeseigene Wohnungs- und Immobilienunternehmen.

Verband privater Bauherren e.V. (VpB)
Chausseestr. 8
10115 Berlin
Tel.: 0 30/ 27 89 01-0
Fax: 0 30/ 27 89 01 11
E-Mail: info@vpb.de
www.vpb.de

Unterstützt bei Erwerb, Erhalt und Modernisierung von Immobilien. Gibt Expertenrat und bündelt Erfahrungen rund um den Bau.

IVD Immobilienverband Deutschland, Bundesverband der Immobilienberater, Makler, Verwalter und Sachverständigen e.V.:
Littenstr. 10
10179 Berlin
Tel.: 030/ 275726-0
Fax: 030/ 275726-49
E-Mail: info@ivd.net
www.ivd.net

Umfassendes Verzeichnis mit Immobilienmaklern sowie Verwaltern.

Bildquellenverzeichnis

fotolia.de: 42 Silke Heyer, 62 Carmen Steiner, 75 Harald Hinze, 91 sculpies, 107 Bernd Kröger, 123 ahardart, 130 Dmitry Sunagatov, 135 Franz Pfluegl, 153 Maria P., 160 www.steffen-koegler.de, 164 HEtfield, 195 fotofutzie, 198 Franc Podgorsek, 239 Gilles Paire; Meyra-Orthopedie Vertriebsgesellschaft mbH: 53; Shutterstock: 8, 13, 14, 20, 23, 28, 33, 38, 47, 66, 69, 73, 85, 87, 95, 98, 116, 125, 148, 172, 175, 180, 183, 188, 202, 212, 215, 224, 233, 242, 250

Register